财 政 部 规 划 教 材
全国高职高专院校财经类教材

外汇交易实务

任碧峰 主 编

中国财经出版传媒集团
中国财政经济出版社

图书在版编目（CIP）数据

外汇交易实务 / 任碧峰主编. -- 北京 : 中国财政经济出版社，2022.8

财政部规划教材 全国高职高专院校财经类教材

ISBN 978 - 7 - 5223 - 1651 - 2

Ⅰ. ①外… Ⅱ. ①任… Ⅲ. ①外汇交易－高等职业教育－教材 Ⅳ. ①F830.92

中国版本图书馆 CIP 数据核字（2022）第 151829 号

责任编辑：刘 畅　　责任印制：张 健

封面设计：卜建辰　　责任校对：胡永立

外汇交易实务

WAIHUI JIAOYI SHIWU

中国财政经济出版社 出版

URL：http：//www.cfeph.cn

E - mail：cfeph@cfeph.cn

社址：北京市海淀区阜成路甲 28 号 邮政编码：100142

营销中心电话：010 - 88191522

天猫网店：中国财政经济出版社旗舰店

网址：https：//zgczjjcbs.tmall.com

北京密兴印刷有限公司印刷 各地新华书店经销

成品尺寸：185mm × 260mm 16 开 17.75 印张 341 000 字

2022 年 8 月第 1 版 2022 年 8 月北京第 1 次印刷

定价：48.00 元

ISBN 978 - 7 - 5223 - 1651 - 2

（图书出现印装问题，本社负责调换，电话：010 - 88190548）

本社质量投诉电话：010 - 88190744

打击盗版举报热线：010 - 88191661 QQ：2242791300

前　言

本书是广东省精品在线开放课程配套教材，也是广东省国际金融专业教学资源库子课程之一，适用于高等职业技术院校国际金融、金融服务与管理、金融科技应用、财富管理、国际经济与贸易、国际商务、大数据与会计等专业教学，也可供涉外企业在职人员学习参考。

本教材以外汇交易工作项目为载体，根据外汇交易岗位工作任务要求，选取 8 个主要教学内容，分别是：导言外汇交易基础、项目一外汇交易平台操作、项目二外汇市场基本面分析、项目三区域货币基本面分析、项目四外汇市场技术分析、项目五外汇衍生工具交易、项目六外汇交易策略运用、项目七外汇交易收益测算与风险管理。每一个教学项目和教学模块都按照“做、学、教”的实践教学组织要求，以适应高职教学理念和规律。每一个教学项目后都配有操作要点、知识要点、推荐阅读、思考与练习，培养学生动手能力的同时，持续巩固教学知识点和技能点。

文本：课程标准

文本：授课计划

视频：课程导学

为更好地服务高职院校教师利用本教材配套资源开设 SPOC，我们先后在智慧职教 MOOC 学院和中国大学 MOOC（爱课程）两个平台开设“外汇交易实务”大规模在线开放课程。很多高职院校和本科院校利用课程资源开展线上线下混合教学，改善了课堂教学形态，也将教师从繁重的作业批改、习题命题等工作中解脱出来，将精力更多地用于课堂教学之中。

学生通过学习本教材，能够培养外汇风险意识，掌握外汇交易基础理论知识，运用外汇模拟交易软件进行外汇交易，并通过基本面分析和技术分析方法分析汇率走势，从而帮助企业在金融活动中防范外汇风险，为日后在金融及商务行业从事涉外业务打下坚实的基础。

在新一代信息技术发展背景下，为适应学生碎片化的学习习惯，本教材利用二维码为学生提供形式丰富的学习资源。学生只需“扫一扫”，就可以实现泛在学习。学生通过学习本教材，可以开拓国际视野，培养国际金融市场敏感度，掌握世界主流外汇模拟交易软件的操作方法，提升职业能力。

本教材特点如下：

1. 知识目标、技能目标与素养目标同步提升。每一个教学项目的开篇对学生提出的学习目标都包括知识目标、技能目标和素养目标，以拓展资源的方式融入“民族自豪，大国担当”的课程思政元素。

2. 全方位支持线上线下混合式教学改革。教材配备了系列数字化资源，包括课程标准、授课计划、微课、课件、视频、拓展阅读等，配合与学校教学同步的 MOOC，能够有效推进智慧化教学改革。

3. 全方位支持理论实践一体化教学。本教材采用世界主流外汇交易软件 MetaTrader 5 作为交易操作软件，支持课堂边学边做。教材表达通俗易懂、图文并茂，既可以作为教科书，又可以作为软件操作说明书，还可以作为引导教学过程的脚本。

4. 校企合作协同开发。本教材紧跟行业最新动态，广泛听取了行业企业专家意见，行业企业专家参与了课程设计和教学资源开发，恒生银行（中国）有限公司零售银行及财富管理部高级副总裁对岗位工作任务和职业能力贡献了相关意见。

本教材由国家双高院校广州番禺职业技术学院任碧峰担任主编，高燕、朱晓婷参编（参编排名不分先后）。具体分工为：任碧峰编写项目一、项目二、项目三、项目四、项目五及统稿总纂；高燕编写导言和项目七；朱晓婷编写项目六。

教师可以电子邮件形式向中国财政经济出版社索取本书的配套资源（请注明学校、全书名、版次），Email：caijingjiaocai@ 163. com。配套资源亦可访问以下网址下载：http：//jiaocai. cfeph. cn。

本课程的开发和教材编写得益于多位职业教育专家和金融行业专家的帮助：杨则文教授在教材开发过程中对编写大纲和最后定稿做了重要指导，恒生银行（中国）有限公司韦蔚女士指导了课程开发，深圳市智盛信息技术公司对实训软件提供了技术支持，广州番禺职业技术学院金融专业群教学团队全体成员参与了行业调研和项目论证，多家金融机构的领导和一线业务人员参加了岗位工作任务和职业能力分析，中国财政经济出版社对本书的出版给予了支持，在此一并致谢！

编　者

2022 年 3 月

目　录

导言

外汇交易基础

学习目标

1. 理解外汇的含义和分类。
2. 掌握外汇交易相关的概念与基础知识。
3. 掌握外汇市场的特点。
4. 能够看懂并查询外汇牌价，能够查询某一外汇的历史牌价。
5. 能够进行交叉汇率的换算。
6. 具备严谨细致的职业素养。

项目任务

1. 查询英镑在 2021 年 11 月 20 日至 11 月 24 日的历史牌价。
2. 查询远期外汇牌价。
3. 计算交叉汇率。

内容导图

导言的内容导图见图 0－1。

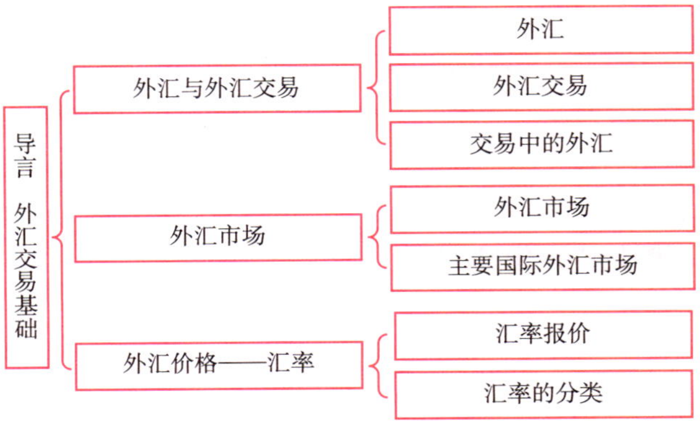

图 0－1　导言的内容导图

导入案例

“广场协议”导致日元升值

1984 年，美国的经常项目赤字达到创纪录的 1 000 亿美元，美国与各国，尤其是与主要逆差来源国日本之间的贸易摩擦加剧。为此，美国希望通过美元贬值增加产品的出口竞争力，以改善美国国际收支不平衡的状况。1985 年 9 月，美国、日本、联邦德国、法国、英国 5 个发达国家的财长及央行行长在纽约广场饭店举行会议，决定五国政府联合干预外汇市场，使美元对主要货币有序下跌，以增加美国产品的出口竞争能力，解决美国巨额的贸易赤字，史称“广场协议”。

“广场协议”导致美元持续大幅度贬值。受此影响最大的币种是日元（见图 0－2）。1985 年 9 月，日元汇率在 1 美元兑 250 日元上下波动。而在不到三年的时间里，美元对日元贬值了 50%，最低曾跌到 1 美元兑 120 日元。随后，日本经济进入十多年低迷期，被称为“失落的十年”。虽然日本经济持续萧条的根源在于日本自身经济结构的缺陷和日本政府错误的经济政策，但“广场协议”无疑也是日本经济持续萧条的重要因素之一。

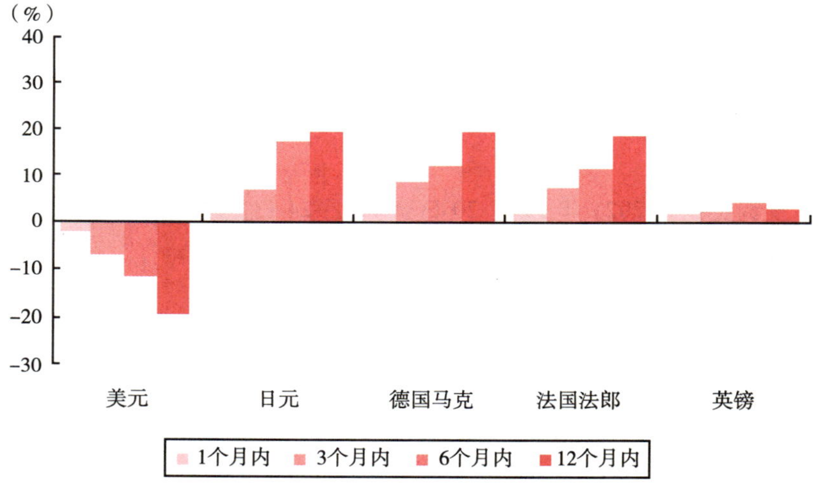

图 0－2 “广场协议”后各国货币升值或者贬值的幅度

资料来源：《北京日报》。

微课：认识外汇

模块一 外汇与外汇交易

模块导入

要进行外汇交易，必须先认识哪些是外汇；知道外汇交易有哪些种类，与证券交易比较有哪些特点；还要识别世界上主流的外汇。

任务描述

能区分广义外汇和狭义外汇，了解外汇的分类；掌握外汇交易的含义和特点；能识别世界主流外汇。

课件：认识外汇

相关知识

一、外汇

（一）外汇的含义

外汇（Foreign Exchange/ForEx），是指能用于国际债权债务结算的外国货币或者用外国货币表示的支付手段和资产。从形态上看，外汇可从两个方面理解，即动态外汇和静态外汇。

动态外汇是国际汇兑（见图0－3）的简称，是指货币在各国之间的流动以及把一个国家的货币兑换成另一个国家的货币，借以清偿国际间债权债务的行为或者活动。这种行为或者活动并不表现为直接运送现金，而是采用委托支付或者债权转让的方式，结算国际间的债权债务。例如，出口企业和进口企业首付货款，办理结汇就是一种外汇行为，银行与客户之间的外汇买卖和银行同业之间的外汇买卖也是一种外汇经营活动。

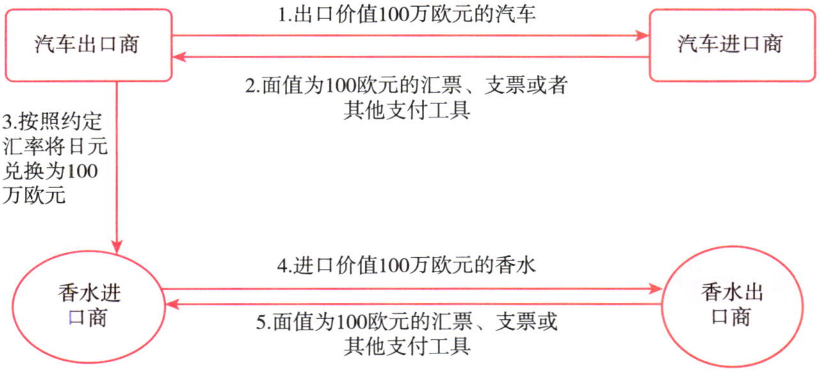

图0－3　国际汇兑的过程

拓展阅读0－1

进出口贸易中的外汇使用

中国加入世界贸易组织之后，对大豆的进出口贸易一直实行比较宽松的政策。某年，中国某进口公司从美国进口了一批大豆，双方约定以美元进行支付。

但是，该进口公司的账户中只有人民币，为了解决支付的问题，该公司用人民币向银行购买了足额的美元汇票，然后将此汇票邮寄给美国的出口商。美国的出口商在收到美元汇票后，在美国的银行进行了美元兑换，最终获得美元，完成了货物交割。在这个过程中，外汇就属于动态外汇。

（资料来源：杨小丽，《从零开始学外汇投资交易》，中国铁道出版社 2020 年版。）

静态外汇，是指外币和以外币表示的用于国际结算的支付手段。这种支付手段包括以外币表示的信用工具和有价证券。例如，银行存款、商业汇票、银行支票、外国政府库券及其长短期证券、外币现钞等。但一般来说，外币现钞必须能够兑换成其他国家的货币。

静态外汇又有广义和狭义之分。

1. 广义的外汇

广义的外汇，是指国际货币基金组织（International Monetary Fund，IMF）和各国外汇管理法令中的外汇。国际货币基金组织对外汇的定义为“外汇是货币行政当局（中央银行、货币管理机构、外汇平准基金及财政部）以银行存款、财政部库券、长短期政府债券等形式保有的、在国际收支逆差时可以使用的债权”。

2008 年修订的《中华人民共和国外汇管理条例》规定，“外汇，是指下列以外币表示的可以用于国际清偿的支付手段和资产”（见表 0－1）。

表 0－1　中国外汇的表现形式

序号	外汇形式
1	外币现钞，包括纸币、铸币
2	外币支付凭证或者支付工具，包括票据、银行存款凭证、银行卡等
3	外币有价证券，包括债券、股票等
4	特别提款权
5	其他外汇资产

2. 狭义的外汇

狭义的外汇，是指以外国货币表示的、能用来清算国际收支差额的资产。国际上，广泛运用于国际结算支付手段和流通手段的外国货币是真正意义上的外汇，并不是所有的外国货币都能称为外汇。一个国家的货币要在国际上被广泛运用和接受并成为通用的外汇，必须具备以下几个特征。

（1）外币性。外币性即外汇必须是外国货币而非本国货币。例如，英国居民不能把英镑作为外汇，英镑对其他国家居民来说才是外汇。

（2）可自由兑换性。外汇能自由兑换成本国货币或者其他货币，这一特点使得外汇的购买力在国际间转移，实现其支付手段的功能，从而使国际间债务得以清偿。

（3）普遍接受性。普遍接受性就是外币在国际经济往来中被广泛接受和使用，这一特点决定了一个国家的货币要成为外汇，必须是国际上通用的，并且是以被他国居民接受为前提条件的。

（4）可偿性。可偿性就是外币代表的资产必须是在国外能得到偿付的货币债权。例如，出票人开出的银行拒付的汇票，就不能实现国际汇兑，货币的债权无法清偿。因此，在国外不能保证被偿付的外汇或者外汇资产就不是外汇。

想一想　练一练

美元对美国人来说是外汇吗？对于其他国家来说，人民币是外汇吗？

（二）外汇的分类

根据不同的分类标准，可以对外汇进行不同的分类。

1. 按照限制程度和从国际支付的角度

按照限制程度和从国际支付的角度划分，外汇可分为自由外汇、有限自由兑换外汇以及记账外汇。

（1）自由外汇。自由外汇，是指无需外汇管理当局批准，可以在国际金融市场上自由买卖，在国际支付中广泛使用，并无限制地兑换成其他货币的外汇。根据国际货币基金组织规定，一国货币被称作可自由兑换货币，必须具备以下三个条件：①对本国国际收支中的经常项目的付款和资金转移不加限制；②不采取歧视性的货币政策措施或者多重货币汇率；③在他国要求下，该国随时有义务购回对方经常账目往来中结存的本国货币（见图0－4）。

视频：可自由兑换货币

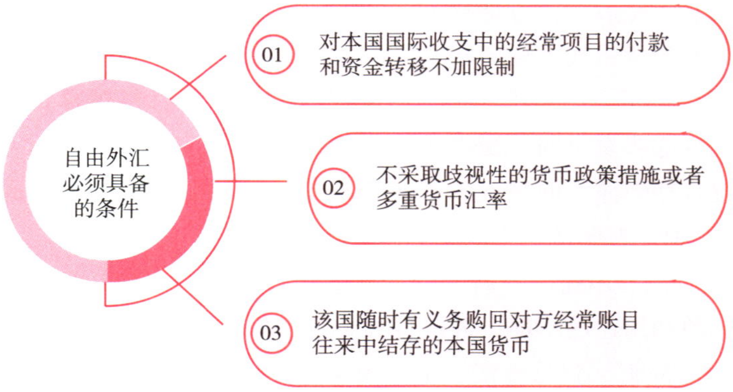

图0－4　自由外汇必须具备的条件

目前，使用较为广泛的自由外汇包括美元、英镑、瑞士法郎、欧元、日元、加拿大元以及这些货币表示的信用工具和有价证券等。自由外汇在国际经济活动中被广泛使用，并作为一个国家的外汇储备而被积存起来，以备支付而用。

（2）有限自由兑换外汇。有限自由兑换外汇，是指未经货币发行国批准，不能自由兑换成其他货币或者对第三国进行支付的外汇。《国际货币基金协定》规定，对国际性经常往来的付款和资金转移有一定限制的货币均属于有限自由兑换货币，它大体分为以下两种情况：①在一定条件下的可自由兑换外汇；②区域性的可自由兑换外汇。在一些货币区域（例如，美元区、欧元区等）内，各成员国的货币盯住区域内关键货币，同其保持固定比价，并可以自由兑换为关键货币，区域内资金移动不受限制。但如果将各货币区域内的货币兑换成关键货币以外的货币，或者将资金转移到区域外的国家或地区，则要受到不同程度的限制。

（3）记账外汇。记账外汇，是指签有清算协定的两个国家之间或者是签有多边清算协定的货币集团成员国之间因进出口贸易而引起的债权债务，不是用现汇逐笔结算，而是通过当事国的中央银行账户相互冲销所使用的外汇。记账外汇是记载在双方指定银行账户上的外汇，不能兑换成其他货币，也不能对第三国进行支付，所以又称清算外汇或双边外汇。

想一想　练一练

人民币是自由兑换的外汇吗？如果不是，那它属于哪一种外汇呢？

2. 按交割期限的不同

按交割期限的不同，外汇可分为即期外汇和远期外汇两种。

（1）即期外汇。即期外汇又称现汇或者外汇现货，是指国际贸易或外汇买卖中即期进行收付的外汇，是在买卖成交后立即交割，或在第一个或第二个营业日内完成交割的外汇。交割，是指买卖双方进行钱货两清。外汇交割，是指一方付出本币，一方付出外币。在国际贸易中，贸易双方签订即期支付合同，在贸易成交后，买方即期向卖方支付外汇，支付的外汇必须是在国际上可自由兑换的货币或者凭证。

（2）远期外汇。远期外汇又称期汇或者远期汇兑。在国际贸易和外汇买卖中双方先订立买卖合同，规定外汇买卖的数量、汇率、期限等。远期外汇，是指在约定日期依照合同规定的汇率进行交割的外汇。远期外汇的期限一般为7天、1个月、3个月等，也可长达1年。

3. 按照来源和用途的不同

按照来源和用途的不同，外汇可分为贸易外汇和非贸易外汇两种。

（1）贸易外汇。贸易外汇，是指因商品的进口和出口而发生的支出和收入的外汇。贸易外汇包括对外贸易中因收付贸易货款、交易佣金、运输费和保险费等发生的外汇。中国的贸易外汇主要包括中国生产商品的出口收汇，“以进养出”专项收汇，中小型补偿贸易外汇，中外合资企业收入以及各种来料加工、装配业务的工缴费外汇收入等。贸易外汇是一国外汇收支的重要项目，在国际收支平衡中占有极其重要的地位。

（2）非贸易外汇。非贸易外汇，是指由非贸易业务往来而发生收入和支出的外汇资金，包括侨汇、旅游外汇、劳务外汇、私人外汇、驻外机构经费以及交通、民航、邮电、铁路、银行、保险、港口等部门对外业务收支的外汇。随着经济国际化的发展，非贸易外汇收入在一些国家的外汇收入中也占有较大的比重。

（三）现汇与现钞

现汇和现钞是中国居民持有外汇资产的两种不同形式。从理论上讲，现汇是指从国外银行汇到国内的外汇存款以及外币汇票、本票、旅行支票等，银行可以通过电子划算直接入账的国际结算凭证。现钞指的是国内居民手持的外汇钞票现汇与现钞的报价可从银行外汇牌价查得（见图0－5）。

视频：现汇与现钞

案例：网银换汇选现钞还是现汇

货币名称	现汇买入价	现钞买入价	现汇卖出价	现钞卖出价	中行折算价
阿联酋迪拉姆		166.72		179.11	173.34
澳大利亚元	452	437.96	455.33	457.34	453.22
巴西里亚尔		109.18		123.97	113.43
加拿大元	501.36	485.53	505.06	507.29	503.57
瑞士法郎	685.13	663.99	689.95	692.9	688.68
丹麦克朗	96.08	93.12	96.86	97.32	96.53
欧元	715	692.78	720.27	722.59	717.85
英镑	835.43	809.47	841.58	845.3	843.37
港币	81.24	80.59	81.56	81.56	81.65
印度尼西亚卢比	0.044	0.0427	0.0444	0.046	0.0443
印度卢比		7.9099		8.9197	8.442
日元	5.5523	5.3798	5.5932	5.6018	5.6093
韩国元	0.5377	0.5188	0.5421	0.5619	0.5407
澳门元	78.96	76.31	79.27	81.91	79.3
林吉特	149.72		151.08		150.54
挪威克朗	70.83	68.64	71.39	71.74	70.66
新西兰元	429.32	416.07	432.34	438.28	432.05
菲律宾比索	12.55	12.12	12.71	13.27	12.67
卢布	8.58	8.05	8.64	8.97	8.6
沙特里亚尔		164.46		173.86	169.72
瑞典克朗	69.8	67.64	70.36	70.7	69.98
新加坡元	463.72	449.41	466.98	469.31	466.32
泰国铢	18.87	18.29	19.03	19.63	18.94
土耳其里拉	45.91	43.66	46.27	53.13	47.07
新台币		22.1		23.95	22.96
美元	633.41	628.25	636.09	636.09	636.77
南非兰特	40.02	36.95	40.3	43.44	40.16

图0－5　北京时间2021年12月8日22：28中国银行部分外汇牌价

知识链接

为什么银行的现钞买入价低于现汇买入价？

现钞买入价，是指银行买入外币现钞、客户卖出外币现钞的价格，即结汇汇率。现钞买入价是银行买入外币现钞使用的汇率。与买入现汇相比，银行买入现钞后要承担更高的成本费用。客户把现汇卖给银行，就是把客户在银行的外汇存款卖给银行。这笔外汇存款从客户卖给银行的那一刻起，就从客户的名下转移到银行的名下。银行只要做相应账务处理，就可以马上得到这笔外汇存款，并可以马上开始计算利息。如果银行买入的是现钞，由于外币现钞不能在交易的当地流通使用，需要把现钞运往国外，所以它不仅不能立即获得存款和利息，而且还得支付费用保管现钞。等到现钞积累到足够数量，银行才能把这些外币现钞运送到国外，存到银行账户里。直到此时，银行才能获得相应外汇存款并开始获得利息。银行收兑外币现钞需要支付的具体费用包括现钞管理费、运输费、保险费、包装费等，这些费用就反映在现钞买入价低于现汇买入价的差额里。

想一想　练一练

对比图 0－5 中的现钞与现汇的汇率，区别是什么？

微课：外汇交易

课件：外汇交易

视频：什么是外汇？外汇交易？

二、外汇交易

（一）外汇交易的含义

外汇交易是目前世界上交易量最大、交易往来最频繁的资金流动形式。外汇交易，也称外汇买卖，是一国货币与另外一国货币进行兑换的过程，即买入一种货币并且同时卖出另一种货币的交易。体现在具体操作上就是个人与银行、银行与银行、个人与交易经纪人、银行与经纪人以及经纪人之间进行的各国货币兑换的规范或者半规范交易过程。

工作实例分析 0－1

2004 年年末，欧元兑美元的汇率为 1.3666。2006 年 6 月 30 日，欧元兑美元的汇率收盘价为 1.2790。

分析：这一年半的时间欧元币值在下降，而美元币值在上涨，但从总的价值上来讲，并不会增加价值，也不会减少价值。尽管外汇汇价变化很大，但是只要国家不消亡，货币就不会没有价值，即使某种货币一直下跌，它总会代表一定的价值，无非是在这种货币下跌的过程中增加了其他货币的价值。因此，外汇交易是“零和博弈”。更确切地说，外汇交易是财富的转移，是每天都在进行的“财富重新分配”。

（二）外汇交易的特点

1. 24 小时全天候交易

全球外汇市场 24 小时全天候开放（见表 0－2），投资者可以根据自己的作息时间进行交易。全球外汇市场 24 小时不间断的特性保证了最小的市场间隙，即排除了开市价格戏剧性高于或低于收市价格的可能性，投资者随时都有机会平仓离场。

表 0－2 全球主要外汇市场交易时间表

主要市场	当地时间	（11 月—次年 3 月）北京时间	（4 月—10 月）北京时间
惠灵顿	09：00—17：00	05：00—13：00	04：00—12：00
悉尼	09：00—17：00	07：00—15：00	06：00—14：00
东京	09：00—15：30	08：00—14：30	08：00—14：30
中国香港	09：00—16：00	09：00—16：00	09：00—16：00
新加坡	09：30—16：30	09：30—16：30	09：30—16：30
苏黎世	08：30—15：00	14：30—21：00	13：30—20：30
法兰克福	09：00—16：00	15：00—22：00	14：00—21：00
巴黎	09：00—16：00	17：00—（次日）00：00	16：00—23：00
伦敦	09：30—15：30	17：30—（次日）01：30	16：30—（次日）00：30
纽约	08：30—15：00	21：30—（次日）04：00	20：30—（次日）03：00
芝加哥	09：30—16：00	22：30—（次日）05：00	21：30—（次日）04：00
旧金山	08：30—15：00	23：00—（次日）06：00	00：00—（次日）07：00
洛杉矶	08：30—15：00	23：00—（次日）06：00	00：00—（次日）07：00

注：全球交易于北京时间星期一凌晨 5 点开始，星期六凌晨 5 点结束；北京时间星期六凌晨 5 点后至星期一凌晨 5 点前全球各地市场休市。

世界各地的股票市场都有固定的开市时间和收市时间。例如，中国股市的营业时间为北京时间 09：30—11：30 和 13：00—15：00。股市收市后基本是不可能交易的，固定的收市时间使得交易者有一段时间不能平仓，使其暴露在更大的风险之下。如果收市后有对交易者不利的重大新闻公布，交易者没有机会及时平仓离场，减小损失，只能等到第二个营业日开市时才有机会平仓，而此时的开市价可能完全不同于上一个交易日的收市价。也就是说，股市的固定营业时间使其行情容易出现裂口性高开或者低开，这就给投资者带来了较大的投资风险。

案例：外汇交易的发展

2. 手续费低廉

股票交易的手续费一般是 2‰，而目前各国外汇市场中的外汇保证金交易基本上是免佣金免手续费的。外汇交易商及其推荐经纪人提供的服务是通过买入价与卖出价的点差赚取报酬。此外，一个纯电子市场使外汇交易者可以直接与交易对手方进行交易，免除了中间人的费用，从而可以进一步降低交易费用。

3. 交易品种简单

在股市中，有成百上千种股票，因此选股是一件很难的事情。而在汇市中，货币组合是有限的几个货币对，特别是欧元/美元、美元/日元等主要货币对的交易量占了整个市场的 90%。这就有利于投资者将精力集中于这几个货币对，并较快抓住它们的脉动。

4. 最大最公平的市场

外汇市场是全球最大的金融市场。2020 年，全球外汇市场日交易量达 6.6 万亿美元，是全球股票市场的几倍，更是全球期货市场的十几倍，这令其成为全球最大的交易市场。庞大的市场容量使得投资者有足够的盈利空间。外汇市场同时也是流通性（Market Liquidity）最高的市场，其流通性是股票市场和期货市场无法比拟的。流通性很大的益处在于，投资者对汇率的影响微乎其微，很少甚至没有人可以操纵外汇市场，这也是外汇市场成为全球最公平市场的主要原因。此外，市场的高流通性保证了交易的准确执行，市场趋势非常明显，特别适合技术分析。

股市的交易量比汇市小很多，易被操纵，而且数以千万计的非职业投资者会影响市场的正常运作，使预测市场的运动变得更难。

5. 可双向操作，熊市、牛市均能获利

外汇市场存在做空机制，无论经济处于繁荣时期还是衰退时期，投资者都有机会获利。在那些不能做空的股票市场中，牛市时投资者能够获利，但熊市时，投资者无法作为，只能被套或者割肉离场。

6. 高杠杆比率

杠杆比率是决定某个市场是否值得投资的重要因素之一，因为投资者可以通过对杠杆的运用度身定做暴露于风险的程度。例如，一笔 10 000 美元的交易，在没有杠杆作用的情况下，无论是买入还是卖出，交易者都必须以 10 000美元才可以参与交易；但如果杠杆比率为 100 倍，交易者只需 100 美元就可以参与交易；如果杠杆比率为 200 倍，则投资者只需 50 美元就可以参与交易。高杠杆比率可谓小财大用，可以实现以小博大的投资目的。

以上几点就是外汇交易成为投资热点的优势所在。当然，投资者必须认识到，杠杆比率是一把“双刃剑”，它能使投资者迅速获利，也很容易导致亏损。

想一想　练一练

相比股票交易，外汇交易有哪些优势？

（三）外汇交易的种类

外汇是伴随着国际贸易而产生的，外汇交易是国际间结算债权债务关系的工具。近十几年来，外汇交易不仅在数量上成倍增长，已经成为国际上最重要的金融商品，外汇交易的种类也随着外汇交易的性质变化而日趋多样化。

外汇交易主要可分为现汇外汇交易（实盘交易）、合约现货外汇交易（保证金交易）、远期外汇交易、外汇掉期交易、外汇期货交易、外汇期权交易等。在此先简单区分外汇实盘交易和外汇保证金交易，具体交易方法将在项目一结合操作软件作详细介绍。而远期外汇交易、外汇掉期交易、外汇期货交易、外汇期权交易这四种外汇衍生工具将在项目五分类介绍。在外汇投资过程中，若预测某两种外汇的汇率将上升，说明预测前一种外汇升值，则可以买入前一种外汇，卖出后一种外汇；若预测汇率将下跌，说明预测前一种外汇将贬值，此时可以买入后一种外汇，卖出前一种外汇。以美元兑加元（USD/CAD）为例，如果认为美国经济将走强，应该买入 USD/CAD，即买入 USD，卖出 CAD；如果认为美国经济将疲软，则应卖出 USD/CAD，即卖出 USD，买入 CAD。

1. 外汇实盘交易

所谓外汇实盘，就是直接进行外汇的低买高卖。在这种交易中，投资者不能使用类似期货交易的融资方式，即在缴纳保证金之后从银行融资从而将交易金额放大若干倍。投资者必须持有足额的需要卖出的货币，才能按照实时汇率买入想买的币种。因此，外汇实盘交易没有卖空机制，也没有融资放大机制，较国际通行的外汇保证金交易逊色不少。但由于银行仍根据国际外汇市场实时行情报价，实盘交易的每日波动幅度仍然有大量的交易机会，如果投资者操作得当，仍然可以获得较好的收益。要了解外汇实盘，需要了解表 0－3 中的五个概念。

表 0－3　　外汇实盘主要概念

名称	含义
外汇实盘	投资者通过银行等外汇投资机构将自己持有的某国货币兑换成另一国货币的交易。投资者不能先行交易，必须拥有足额的货币才能进行交易
直盘	在外汇交易中，以美元为基础货币，将美元用于和另一种货币进行兑换的交易。例如，美元兑换人民币
交叉盘	以美元作为间接货币，为美元之外的两种货币进行直接交易。例如，人民币兑换欧元
实物外汇	实物外汇并不是通过账户进行投资，而是实际拿在手中的钱，它既是一种资产，也是一种投资方式
外汇储蓄	外汇储蓄是一种储蓄业务，是以获取利息为目的。而外汇实盘则是以价格波动获利

2. 外汇保证金交易

外汇保证金交易又称合约现货外汇交易、按金交易、虚盘交易，是指投资者在与从事外汇交易的金融机构（例如，银行、交易商或者经纪商）签订买卖外汇合约，交付一定比例的开户保证金后，就可进行多倍于保证金的外汇交易。在进行保证金交易时，投资者一般只需支付交易金额的 5%—20% 作为保证金，就可以 100% 的额度进行交易。

案例：外汇保证金交易在我国属违法

保证金比例的大小，一般由银行或者券商决定。保证金的比例越大，投资者需要付出的资金越少。假设银行作为交易商提供的保证金融资比例是 15 倍，则投资者出资 10 000 美元作为保证金，按融资比例放大 15 倍就可以做 15 万美元的交易，而投资者最大的亏损仅为 10 000 美元，充分显示出以小博大的作用。一笔成功的保证金交易可以让投资者获利丰厚，而最大的亏损仅是其当初投入的本金。但是，当投资者的交易损失导致保证金低于一定额度，交易商会要求投资者追加保证金至初始金额，不及时追加保证金的话，交易商有权强制性平仓。

三、交易中的外汇

（一）外汇交易主要币种

微课：交易中的外汇

课件：交易中的外汇

视频：主要货币对

外汇交易的主要币种包括美元、英镑、欧元、日元、澳大利亚元、瑞士法郎、加拿大元等可自由兑换货币，这些货币之间的交易量占到了全球外汇交易市场每日成交量总额的约85%。

1. 美元

美元（见表0－4、图0－6）在世界各个国家的外汇储备中均占有最大比率。是目前世界各国中央银行的主要储备货币。美国的超级大国地位决定了美元在国际货币体系中的地位。美元的价格受石油价格影响很大。美国政府对货币的干预能力强，常常操纵美元汇率为自身利益服务。美元的汇率在一段时间内呈现下降趋势，就有人开始炒作各国政府减少美元储备是美元大跌的根源之一。但是美国的债券和股票等资本市场作为目前全球最有效率的市场，而且美元在国际贸易往来结算中所占的份额仍然高达70%，各国央行不可能大幅度地减持美元储备。然而，美元的市场份额或将呈现不断降低的趋势。近几年，美元汇率的确呈现逐步下跌走势，各国央行也都在不同程度地减持美元储备。从当前来看，这可能是形势所需，但这未必就是最佳选择，因为美元的对手货币或流动性太差，或波动率过大，或收益率太低，能够取代美元而成为世界储备货币的币种目前还没有出现，而且美元毕竟还是全球发生重大风险事件时的最优避险货币。例如，当全球出现金融危机时，美元往往大涨。

表0－4 美元基本情况表

项目	基本情况
外文名	United States Dollar
发行银行	美国联邦储备银行 U. S Federal Reserve Bank
代码	USD
符号	$
单位	美元（dollar），美分（cent）
进位	1美元＝100美分
纸币	$1，$2，$5，$10，$20，$50，$100
硬币	1¢，5¢，10¢，25¢，50¢，$1

图0－6 美元票样

2. 欧元

欧元（见表0－5、图0－7）是新兴的货币，它的市场份额是缓慢增长的，走势稳定并且非常有规律，较符合技术分析，技术可操作性很强；交易量大，不易被操纵；占美元指数比重大，欧元占美元权重的57.6%，与美元呈现负相关。经验数据显示，美元每变动1个点，欧元则反向变动2.5个点。因此，欧元是美元强弱的风向标。同时，欧元常充当非美元货币的领军币种。欧元区国家众多，利益分歧大，经济不平衡，欧洲联盟内不安定因素较多。欧元汇率行情一般在北京时间14：00开始启动。

表0－5　　欧元基本情况表

项目	基本情况
外文名	Euro
发行银行	欧洲央行 European Central Bank
代码	EUR
符号	€
单位	欧元（euro），欧分（cent）
进位	1欧元＝100欧分（cent）
纸币	€5，€10，€20，€50，€100，€200，€500
硬币	1欧分、2欧分、5欧分、10欧分、20欧分、50欧分、1欧元、2欧元

图0－7　欧元票样

知识链接

欧盟与欧元区

欧洲联盟简称欧盟（EU），总部设在比利时首都布鲁塞尔，是由欧洲共同体（又称欧洲共同市场，简称欧共体）发展而来的集政治实体和经济实体于一体，具有重要影响的区域一体化组织。该联盟的官方语言有24种，目前，欧盟共有27个成员国。

欧元区，是指欧洲联盟成员国中使用欧盟统一货币——欧元的区域。1999年1月1日，欧盟成员国开始实行单一货币欧元，并在实行欧元的国家实施统一货币政策。欧元区包含在欧盟中，欧元区只是指在欧盟中使用欧元这一统一货币的区域。目前，欧元区共有19个成员国，即奥地利、法国、芬兰、德国、荷兰、比利时、爱尔兰、意大利、卢森堡、葡萄牙、西班牙、斯洛伐克、希腊、拉脱维亚、斯洛文尼亚、马耳他、爱沙尼亚、塞浦路斯、立陶宛。许多非欧盟国家也会使用欧元进行支付结算。

（资料来源：杨小丽，《从零开始学外汇投资交易》，中国铁道出版社2020年版。）

3. 英镑

英镑（见表0－6、图0－8）是炒作型货币，也是目前最值钱的货币，汇价波动幅度大，操作难度高，对交易员的技术要求比较高。英国经济体系相对比较小，因此英镑在外汇市场上的波动率往往较大，经常出现一天内波动200点以上的情况，占美元权重的10%左右。同为欧系货币，其走势受到欧元走势的影响。英镑汇市行情一般在北京时间15：00左右开始。

表0－6 英镑基本情况表

项目	基本情况
外文名	Pound，Sterling，Great Britain Pound
发行银行	英格兰银行 Bank of England
代码	GBP
符号	£
单位	镑（pound），便士（pence）
进位	1英镑＝100便士
纸币	£5，£10，£20，£50
硬币	1便士、2便士、5便士、10便士、20便士、50便士、1英镑、2英镑

图 0－8　英镑票样

4．日元

日元（见表 0－7、图 0－9）是低息货币，因此不适合在长期盘整的时期长期持有，其往往成为投资者进行套利交易的货币，即通过利差和货币涨跌趋势的不同获得双重利益。日本央行经常性地干预汇市，使日元汇率不至于过强，以保持日本出口产品的竞争力。因此，投资者应该对日本央行的政策行为加以关注。日本央行和财政部官员的言论对日元短期波动影响较大。由于日本公司大量投资海外，每年 3 月 31 日（日本会计年度结算日）和每年 9 月 30 日（日本半年会计年度结算日）日本公司都需要将资金从海外汇回国内进行账户处理，进而粉饰公司的财务状况。因此，每年这两个月日元的购买需求量大，投资者需要留意日元的升值。在政治上，日本追随美国，汇率政策受美国影响，占美元指数权重的 10% 左右。

表 0－7　日元基本情况表

项目	基本情况
外文名	円，Japanese Yen
发行银行	日本银行 Nippon Ginko
代码	JPY
符号	￥
单位	元
纸币	￥500，￥1 000，￥5 000，￥10 000
硬币	￥1，￥5，￥10，￥50，￥100

图 0-9 日元票样

5. 澳元

澳元（见表 0-8、图 0-10）是典型的商品货币。在煤炭、铁矿石、铜、铝、羊毛等工业品和棉纺品的国际贸易中，澳大利亚占据绝对优势。因此，当这些商品价格上涨时，澳元会受到加大的正面影响。另外，澳元与黄金和石油价格正相关的特征比较明显。澳元是高息货币，美国的利率变化和国债收益率的变动对澳元走势影响较大。澳大利亚还是出口资源大国，其有30%—40%的资源出口到中国，对中国经济数据敏感，人民币升值，澳元往往也升值。中国经济波动时，澳元的波动率也会加大，要求基本面分析占比多。

表 0-8 澳元基本情况表

项目	基本情况
外文名	Australian Dollar
发行银行	澳大利亚储备银行 Reserve Bank of Australia
代码	AUD
符号	A $
单位	澳元，分（cent）
进位	1 澳元 = 100 分
塑胶币	A $ 5、A $ 10、A $ 20、A $ 50、A $ 100
硬币	5 分、10 分、20 分、50 分、1 澳元、2 澳元

图 0-10　澳元票样

6. 瑞士法郎

瑞士法郎（见表 0-9、图 0-11）被称为传统避险货币，是世界上最安全的货币之一，这主要得益于瑞士奉行的中立和不结盟政策。瑞士法郎走势比较稳健，与欧元走势相似，与欧元有“兄弟货币”之称。政治动荡对其有利，当国际社会出现政治危机或者严重的自然灾害时，大量资金会流向瑞士，使瑞士法郎升值。

表 0-9　瑞士法郎基本情况表

项目	基本情况
外文名	Swiss Franc
发行银行	瑞士国家银行 Banque Nationale Suisse
代码	CHF
符号	Fr
单位	法郎（franc），生丁（centime）
进位	1 瑞士法郎 = 100 生丁
纸币	10 法郎、20 法郎、50 法郎、100 法郎、500 法郎、1 000 法郎
硬币	1 生丁、5 生丁、10 生丁、20 生丁、50 生丁、1 法郎、2 法郎、5 法郎

图 0-11　瑞士法郎票样

7. 加元

加元（见表0－10、图0－12）既是美元集团货币也是商品货币。首先，加元是非常典型的美元集团货币，对美国的经济依存度极高，加拿大出口贸易的80%目的地为美国。因此，在汇率上，加元对主要货币的汇率走势与美元对主要货币汇率走势基本一致。其次，加元也是商品货币。加拿大是七国集团里唯一一个石油出口国，因此石油价格的上涨对加元是一大利好。另外，加拿大是七国集团中最依赖出口的国家，其出口额约占GDP的四成，农产品和海产品是其主要出口产品。这些出口产品价格上升，也会使加元汇率上升。

表0－10　　加元基本情况表

项目	基本情况
外文名	Canadian Dollar
发行银行	加拿大银行 Bank of Canada
代码	CAD
符号	C $
单位	加元，分（cent）
进位	1 加元 =100 分
纸币	C$5，C$10，C$20，C$50，C$100
硬币	1c，5c，10c，25c，50c，C$1，C$2

图0－12　加元票样

拓展阅读 0－1

世界常用货币标准代码见表 0－11。

表 0－11　世界常用货币标准代码

货币名称	标准货币代码	货币符号
人民币	CNY	RMB¥
美元	USD	US$/$
英镑	GBP	£
欧元	EUR	€
日元	JPY	￥
澳大利亚元（澳元）	AUD	A$
加拿大元（加元）	CAD	C$
瑞士法郎	CHF	Fr
港元	HKD	HK$

微课：商品货币与美元集团货币

（二）商品货币与美元集团货币

1. 商品货币

商品货币的主要特征包括高利率，出口额占据国内生产总值比例较高，是某种重要初级产品的主要生产国和出口国，货币汇率与某种商品（或者石油、黄金）价格同向变动等。

课件：商品货币与美元集团货币

澳大利亚元和新西兰元是两种典型的商品货币。澳大利亚和新西兰盛产煤炭、铁矿石、铜、铝、羊毛等工业品和棉纺品，澳大利亚在这些产品的国际贸易中占绝对优势，处于支配地位，而这些产品在国际市场上的价格基本以美元标价。因此，这些商品价格的上升不但有利于该地区经济的增长，也有利于这些国家货币汇率的上扬。统计表明，世界商品价格与澳元、新西兰元汇率的走势有着较强的正相关关系。可以发现，尽管澳大利亚和新西兰不是黄金的重要生产国和出口国，但是这两国货币汇率和黄金价格正相关的特征比较明显。商品指数（CRB）上升对澳元和新西兰元带来正面影响。因此，这两种货币具有商品货币之称。除此两种常见的商品货币之外，加拿大元、南非兰特和挪威克朗也被人们习惯性地称为商品货币。

视频：商品货币

2. 美元集团货币

美元集团，是指那些同美国具有密切经济关系的国家，主要包括同美国实行自由贸易区或者签署自由贸易协定的国家，以加拿大、澳大利亚和拉美地区国家为主要代表。同时，将要成为美元集团货币的还有亚洲的新加坡元。美国和新加坡已经签订了双边自由贸易协定，新加坡经济今后对于美国的依赖程度将进一步加大。虽然新加坡地处在亚洲，新加坡元深受日元走势的影响，但未来也许将会在很大程度上追随美元的走势。

案例：商品货币与美元集团的关系

美元集团货币和商品货币的区别主要表现在这些国家同美国密切的经济

关系上。加元是特别典型的美元集团货币。在汇率上，加元对主要币种的走势同美元对主要币种的走势基本一致。而澳大利亚和美国经济联系相对小于加拿大，澳元汇率和商品价格更具有关联性。因此，其商品货币的属性要大于加元。但加元和澳元一般均被认为既是商品货币又是美元集团货币。

微课：美元指数

（三）美元指数

课件：美元指数

美元指数（US Dollar Index，USDX）是综合反映美元在国际外汇市场的汇率情况的指标，用来衡量美元对一揽子货币的汇率变动程度，类似于显示美国股票综合状态的道琼斯工业平均指数（Dow Jones Industrial Average）。美元指数显示的是美元的综合值，它通过计算美元和选定的一揽子货币的综合的变化率衡量美元的强弱程度，从而间接反映美国的出口竞争能力和进口成本的变动情况。在 1999 年 1 月 1 日欧元推出后，美元指数的标的物进行了调整，从 10 个国家减少为 6 个国家，欧元也一跃成为美元指数的一揽子货币中最重要、权重最大的货币，所占权重达到 57.6%。因此，欧元的波动对 USDX 的强弱影响最大。各种货币权重见图 0－13。

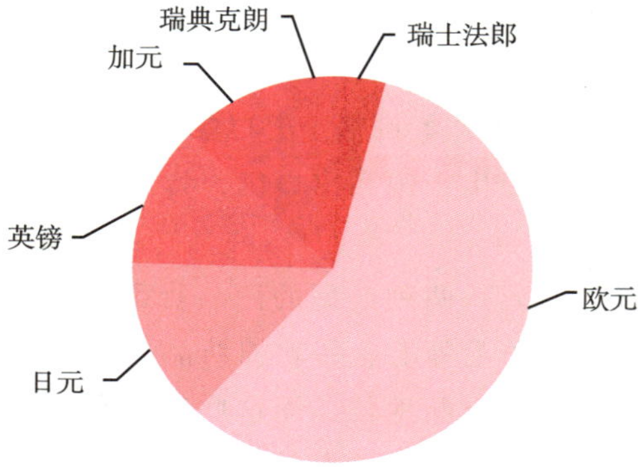

图 0－13　美元指数各标的货币权重

知识链接

美元指数的计算与发布

美元指数（US Dollar Index，USDX）最初由纽约棉花交易所（NYCE）发布。2006 年 9 月，纽约期货交易所并入美国洲际交易所（Intercontinental Exchange，ICE），成为其下属的一个部门。美元指数期货在美国洲际交易所交易。该交易所负责发布美元指数及美元指数期货价格的实时数据。

美元指数的实时数据（即 ICE 美元指数期货所对应的现货价格）由路透社根据构成美元指数的各个成分货币的即时汇率每隔 15 秒更新一次。计算时使用路透社统计的该货币的最高买入价和卖出价的平均值。计算结果传给美国洲际交易所，再由该交易所分发给各个数据提供商。

USDX 期货的计算原则是以全球各主要国家与美国之间的贸易结算量为基础，以加权的方式计算出美元的整体强弱程度，并以 100 点为强弱分界线。在 1999 年 1 月 1 日欧元推出后，这个期货合约的标的物进行了调整，从 10 个国家减少为 6 个国家，欧元也一跃成为其中最重要、权重最大的货币，所占权重达到 57.6%。因此，欧元的波动对 USDX 的强弱影响最大。美元指数的计算公式如下：

$$USDX = 50.14348112 \times EURUSD^{-0.576} \times USDJPY^{0.136} \times GBPUSD^{-0.119} \times USDCAD^{0.091} \times USDSEK^{0.042} \times USDCHF^{0.036}$$

注意，以上公式中的指数为各个币种的权重，EUR 代表欧元，其权重为 0.576；JPY 代表日元，其权重为 0.136；GBP 代表英镑，其权重为 0.119；CAD 代表加拿大元，其权重为 0.091；SEK 代表瑞典克朗，其权重为 0.042（瑞典 1995 年加入欧盟，但并非欧元区成员国）；CHF 代表瑞士法郎，其权重为 0.036。

（资料来源：外汇邦。）

当前的 USDX 反映了美元相对于 1973 年基准点的平均值，并以 100.00 点为基准衡量其价值。例如，105.50 点的报价，是指 1973 年 3 月以来其价值上升了 5.5%。到目前为止，美元指数曾高涨至 165 点，也低至过 80 点以下。该变化特性被广泛地在数量和变化率上与期货股票指数作比较。美元指数一般用来分析大趋势的变化。在多数情况下，美元指数上涨，美国股市则下跌，两者呈现反向关系。黄金价格、美元指数和美股的关系可概括为：黄金与美股同向相关、与美元反向相关，美元与美股反向相关。

美元指数上涨，说明美元与其他货币的比价上涨，即美元升值。国际上主要的商品都是以美元计价，那么对应的商品价格应该是下跌的。美元升值对美国的整体经济有好处，既提升本国货币的价值，又增加了购买力。但对一些行业也有冲击。例如，货币升值会提高出口商品的价格，对出口公司的商品出口有影响。若美元指数下跌，则相反。

知识链接

美联储加息降息对美元指数的影响

1. 美联储加息对美元指数的影响

一般而言，美联储加息意味着美元相对于其他国家的货币更具吸引力，促使国际资金流入美国，进而促使美国市场的投资有所加大，使美元需求有所上升。相应地，美元指数提振上升。换言之，美联储加息会利多美元指数。

2. 美联储降息对美元指数的影响

通常来说，美联储降息表明美元的货币政策趋于宽松，就好比美联储历史上的“量化宽松”政策。与此同时，增加印钞，促使美元的流通性加大，而且美元的供给量势必大于美元的需求量，导致美元指数下行。也就是说，美联储降息会利空美元指数。

（资料来源：FX123。）

微课：走近外汇市场

模块二　外汇市场

模块导入

外汇市场是怎样的市场呢？有形还是无形的？有哪些特点？都有哪些参与者？世界上有哪些重要的国际金融中心？本模块将一一阐述。

课件：走近外汇市场

任务描述

掌握外汇市场的特点；理解外汇市场的参与者；了解世界上重要的国际金融中心。

相关知识

一、外汇市场概述

（一）外汇市场的概念

视频：外汇市场

外汇市场（Foreign Exchange Market），是指从事外汇买卖的交易场所，或者说是各种不同货币相互之间进行交换的场所。外汇市场是世界上最大的金融市场。据统计，在纽约外汇市场中美元的日交易额达数千亿美元，是纽约证券交易所日交易额的几十倍。在外汇市场上交易的货币主要包括美元、英镑、瑞士法郎、日元、加拿大元等可自由兑换货币。

视频：外汇市场的主要参与者

外汇市场的产生源于贸易投资的避险需要，外汇市场的大规模发展则是由于外汇投机的存在。由于汇率波动差价能够带来巨大的投机收益，外汇市场逐渐发展成为以投机目的为主的市场。而在当今每日巨大的成交量中，出于贸易和避险需要的交易额占比已不到5%，95%以上的交易都是由于投机而产生的。正因为外汇市场波动频繁且波幅巨大，越来越多的投资者被吸引进入这一市场。

（二）外汇市场的特点

1. 有市无场

从总体上说，西方国家的金融业有两套运行系统：一是用于集中买卖的中央操作系统；二是没有统一固定场所的行商网络系统。股票交易是通过中央操作系统进行的，即股票交易是在交易所（例如，纽约证券交易所、伦敦证券交易所和东京证券交易所）内完成的。股票交易所规定了统一的报价、交易时间和交收程序，投资者可通过经纪公司买卖股票，这就是所谓的“有市有场”。

外汇市场与股票市场、期货市场和商品市场有很大的区别。外汇买卖是通过没有统一固定场所的行商网络系统进行的，而且多为场外交易。除个别国家为特定目的设置了专门的外汇交易场所外，大部分的外汇市场没有固定的交易场所。通过电话、互联网等现代通信手段，外汇市场将身处世界各地的、互不相识的人联系在一起。交易双方按照统一的交易规则买卖外汇，从而创造出巨额的成交量。外汇交易的网络是全球性的，外汇市场既没有集中的场所也不受中央清算系统的管制，更没有政府的监督。外汇交易商不具有任何组织的会员资格，但必须获得同行业的认可和信任。因此，外汇市场被称为“有市无场”，它实际上是通过各国的商业银行将世界各地的外汇市场连接起来，形成的一个网络系统。

案例：守护金融安全——港府拼死护盘

2. 循环作业

由于全球各金融中心的地理位置不同，亚洲市场、欧洲市场、美洲市场因时差的关系，形成了一个 24 小时连续作业的全球外汇市场。当然，遇到星期六、星期日以及全球性的重大节日时，外汇市场会停止交易。

外汇市场的交易时间随着地球的运转先后开启。从悉尼开始，然后到东京、中国香港，接着是法兰克福、伦敦，至纽约为一日的结束（见图 0－14）。外汇

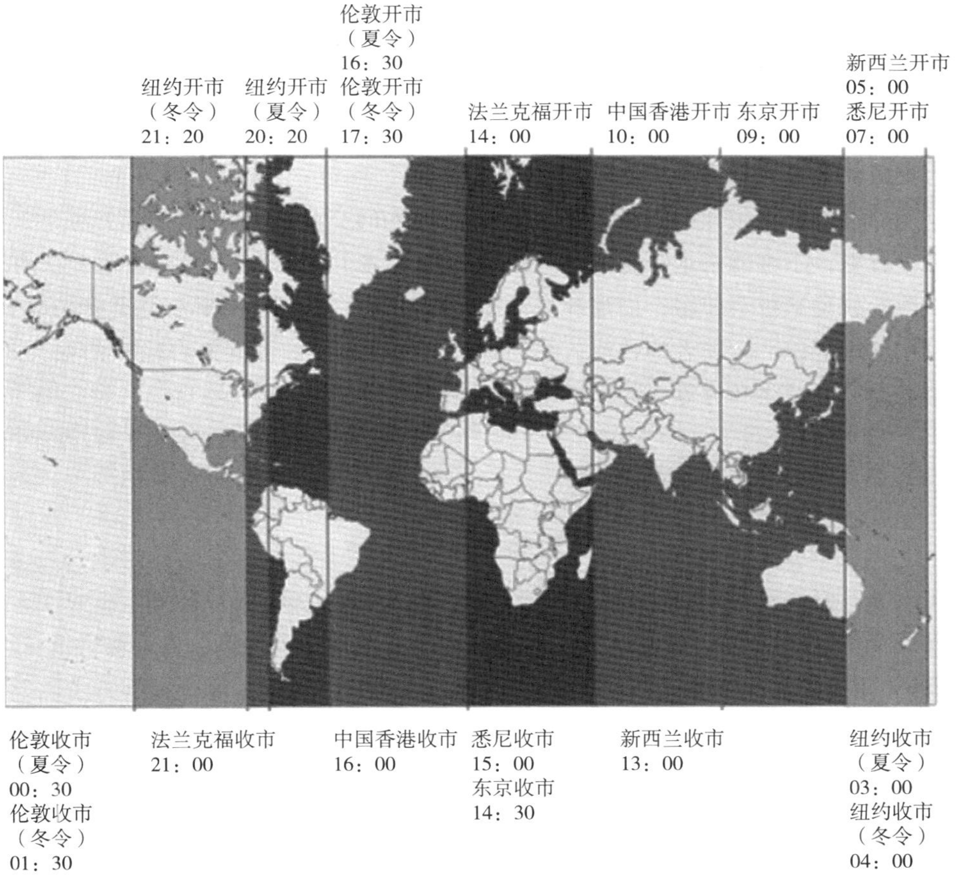

图 0－14　世界主要汇市交易时间表

市场跟其他金融市场不同，投资者可以随时随地对世界经济、社会民生、自然天气以及政治转变带来的影响作出反映，是一个24小时都可以进行交易的市场。

连续作业的外汇市场，为投资者提供了没有时间和空间障碍的理想投资场所。外汇投资者可以寻找最佳时机进行全球交易和投资，随时随地按自己的意愿入市交易。在一些突发事件发生后，外汇投资者可以在第一时间控制投资风险，或适时斩仓止损，或果断追市获得利润，这是其他市场无法比拟的优势。

3. 零和博弈

零和博弈，是指在严峻的竞争中，对于参与博弈的双方来说，一方的收益必然意味着另一方的损失，博弈双方的收益和损失相加后的总和永远为“零”。零和博弈的结果是参与博弈一方的所得正是另一方的所失，整个社会的利益并不会因此而增加或者减少。

在股票市场上，某种股票或者整个股市的上升或者下降，意味着某种股票的价值或者整个股市的股票价值也上升或者下降。然而，在外汇市场上，汇价的波动表示的价值量的变化和股票价值量的变化完全不同，这是由于外汇交易是“货币对”的交易，汇率的变化表现为货币对中一种货币价值的减少与另一种货币价值的增加。

上述外汇市场的三个基本特点决定了：①外汇市场是全球最大的市场；②外汇市场是全球最公平、最透明的市场；③外汇市场中各种汇率的走势最为规范，最符合技术分析原理。

外汇市场有很强的投机性质。对某个具体的交易主体来说，其交易总是有亏有赢，不可能永远是赢家，只是有的交易者知识丰富、信息灵通、富有经验，故盈利机会较多；而那些对外汇行市缺乏了解的人，则亏得更多一些。但从理论上说，亏损者的钱流入盈利者的手中，赢家的盈利来自输家的损失，市场上的盈亏之和为零。

知识链接

外汇市场最佳交易时段

1. 两大外汇交易地区重叠交易时段。亚洲和欧洲市场重叠（北京时间15：00—16：00）以及欧洲和北美洲市场重叠（北京时间20：00—24：00）的交易时段市场最活跃。

2. 伦敦、纽约外汇市场交易时段。伦敦和纽约两个市场交易时间的重叠区（北京时间20：00—24：00）是各国银行外汇交易的密集区，也是每天全球外汇市场交易最频繁、市场波动最大、大宗交易最多的时段。

3. 每星期中间时段（北京时间的星期二至星期四）是一周交易较活跃时期，较适宜交易。

外汇市场不适宜交易时段：

1. 星期五：可能会有一些出乎意料的消息产生，此时交易风险较大。

2. 节假日：一些银行可能休市，交易清淡。

3. 重大事件发生时：入市风险较大。

（三）外汇市场的参与者

外汇市场的参与者主要由外汇供给者与外汇需求者组成，它们出于各自的目的进行外汇交易。外汇市场参与者的目的主要有：借助汇率波动获取短期利润，防止弱势货币可能带来的损失，进行商品贸易所需的外汇兑换和影响汇率的高低等。因目的不同，主要参与者的行为对外汇市场的影响也不尽相同。此外，随着网络交易的快速发展，外汇市场上的参与者也在不断变化，大量普通投资者不断涌现。传统的外汇市场参与者结构为客户、外汇银行、外汇经纪商和中央银行。

1. 客户

客户，是指与外汇银行或者外汇经纪人进行外汇交易的所有自然人或者法人。客户是外汇市场中最重要的参与者，也是外汇的最终供给者和需求者。

根据交易动机的不同，可将客户分为两大类，即交易型客户、投资或投机型客户。

（1）交易型客户。交易型客户，是指由于业务或者生活需要进行外汇交易的客户，主要有企业客户和个人客户两种。

交易型企业客户主要有进出口商、国际投资公司、金融公司和跨国公司等。它们积极参与外汇市场交易的原因主要是出于国际贸易的需要。例如，进出口、存款、借款、利润汇出等。

交易型个人客户主要有出国探亲者、访问者、旅游者、学习考试者、汇款者等。个人客户必须通过外汇经纪商或者外汇银行才可以进行外汇买卖。

交易型客户的外汇交易活动反映了外汇市场参与者对于各国货币的实质性供求数量。尽管这部分的交易量占外汇市场交易总量的权重不太大，但它对一国的国民经济却能够产生实质性的影响。

（2）投资或投机型客户。投资型客户，是指出于外汇投资的目的而进行外汇交易的客户，主要有对冲基金、信托基金、养老金和外汇基金等，也包括为数众多的个人投资者。投机型客户，是指通过预测汇率的变化趋势、利用某种货币的汇率差异，进行低买高卖以赚取投机利润的客户。外汇投机者并没有真实的外汇需求，其进行外汇交易纯粹是为了寻找一切可以利用的机会以获取最大的利润。当然，对于许多人而言，“投机”一词具有负面意思，很多投资者都将汇率的大幅波动归咎为投机的结果，有时情况也正是如此。目前，投机性的外汇交易活动占到了外汇市场交易的较大比例，时常会造成汇率的剧烈波动，甚至影响全球经济的发展。投机型客户往往操纵着巨额资金，会对某国货币发动突然袭击，影响甚至改变该货币的正常变动趋势，从而加剧外汇市场的动荡。在当今世界，国际游资的规模与日俱增。借助先进的通信工具，国际游资可以十分迅速地流入或者流出某个外汇市场，成为一股势不可当的投机力量。然而，外汇市场恰恰需要这些投机性的活动。这是因为，通过投机型客户频繁地买卖外汇，全球外汇市场的汇率最终趋于一致，更接近外汇供求状况，使外汇市场的流动性大大增强。因此，虽然投机型客户具有某种程度的负面作用，但它们却是外汇市场能够有效运作的重要贡献者和不可或缺的力量。

当然，投资型客户与投机型客户的划分并不是绝对的，有时二者可以相互转换。所以，通常将投资型客户与投机型客户划分为同一类型。

2. 外汇银行

外汇银行的全称为外汇指定银行，是指由各国中央银行或者货币当局指定或者授权专营或者兼营外汇业务的银行。外汇银行主要有三种类型：①专营或者兼营外汇业务的本国商业银行；②在本国的外国商业银行分行以及本国和外国的合资银行；③其他经营外汇买卖业务的本国金融机构。例如，信托投资公司、财务公司等。

外汇银行是外汇市场的主体和重要参与者，它不仅是外汇供求交易的主要中介，而且也是外汇市场上最大的做市商。外汇银行之间有着良好的资金往来关系。由外汇银行组成的银行同业外汇市场是外汇交易的批发市场，其交易量占据了全部外汇交易量的较大比例，日成交量能够达到数亿美元以上。从某种意义上说，外汇经纪商可以被看作外汇银行的代理人。

外汇银行主要从事两个方面的外汇买卖业务：一方面，外汇银行开展外汇的零售业务，接受客户的申请为其进行外汇买卖；另一方面，外汇银行在为客户提供外汇买卖的过程中，难免会在营业日内出现一些货币的出售额低于购入额（俗称“多头”），一些货币的出售额高于购入额（俗称“空头”），即外汇的“敞口头寸”。因此，外汇银行会在同业市场上进行外汇头寸轧差买卖，将多头抛出、空头补进，以平衡外汇头寸、防止汇率风险。银行同业之间的外汇买卖价差一般低于银行与客户之间的外汇买卖价差。

3. 外汇经纪商

外汇经纪商，是指在外汇市场上为银行之间以及客户之间或者银行与客户之间介绍外汇买卖业务、促进买卖双方成交并赚取佣金的中间商。

根据业务模式进行划分，外汇经纪商可划分为两类，即传统型经纪人和做市型经纪人。传统型经纪人又被称为跑街经纪人，俗称“掮客”。这一类外汇经纪商本身并不参与外汇买卖交易，而是专门代客户买卖外汇、撮合交易双方成交，从而赚取佣金。它们并不承担任何外汇交易的风险。与之相对应，做市型经纪人不仅从事经纪业务，还从事做市业务。它们既通过充当外汇买卖中间商赚取佣金，又以自有资金参与外汇买卖交易并自负盈亏。

根据服务对象进行划分，外汇经纪商可划分为零售经纪人和机构经纪人两类。零售经纪人专门负责为个体交易者提供零售外汇交易服务。而机构经纪人则主要服务于外汇银行、机构客户等大型机构，有时也为零售做市商提供经纪服务。

外汇市场离不开活跃的外汇经纪商。首先，外汇经纪商并不是交易当事人。它们主要依靠为客户提供最新、最有利的信息而生存。因此，外汇经纪商大都拥有比较完备的、庞大的信息网络和先进的通信手段，善于捕捉并利用信息，开发各种获利渠道。在接受客户委托后，外汇经纪商一般总能在极短的时间内帮助客户找到交易对象，并为客户报出最有利的价格。外汇经纪商的存在极大地提高了外汇交易的效率，有利于促进交易迅速、低成本地完成。其次，由于外汇经纪商的数量十分巨大，投资者可以选择服务水平最高、交易价格最合理的外汇经纪商代其进行交易，这就大大增强了外汇市场的竞争力。

4. 中央银行

目前，各国的中央银行是外汇市场上最主要的外汇管理机构。在外汇市场上，中央银行主要从事三个方面的活动：一是作为普通参与者进行外汇买卖交易；二是通过外汇的买卖干预市场、维持汇率稳定；三是监督和管理外汇市场。

中央银行是外汇市场的特殊参与者，它们不以盈利为目的，其参与外汇交易主要是为了监督和管理外汇市场，以维护市场秩序、汇率的稳定，进而实现本国的金融政策，维持本国经济的平稳持续增长。除了扮演市场监督者和管理者的角色外，中央银行一般会设立专门用于买卖的外汇平准基金，以达到干预外汇市场、实现控制货币供应量、稳定汇率和利率的政策目标。中央银行进行外汇市场干预时，其买卖外汇的金额十分庞大，行动非常迅速，对外汇市场的供求有很大影响。由于合作的不断加强，各国中央银行常常会联合行动，共同干预外汇市场，从而直接影响多种货币汇率的走向。因此，在进行外汇投资时，投资者可依据各国中央银行的货币政策及其对本国经济的看法预测央行未来干预外汇市场的动向。

想一想　练一练

2018 年土耳其里拉崩盘，主要和哪些外汇市场参与者关系较大？

知识链接

全球外汇市场

国际清算银行（BIS）于 2019 年 9 月 16 日公布的外汇调查报告（每三年 1 次）显示，截至 2019 年 4 月，全球日均外汇交易量达 6.6 万亿美元，创历史新高，较 2016 年的 5.1 万亿美元增长 29%。外汇衍生品的交易量增长迅速，尤其是外汇掉期交易量，远超外汇现货交易量。

在各国外汇市场方面，英国以 3.58 万亿美元的日均交易额保持在第一位；排在第二位的美国日均交易额为 1.37 万亿美元；新加坡外汇市场以 6 330 亿美元的日均交易额排名第三；中国香港以 6 320 亿美元的日均交易额位居第四；第五名为日本，日均交易量为 3 760 亿美元。值得关注的是，中国上海以 1 360 亿美元列全球第八大外汇交易中心。BIS 调查 53 个国家（和地区）近 1 300 家金融机构的数据显示，美元仍保持全球货币主导地位，在所有交易货币中占比为 88%；欧元交易份额有所上升，达到 32%；日元的交易份额下降了约 5%，但仍是第三大活跃交易货币（占比为 17%）；而后，交易份额占比较大的币种依次是英镑（13%）、澳元（7%）、加元（5%）以及瑞士法郎（5%）。

（资料来源：https：//xueqiu. com/7290820255/132936051? from = singlemessage&ivk_sa = 1024320u。）

微课：主要国际外汇市场

课件：主要国际外汇市场

二、国际主要外汇市场

目前，世界上有 30 多个主要的外汇市场，遍布世界各大洲的不同国家和地区。根据传统的地域划分，主要分布在亚洲、欧洲、北美洲三大洲。传统的外汇市场包括伦敦、纽约、东京、中国香港、新加坡、法兰克福、苏黎世等；近年来，我国经济飞速发展，上海、北京、深圳等已跃升为主要外汇市场；新兴的区域性外汇市场（如迪拜、布鲁塞尔、孟买等）也逐渐走向成熟。

在 2022 年 3 月公布的全球金融中心指数（GFCI 31）排名中，纽约拔得头筹，排在其后的是伦敦、中国香港和上海。表 0 - 12 列出了第 31 期全球金融中心指数前十名，我国有 4 座金融中心城市上榜，分别是中国香港、上海、北京和深圳。

表 0 - 12　全球金融中心指数前十名金融中心

金融中心	GFCI 31		GFCI 30	
	排名	评分	排名	评分
纽约	1	759	1	762
伦敦	2	726	2	740
中国香港	3	715	3	716
上海	4	714	6	713
洛杉矶	5	713	7	712
新加坡	6	712	4	715
旧金山	7	711	5	714
北京	8	710	8	711
东京	9	708	9	706
深圳	10	707	16	699

想一想　练一练

试分析以上十大金融中心上榜的原因。

案例：大国崛起——世界前十金融中心中国占四

（一）伦敦外汇市场

伦敦外汇市场是一个典型的无形市场，没有固定的交易场所，通过电话、电传、电报完成外汇交易。伦敦外汇市场上，参与外汇交易的外汇银行机构约有 600 家，包括本国的清算银行、商业银行、其他商业银行、贴现公司和外国银行。由这些外汇银行组成的伦敦外汇银行公会负责制定参加外汇市场交易的规则和收费标准。

在伦敦外汇市场上，有 250 余家指定经营商（见表 0－13 所示）。作为外汇经纪商，它们与外币存款经纪人共同组成外汇经纪人与外币存款经纪人协会。在英国实行外汇管制期间，外汇银行间的外汇交易一般通过外汇经纪商进行。1979 年 10 月，英国取消外汇管制后，外汇银行间的外汇交易就不一定通过外汇经纪商了。

案例：伦敦外汇市场

表 0－13　伦敦外汇市场主要特点

主要交易币种	英镑、欧元、瑞士法郎、美元等
服务区域	英国
交易时间	15：30—23：30（北京时间）
特点	伦敦外汇市场是无形外汇市场，交易者通过各种现代化的通信设施和电脑网络进行外汇交易，有 250 余家外汇指定银行，90 余家外汇经纪商。其中，有些经纪商还在中国香港、新加坡等地设有分支机构。由于伦敦外汇市场交易类型齐全，交易结构完备，长期以来位居世界各大外汇市场前列

伦敦外汇市场的外汇交易分为即期交易和远期交易。汇率报价采用间接标价法，交易货币种类众多（最多时达 80 种），交易处理速度迅速，工作效率高。伦敦外汇市场上外币套汇业务十分活跃。自从欧洲货币市场发展以来，伦敦外汇市场上的外汇买卖与欧洲货币的存放保持密切联系。欧洲投资银行积极地在伦敦市场发行大量外国债券，使伦敦外汇市场的国际地位更加突出。

（二）纽约外汇市场

纽约外汇市场是重要的国际外汇市场之一。纽约外汇市场也是一个无形市场，外汇交易通过现代化通信网络与电子计算机进行，其货币结算都可通过纽约地区银行同业清算系统和联邦储备银行支付系统进行。

由于美国没有外汇管制，对经营外汇业务没有限制，政府也不指定专门的外汇银行，所以几乎所有的美国银行和金融机构都可以经营外汇业务。但纽约外汇市场的参与者以商业银行为主，包括 50 余家美国银行和 200 余家外国银行在纽约的分支机构、代理行以及代表处（见表 0－14）。

表 0－14 纽约外汇市场主要特点

主要交易币种	美元、欧元、英镑、瑞士法郎等
服务区域	美国本土及北美地区
交易时间	20：20—03：00（北京时间）
特点	美国的外汇交易不受限制。目前，纽约外汇市场主要包括 180 余家美国商业银行，200 余家外国银行在纽约的分支机构、代理行以及代表处。同时，纽约是世界美元交易的清算中心，承担着国际结算和资本流动的主要结算任务

纽约外汇市场上的外汇交易分为三个层次，即银行与客户间、本国银行间以及本国银行和外国银行间。其中，银行同业间的外汇买卖大都通过外汇经纪商办理。纽约外汇市场有 8 家经纪商，虽然有些经纪商专门从事某种外汇的买卖，但大部分经纪商同时从事多种货币的交易。外汇经纪商的业务不受任何监督，对其安排的交易不承担任何经济责任，只是在每笔交易完成后向卖方收取佣金。

纽约外汇市场交易活跃，但与进出口贸易相关的外汇交易量较小，相当部分外汇交易与金融期货市场密切相关。美国的企业除了进行金融期货交易会与外汇市场发生联系外，其他外汇业务较少。

由于美元在国际货币体系中的特殊地位，全世界 90% 以上的美元收付都通过纽约的银行间清算系统进行，纽约外汇市场有着其他外汇市场无法取代的美元清算和划拨功能。

纽约外汇市场的重要性还表现在它对汇率的重要影响上：①美国的经济形势对全世界有着举足轻重的影响；②美国各类金融市场发达，股市、债市、汇市相互作用，相互联系；③以美国投资基金为主的投机力量非常活跃，对汇率走势推波助澜。

纽约外汇市场是全球最活跃的市场，许多大宗交易会等到其开盘后进行，纽约外汇市场与伦敦外汇市场同时营业的时间是全球外汇交易的黄金时间。

（三）东京外汇市场

东京外汇市场是随着日本对外经济和贸易的发展而发展起来的，与日本金融自由化、国际化进程相关。在交易方式上，东京外汇市场与伦敦外汇市场、纽约外汇市场相似，都是无形市场。交易利用电话、电报等电讯方式完成。在外汇价格制定上，东京外汇市场与欧洲大陆的德国、法国外汇市场相似，采取定价方式。每个营业日的上午 10 点，主要外汇银行经过讨价还价，确定当日外汇价格。从交易货币和种类来看，因为日本的进出口贸易多以美元结算，所以东京外汇市场 90% 以上的交易是美元兑日元的买卖，日元对其他货币的交易较少；交易品种有即期、远期和掉期等。即期外汇买卖又分为银行对客户的当日结算交易和银行同业间的次日结算交易。东京外汇市场上即期、远期交易的比重都不高，但掉期业务量却很大。其中，日元兑美元的掉期交易量最大。东京外汇市场的主要特点见表 0－15。

表 0－15 东京外汇市场主要特点

主要交易币种	日元、美元
服务区域	日本
交易时间	08：00—15：30（北京时间）
特点	东京曾经是世界第三大外汇交易中心，随着日本经济衰退，外汇购买套期保值的外汇买卖日趋萎缩，导致外汇市场中顾客（包括企业法人、出口商社、人寿财产保险公司、投资信托公司、信托银行等）的交易比例下降

（四）新加坡外汇市场

新加坡外汇市场是在20世纪70年代初亚洲美元市场成立后才成为国际外汇市场的。新加坡地处欧亚非三大洲交通要道，时区优越，上午可与中国香港、东京、悉尼进行交易，下午可与伦敦、苏黎世、法兰克福等欧洲市场进行交易，中午可与巴林进行交易，晚上可与纽约进行交易。根据交易需要，新加坡的投资者可以24小时参与世界各个地区的外汇买卖。新加坡外汇市场除了保持现代化通信网路外，还直接同纽约的纽约清算所银行同业支付系统（CHIPS）和欧洲的环球银行金融电信协会（SWIFT）系统连接，货币结算十分方便。

新加坡外汇市场的参与者由经营外汇业务的本国银行、经批准可经营外汇业务的外国银行和外汇经纪商组成。其中，外资银行的资产、存贷款和净收益都远远超过本国银行。

新加坡外汇市场是一个无形市场，大部分交易由外汇经纪商办理，并通过它们把新加坡和世界各个金融中心联系起来。新加坡外汇市场上的交易货币以美元为主，占交易总额的85%左右，大部分交易都是即期交易，掉期交易及远期交易合计占交易总额的1/3。汇率均以美元报价，非美元货币间的汇率通过套算求得。新加坡外汇市场的主要特点见表0－16。

表 0－16 新加坡外汇市场主要特点

主要交易币种	美元、欧元、日元、英镑、瑞士法郎等
服务区域	新加坡
交易时间	08：00—15：00（北京时间）
特点	新加坡外汇市场是无形市场、无固定交易场所，市场采用直接标价法。外汇交易主要由当地的国内外商业银行和货币经纪商经营。由于时差关系，交易商将该市场和世界其他主要外汇市场联系起来，使全球外汇交易得以不间断。市场交易以即期交易为主，远期交易和投机交易也较频繁。新加坡国际金融期货交易所与美国芝加哥商品交易所联结外汇期货业务

（五）中国香港外汇市场

中国香港外汇市场是20世纪70年代以后发展起来的国际性外汇市场。自1973年香港取消外汇管制后，国际资本大量流入，经营外汇业务的金融机构不断增加，外汇市场越来越活跃，发展成为国际性的外汇市场。中国香港的地理位置和时区条件与新加坡相似，可以十分方便地与其他国际外汇市场进行交易。

20 世纪 70 年代以前，中国香港外汇市场的交易以港元和英镑的兑换为主。20 世纪 70 年代后，随着该市场的国际化以及港元与英镑脱钩并与美元挂钩，美元成了中国香港外汇市场上交易的主要外币。中国香港外汇市场上的交易可以划分为两大类：一类是港元和外币的兑换。其中，港元和美元的兑换为主；另一类是美元兑换其他外币的交易。中国香港外汇市场的主要特点见表 0－17。

表 0－17　　中国香港外汇市场主要特点

主要交易币种	美元、人民币、日元、欧元、英镑、加元
服务区域	中国香港、中国澳门
交易时间	09：00—16：00（北京时间）
特点	中国香港外汇市场是无形市场，无固定交易场所，市场参与者主要包括商业银行、存款公司和外汇经纪商。香港地理位置和时区条件与新加坡相似，可以十分方便地与其他国际外汇市场进行交易。市场交易以即期交易为主，远期交易和掉期交易约占 20%

知识链接

外汇交易中心的交易量

国际清算银行（BIS）于 2019 年 9 月 16 日公布的外汇调查报告（每三年 1 次）显示，2019 年全球外汇交易大多数通过英国、美国、新加坡、日本 4 个国家以及中国香港进行。这些国家和地区的交易总量占全球交易总量的比例约为 60%。值得注意的是，近年来，中国上海的外汇交易大幅增加，成功晋升全球第八大外汇交易中心。

全球八大主要外汇交易中心的日均交易量在全球外汇交易量中的占比情况见表 0－18。

表 0－18　　外汇交易中心交易量对比

金融中心	日均外汇交易量（亿美元）	占比（%）
伦敦	35 800	43.1
纽约	13 700	16.5
新加坡	6 330	7.6
中国香港	6 320	7.6
东京	3 760	4.5
苏黎世	2 760	3.3
巴黎	1 670	2
上海	1 360	1.8

（资料来源：根据雪球网站资料整理。）

想一想 练一练

进入中国外汇交易中心网站“外汇市场专区”(http://www.chinamoney.com.cn/fe/Channel/2188)栏目，查阅“市场指南”中的“业务指南”，了解中国外汇市场的情况，包括中国外汇市场的构成、外汇交易中的基本名词、外汇交易类型等。

微课：汇率报价

模块三 外汇价格——汇率

模块导入

课件：汇率报价

在外汇交易中，汇率是以货币对的形式报价的，外汇牌价中不同的汇率到底是什么意思呢？汇率中除了分为买入价和卖出价，还有哪些分类？

任务描述

能看懂外汇牌价，理解汇率的不同分类。

相关知识

一、外汇汇率的概念与表示

(一) 汇率的含义

视频：点差

如同商品有价格一样，外汇也有价格。外汇汇率又称外汇汇价、外汇牌价、外汇行市。外汇汇率（Exchange Rate）指用一国货币表示另一国货币的价格。换句话说，汇率就是两种不同货币之间的交换比率或者比价，故又称“汇价”或者“兑换率”。例如，100 美元 = 682.42/682.48 元人民币，1 欧元 = 123.18/123.52 日元。一个国家政府制定和公布的汇率称为法定汇率和外汇牌价，简称牌价；外汇市场上的汇率一般称为外汇行市或者行情。从汇率的定义可以看到，汇率属于“价格”范畴，它跟一般商品的价格有许多类似之处。不过，它是各国特殊商品即货币的价格。

外汇是可以在国际上自由兑换、自由买卖的资产，是一种特殊商品。与一般商品价格不同的是，外汇汇率具有双向性的特点，既可用本币表示外币价格，又可用外币表示本币价格。

(二) 外汇汇率的表示

按照国际惯例，在外汇市场上，汇率的价格通常由 5 位有效数字组成。汇率的最小变化单位为 1 个点，即汇率价格的最后一位数的变化，称为基本点（Basic Point，BP），或者汇价基点（point）。从汇率右侧向左侧数，第一位称“几个点”，第二位为“几十个点”，以此类推。例如，英镑兑美元从

GBP1 = USD1.3513 变成 GBP1 = USD1.3519，称英镑兑美元升了 6 个点。美元兑日元从 USD1 = JPY112.24 变为 USD1 = JPY112.01，称美元兑日元下跌了 23 个点。

出现在具体汇率中的两种货币，一般前面的作为标准货币，也称基准货币。汇率就是用这种货币的 1 个单位或者 100 个单位作为标准，折算成一定数量的另一种货币，即报价货币，也称计价货币。按照国际惯例，通常用 3 个英文字母表示货币的名称，每个国家都有自己的货币和特有的货币名称和符号。在国际标准 ISO 4217：2008 规范的货币代码的 3 个字符中，前两个字符代表该货币所属的国家或者地区，第三个字符表示货币单位。例如，美元为 USD，人民币为 CNY（见表 0－19）。

表 0－19　世界主要货币名称和标准符号

货币名称	标准符号	货币名称	标准符号	货币名称	标准符号
人民币	CNY	瑞士法郎	CHF	澳大利亚元	AUD
美元	USD	韩国元	KRW	加拿大元	CAD
欧元	EUR	新加坡元	SGD	俄罗斯卢布	RUB
英镑	GBP	港元	HKD	瑞典克朗	SRK
日元	JPY	澳门元	MOP	丹麦克朗	DKK

二、汇率的标价方法

汇率的标价方法即汇率的表示方法。因为汇率是两国货币之间的交换比率，在具体表示时就牵涉以哪种货币作为标准的问题。由于选择的标准不同，产生了三种不同的汇率标价方法。

（一）直接标价法

直接标价法（Direct Quotation）又称应付标价法，是以一定单位（1 个、100 个或 1 000 个）的外国货币为标准，计算应付多少单位的本国货币。例如，在苏黎世外汇市场 USD1 = CHF0.9136/0.9143，在中国外汇市场 USD1 = CNY6.1372/6.1418。

在直接标价法下，外国货币的数额固定不变，汇率的升降都以本国货币数额的变化表示。一定单位的外币折算的本币增多，说明外币币值上升，本币币值下降，这就是外汇汇率上升；相反，一定单位的外币折算本币减少，说明外币币值下降，本币币值上升，这就是外汇汇率下跌。

目前，世界上绝大多数国家采用直接标价法对外汇标价。中国的国家外汇管理局公布的外汇牌价也采取这种方法。例如，国家外汇管理局公布的 2021 年 2 月 10 日人民币汇率为：

USD100 = CNY643.91

EUR100 = CNY779.96

GBP100 = CNY889.20

（二）间接标价法

间接标价法（Indirect Quotation）是以一定单位本国货币为标准，折算为一定数额的外国货币的标价方法。或者说，是以外国货币表示的本国货币的价格。英国一向采用间接标价法，美国1978年以后也采用间接标价法。

例如，2021年2月15日纽约外汇市场和伦敦外汇市场的汇率如下：

纽约外汇市场：USD1 = JPY105.11

伦敦外汇市场：GBP1 = USD1.3889

在间接标价法下，本国货币数额固定不变，汇率的涨跌都以外国货币数额的变化表示。一定单位的本币折算的外币数量增多，说明外币汇率下跌，即本币升值或外币贬值；反之，单位本币折算的外币数量减少，说明外币汇率上涨，即本币贬值或外币升值。

当前，采用间接标价法的国家和地区还有欧元区、澳大利亚、新西兰等。

想一想　练一练

在伦敦外汇市场，GBP1 = USD1.6416 属于什么标价方法？在美国纽约市场呢？

（三）美元标价法

美元标价法是以其他国家货币表示美元价格的方法。目前，世界各大金融中心国际银行公布的外汇牌价均为美元对其他主要货币的汇率。非美元货币之间的汇率则通过各自对美元的汇率套算得出。例如，苏黎世外汇市场2021年2月15日某时市场行情为：

USD1 = JPY105.1800

USD1 = CHF0.8912

USD1 = HKD7.7522

20世纪50年代以来，国际金融市场开始采用美元标价法。目前，欧洲各国的货币汇率仍然以对美元的比价为基准。国际金融市场上一些大型银行的外汇牌价也都是公布以美元对其他主要货币的汇价。这主要是为了方便外汇市场参与者对不同市场的汇价进行比较。

微课：汇率的种类

想一想　练一练

直接标价法、间接标价法、美元标价法有何异同？

课件：汇率的种类

三、汇率的分类

外汇汇率是两国货币的兑换比率，这仅仅是从理论探讨的角度而言的。在现实中，无论是从货币制度的演变，还是从一国的货币政策角度考察，都会产生不同的汇率形式。然而，汇率形式最多的却是从银行业务或者国际经济交易的角度考察。

（一）买入汇率、卖出汇率和中间汇率

根据银行买卖外汇的角度不同，汇率可划分为买入汇率、卖出汇率和中间汇率（见图 0－15）。

货币名称	现汇买入价	现钞买入价	现汇卖出价	现钞卖出价	中行折算价
阿联酋迪拉姆		169.45		182.04	175.26
澳大利亚元	500.03	484.5	503.71	505.94	498.06
巴西里亚尔		115.31		130.92	119.63
加拿大元	507.21	491.2	510.95	513.21	507.11
瑞士法郎	721.05	698.8	726.11	729.22	721.26
丹麦克朗	104.81	101.57	105.65	106.16	104.88
欧元	780.01	755.78	785.77	788.29	779.96
英镑	893.8	866.03	900.38	904.36	889.2
港币	83.04	82.38	83.37	83.37	83.06
印度尼西亚卢比		0.0448		0.0483	0.046
印度卢比		8.3496		9.4156	8.8294
日元	6.1117	5.9218	6.1566	6.1661	6.1574
韩国元	0.5829	0.5624	0.5875	0.6091	0.578

图 0－15　北京时间 2021 年 2 月 15 日 16 时中国银行的外汇牌价

在外汇市场上，银行报价通常采用双向报价，即同时报出买入价和卖出价，由客户自行决定买卖方向。买入价和卖出价的差别为点差，交易商通过买卖的点差获利。买入价和卖出价的点差越小，对于投资者来说意味着成本越低。银行间交易的报价点差正常为 2—3 个点，各家银行（或者交易商）向客户的报价点差差别较大。目前，国际保证金交易的报价点差基本在 3—5 个点，中国香港地区各家银行的保证金交易报价点差为 6—8 个点，我国银行实盘交易的保证金交易报价点差在 10—50 个点不等。

买入汇率又称买入价（Bid Rate 或者 Buying Rate），是银行向客户买入基准货币（标价中列于“/”左边的货币）时使用的汇率。

卖出汇率又称卖出价（Offer Rate 或者 Selling Rate），是银行卖出基准货币时使用的汇率。

例如，USD/CNY 报价 6. 5898/6. 5923，前面是银行买入价，后面是银行卖出价，表示银行愿意用 6. 5898 元人民币买入 1 美元，以 6. 5923 元人民币卖出 1 美元。又如，欧元/美元报价 1. 1929/1. 1934，表示银行愿意以 1. 1929 美元的价格买入 1 欧元，以 1. 1934 美元的价格卖出 1 欧元。按照银行的报价，如果客户有 1 000 美元想兑换成欧元，相当于银行卖出欧元，用卖出价

1.1934，计算公式为：

$$1\ 000 \div 1.1934 = 837.94\ \text{（欧元）}$$

中间汇率又称中间价，是买入价和卖出价的算术平均数，即：

$$\text{中间汇率} = \frac{\text{（买入汇率 + 卖出汇率）}}{2}$$

基准价是中国人民银行公布的一种中间价，其他商业银行可在基准价基础上，按照中国人民银行规定的浮动范围制定自己的买入价和卖出价。

中间价是市场形成的，基准价是中国人民银行公布的。中间汇率多在理论分析和媒体报道中使用，但中间汇率绝非外汇买卖业务中的实际成交价格。

想一想　练一练

伦敦外汇市场：£1 = $1.7700/1.7800，哪个是买入价，哪个是卖出价？

（二）基本汇率和套算汇率

根据汇率制定方法的不同，汇率可划分为基本汇率和套算汇率。

基本汇率（Basic Rate），是指针对本国货币与某一关键货币的实际价值制定的汇率。关键货币，是指一国国际结算中使用最多、外汇储备中比重最大、被国际金融市场普遍接受的外国货币。大多数国家都选用本国货币与美元之间的汇率作为基本汇率。

套算汇率又称交叉汇率，是指根据基本汇率对其他汇率进行套算得到的汇率。例如，美元兑人民币汇率为人民币的基本汇率，如果某日美元兑人民币汇率为 USD1 = CNY6.5879，国际金融市场上英镑兑美元的汇率为 GBP1 = USD1.3515，那么，英镑兑美元的汇率可以根据美元兑人民币的基本汇率和国际金融市场上英镑兑美元的汇率套算出来。

计算套算汇率有以下两个规则：

1. 交叉相除

如果美元在两个即期汇率报价中同为基准货币或者同为计价货币，则套算规则为交叉相除。

［例 0 – 1］

美元/日元的即期汇率是 USD1 = JPY142.60/70

美元/港元的即期汇率是 USD1 = HKD7.7770/90

求日元/港元的即期汇率。（注：1 日元 = 100 个点）

［例 0 – 1］的套算原则是：两个即期汇率都是以美元为基准货币，套算时交叉相除，如下：

USD1=JPY142.60　　142.70

USD1=HKD7.7770　　7.7790

解：求日元买入价，先卖出港元，买入美元

USD1 = HKD7.7770

再卖出美元，买进日元

USD1 = JPY142.70

日元买入价 $JPY100 = \frac{HKD7.7770}{1.4270} = HKD5.4499$

同理，日元卖出价 $JPY100 = \frac{HKD\ 7.7790}{1.4260} = HKD5.4551$

所以，JPY100 = HKD 5.4499/5.4551

2. 同向相乘

如果一个即期汇率以美元为基准货币，另一个以美元为计价货币，则套算规则为同向相乘。

［例 0－2］

USD1 = CNY8.2700/10

GBP1 = USD1.7800/10

求 GBP1 = CNY?

例 0－2 所示的这种套算方法的特点是：一个汇率以美元为基准货币，另一个以美元为计价货币，套算时用乘法，如下：

USD1=CNY8.2700　　8.2710

GBP1=USD1.7800　　1.7810

解： 求英镑买入价，先卖出人民币，买入美元

USD1 = CNY8.2700

再卖出美元，买进英镑

GBP1 = USD1.7800

英镑买入价 GBP1 $= 8.2700 \times 1.7800$

$= CNY14.7206$

同理，英镑卖出价 GBP1 $= 8.2710 \times 1.7810$

$= CNY14.7307$

所以，GBP1 = CNY14.7206/14.7307

想一想　练一练

某银行汇率报价如下：欧元兑美元为 1.2605/1.2615，美元兑日元为 98.10/98.20。请计算欧元兑日元的汇率。

（三）即期汇率和远期汇率

按照外汇买卖成交后资金分割期限划分，汇率可分为即期汇率和远期汇率。上述交割（Delivery），是指买卖双方履行交易合同，相互交换所购买货币的行为。

即期汇率（Spot Rate）又称现汇汇率，是外汇买卖成交后，在当日或者 2

个营业日之内办理交割时使用的汇率，是外汇市场上使用最多的汇率。1973年以来，各国普遍实行浮动汇率，汇率变动极其频繁。进出口商为了加速资金周转和避免汇率变动的风险，常采用这种汇率。经营外汇业务的银行，为了及时平衡外汇头寸，也大量采用即期业务，使用即期汇率。

远期汇率（Forward Rate）又称期汇汇率，是买卖双方事先约定的，在未来某一特定日期进行交割的汇率。远期汇率是预约性外汇买卖使用的一种汇率，通常在远期外汇买卖合约成交时订立。远期合约到期时，按此汇率进行交割，不受汇率变动的影响，期限一般为1—12个月。远期汇率的变动受到利率变化和外汇市场供求状况变化的影响。远期汇率是以即期汇率为基础的，用即期汇率的“升水”“贴水”“平价”表示。

视频：即期外汇

如果远期汇率比即期汇率高，表示汇率升水；如果远期汇率比即期汇率低，表示汇率贴水；如果远期汇率等于即期汇率，表示汇率平价。

视频：远期汇率

知识链接

电汇汇率、信汇汇率与票汇汇率

根据外汇交易支付通知方式的不同，汇率可划分为电汇汇率、信汇汇率与票汇汇率。

电汇汇率（简称T/T rate），是指银行卖出外汇后，以电报、电话、电传为传达工具，通知其国外分支行或者代理行付款时使用的一种汇率。电汇是速度最快的一种汇款方式，可以使收款人在最短的时间内收到汇款。不同外汇市场之间较大金额的外汇买卖通常使用电汇方式进行。电汇汇率与信汇汇率和票汇汇率相比，汇率较高。电汇汇率现已成为计算其他各种汇率的基本汇率。

拓展知识：固定汇率与浮动汇率

信汇汇率（简称M/T rate），是指以信函方式进行外汇交易时使用的汇率。信汇是付款人委托其所在国有关银行，用邮政通信方式委托收款人所在国的有关银行向收款人付款。信函方式收付外汇比电汇慢，所以其汇率比电汇汇率低。

票汇汇率（简称D/D rate），是指以汇票、支票和其他票据作为支付方式进行外汇买卖的汇率。它又分为即期票汇汇率、远期票汇汇率和现钞价3种。即期票汇汇率，是指买卖即期汇票的汇率；远期票汇汇率，是指以即期票汇汇率为基础，扣除汇票远期付款贴现利息后得出的汇率；现钞价，是指买卖外币现钞的价格，一般按电汇的买入价扣除钞票的运送费、保险费和邮程的利息计算。由于票汇汇率通常采用票汇通知方式，从卖出外汇到实际支付外汇间隔时间较长，所以其汇率一般较电汇汇率低。

知识链接

官方汇率、市场汇率和黑市汇率

按照汇率是否由货币管理当局进行管制以及管制的宽严程度划分，汇率可分为官方汇率、市场汇率和黑市汇率。

官方汇率（Official Rate），是指由一国的货币金融管理机构（例如，中央银行或者外汇管理当局）制定并予以公布的汇率。它具有法定的性质，故又称官定汇率或者法定汇率。在实行严格外汇管制的国家，一切外汇交易均由外汇管理机构统一管理，外汇不能自由买卖，一切外汇交易都必须按照官方汇率进行，一切外汇收入均须按照官方汇率结售给外汇银行，所需外汇均须向国家或者其指定的银行申请购买。在这些国家，没有市场汇率，官方汇率就是实际买卖外汇的汇率。官方汇率和固定汇率相比，虽然都是由货币管理当局制定并公布，但两者的性质是不同的。固定汇率只是一个基础汇率，市级交易汇率仍受外汇市场供求关系影响而变化，即固定汇率并不一定是实际交易汇率。

市场汇率（Market Rate），是指在没有外汇管制时，在自由外汇市场上买卖外汇的实际汇率，它是由外汇市场上的供求关系自发决定的汇率，并随供求关系的变化而自由浮动。在外汇管制较松的国家，官方公布的汇率往往只起中心汇率的作用，只具有象征意义，实际外汇交易则按市场汇率进行。若某可兑换货币在一定时期内汇率相对稳定，并有升值趋势，该货币便被称为硬货币；若某可兑换货币在一定时期内汇率相对不稳定，并不断贬值，该货币便被称为软货币。一般而言，市场汇率高于官方汇率，但由于市场干预，市场汇率不会偏离官方汇率太远。

黑市汇率（Black Market Rate），是指在外汇黑市市场上买卖外汇时使用的汇率。在严格实行外汇管制的国家，外汇交易一律按照官方汇率进行。一些持有外汇的人以高于官方汇率的汇价在黑市市场上出售外汇，以换回更多的本国货币，他们是外汇黑市的外汇供给者；另外一些不能以官方汇率获得或者获得少于需求的外汇需求者便以高于官方汇率的价格从外汇黑市购买外汇，成为外汇黑市的外汇需求者。由此，对黑市外汇的供求形成了黑市汇率，有严格的外汇管制就必然会产生屡禁不绝的外汇黑市交易。

操作要点

√ 在外汇市场上，汇率的价格通常由5位有效数字组成。汇率的最小变化单位为1个点，从汇率右侧向左侧数，第一位称“几个点”，第二位称“几十个点”，以此类推。

√　外汇牌价包括中间价、现汇买入价、现钞买入价、卖出价。中间价是买入价与卖出价的平均价。买入或者卖出都是站在报价银行的立场来说的。对于基准货币来说，标价中前面的是银行买入价，后面的是银行卖出价。对于报价货币来说则相反。

√　汇率套算有两种方法，即交叉相除法和同向相乘法。如果美元在两个即期汇率报价中同为基准货币或者同为计价货币，则套算规则为交叉相除；如果两个即期汇率都以美元为计价货币，则套算汇率为交叉相除；如果一个即期汇率以美元为基准货币，另一个即期汇率以美元为计价货币，则套算规则为同向相乘。

知识要点

√　区分静态外汇和动态外汇，广义外汇和狭义外汇。

√　黄金、美元指数、美国股市三者关系可概括为黄金与美国股市同向、与美元反向，美元与美国股市反向。

√　外汇汇率（Exchange Rate）指用一国货币表示另一国货币的价格。换句话说，汇率就是两种不同货币之间的兑换比率或者比价，故又称汇价或者兑换率。

√　直接标价法（Direct Quotation），是以一定单位（1 个、100 个或 1 000个单位）的外国货币为标准，计算应付多少个单位的本国货币的标价方法。因此，直接标价法也称应付标价法。

√　间接标价法（Indirect Quotation），是以一定单位本国货币为标准，折算为一定数额的外国货币的标价方法。

问题讨论

人民币至今维持非完全可兑换状态。请分析实行该政策会对中国经济造成怎样的影响，该政策的优势和劣势分别是什么。

推荐阅读

1. 国家外汇管理局 https：//www.safe.gov.cn/。

2. 中国外汇交易中心 https：//www.chinamoney.com.cn/chinese/index.html。

3. 中国银行——外汇牌价 https：//www.boc.cn/sourcedb/whpj/。

思考与练习

1. 查询各个主要货币过去一年的历史汇率，思考其汇率波动趋势。

2. 思考全球金融中心排名的依据是什么？

课后练习

项目一

外汇交易平台操作

学习目标

1. 掌握个人外汇交易的原理。
2. 能够熟练操作外汇实盘交易软件。
3. 能够操作外汇保证金交易软件。
4. 能够操作 MetaTrader 5 外汇交易平台。
5. 具备严谨细致的职业素养。

项目任务

1. 理解外汇实盘交易原理，分解外汇交易流程，操作外汇实盘交易软件。

2. 理解外汇保证金交易原理，操作外汇保证金交易模拟软件，计算外汇交易的盈亏情况。

标志成果

☑ 操作外汇实盘交易软件。

☑ 操作外汇保证金交易软件。

内容导图

项目一的内容导图见图 1－1。

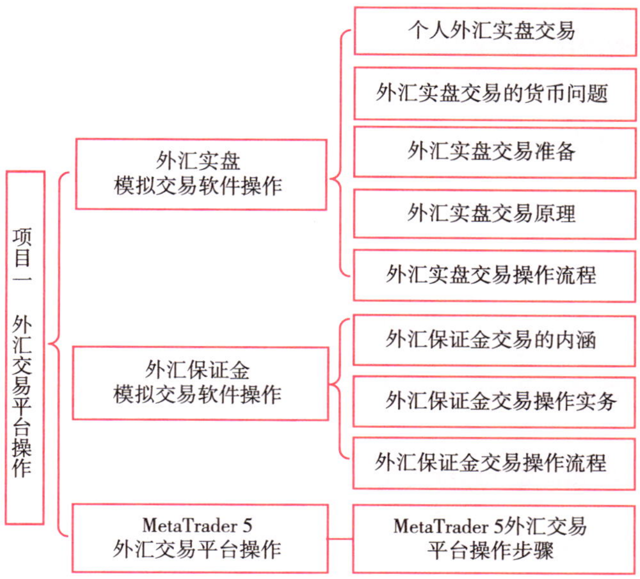

图 1-1　项目一的内容导图

导入案例

谨慎的外汇交易员

米勒是一名经验丰富的外汇交易员。他基于长期的基本面分析和技术分析进行交易，交易持仓往往长达数周甚至数月。2021 年 1 月，米勒注意到美元指数价格具有潜在上涨趋势。作为一个专业交易者，米勒计划对美元指数的买入机会进行彻底的技术分析和基本面分析。

1. 技术分析

米勒发现，经典的双底价格模式在美元指数周线图上显而易见。双底模式被认为是反转看涨的最强信号之一。从技术上讲，米勒对这笔交易有 70% 的把握。但是，在入场之前，他想通过技术指标分析和基本面分析得出更多的确认信号。

抛物线转向指标是一个著名的技术指标。它以点的位置作为买卖信号。当这些点出现在蜡烛下方时，意味着多头已经开始主导价格，反弹上涨很可能在不远的将来出现。相反，如果这些点出现在蜡烛上方，那么指标就会产生相反的信号，即看跌信号。

米勒注意到，2021 年 1 月 6 日抛物线转向指标呈现出一些实质的看涨信号，强化了双底模式。此外，其他一些技术指标也显示了超卖，例如，相对强弱指数（RSI）和商品通道指数（CCI）。这些都是牛市逆转的信号。

2. 基本面分析

与美国经济有关的一系列重大经济事件将于 2021 年 1 月 6 日公布。米勒决定在买入美元指数之前，等待结果公布。

Markit Economics 发布的服务业采购经理人指数（PMI）显示，美国 2020 年 12 月服务业 PMI 上涨至 55.70 点，而前一个月为 55.50 点。服务业数据乐观被认为是美元指数的看涨信号。

美国制造商 2020 年 11 月的订单增长了 1.8%，较前一个月增长 0.2%，而市场普遍预期 2020 年 11 月订单增长率为 1.5%，所以公布的数据超过预期。

在通过技术分析和乐观的美国数据获得了强劲的看涨信号后，米勒终于以 90.00 美元的价格买入 1 手美元指数，并把止损价设定在了先前日线蜡烛的价格 89.50 美元；他的长期目标价位为 92.00 美元。几天后，美国的非农就业人数比预期好，美元指数达到 90.40 美元。这鼓励米勒继续持有。当美元指数达到 90.80 美元时，他把止损价改为入场点位 90.00。幸运的是，美元指数在入场后从未接近 90.00 美元，并持续创出新高，直到 2021 年 3 月 5 日美元指数达到 92.10 美元。因此，米勒达到目标价位，赚取了 210 000 美元。

模块一　外汇实盘模拟交易软件操作

模块导入

个人外汇交易包括实盘交易和保证金交易。

外汇实盘交易前要做哪些准备？其交易原理和交易流程是怎样的呢？本模块将通过一个实训平台为大家详细介绍。

任务描述

了解外汇实盘交易的概念和交易准备，理解外汇实盘交易的交易原理及风险。

微课：外汇实盘交易

相关知识

一、外汇实盘交易

（一）外汇实盘交易基本概念

外汇实盘交易中的实盘就是兑换交易，但不是兑换现钞，而是只做账面兑换。外汇实盘交易，是指客户通过国内商业银行将自己持有的某种可自由兑换的外汇（或者外币）兑换成另外一种可自由兑换的外汇（或者外币）的交易。

课件：外汇实盘交易

实盘，指的是在这种交易中，客户不能使用类似期货交易中的融资方式，即在缴纳保证金之后从银行融资从而将交易金额放大若干倍。客户必须持有足额的需要卖出的货币，才能按照实时汇率买入想买的货币。因此，外汇实盘交易没有卖空机制，也没有融资杠杆机制，较国际通行的外汇保证金交易逊色不少。但由于银行仍根据国际外汇市场实时行情报价，因此每日的波幅仍然存在大量的交易机会，只要投资者操作得当，仍然可以获得较好的收益。

投资者在国内商业银行开立外汇交易账户后就可以进行外汇实盘交易了。交易前提是投资者先存入外汇，建立起外汇存款账户。外汇交易账户中的存款按照所存货币的当期活期存款利率计算利息。外汇实盘交易和兑换现钞的差异在于，现钞的兑换成本高（现钞管理成本比较高），买卖差价比较大（100—200个点的波动），而只进行账面兑换的外汇实盘交易，管理成本比现钞兑换低得多，故买卖差价也相对较小。至于对外汇交易账户中的外汇取现，不同的银行规定略有不同。目前，有些商业银行为了吸引客户，不再对现汇现钞的价格加以区分。但是，根据国家外汇管理局的有关规定，现钞不能在外汇实盘交易中随意转换成现汇，外汇实盘交易业务还是本着“汇变汇”“钞变钞”的原则。

（二）直盘交易与交叉盘交易

在外汇实盘交易中，美元与另外一种可自由兑换的货币之间的交易，习惯称为直盘交易；交易对象为美元以外的两种可自由兑换的外币，这种交易习惯称为交叉盘交易。

拓展阅读：《个人外汇管理办法实施细则》

目前，我国主要银行均提供8种直盘报价，即欧元兑美元（EUR/USD）、英镑兑美元（GBP/USD）、美元兑日元（USD/JPY）、美元兑瑞士法郎（USD/CHF）、美元兑港元（USD/HKD）、澳大利亚元兑美元（AUD/USD）、美元兑加拿大元（USD/CAD）、美元兑新加坡元（USD/SGD）。

常见的交叉盘报价有英镑兑欧元（GBP/EUR）、欧元兑日元（EUR/JPY）、英镑兑日元（GBP/JPY）、澳大利亚元兑日元（AUD/JPY）、澳大利亚元兑新西兰元（AUD/NZD）等。

（三）个人外汇实盘交易与外汇储蓄

传统的储蓄业务是一种存取性业务，以赚取利息为目的。而个人外汇实盘交易是一种买卖性业务，交易过程中绝对收益依赖于投入本金的多少。外汇实盘交易为单向获利的模式，主要的收益来自于交易货币的买进与卖出的汇率差额。例如，投资者在欧元/美元的汇率为1.1930时以美元购入欧元，等到该汇率变为1.1960时卖出欧元买入美元，就可以从中获得汇差收益。当然，在投资者持有欧元期间，也可以获得欧元存款的利息收益，这也是投资者收益的一个组成部分。投资者还可以通过外汇实盘交易把自己持有的外币转换为更有升值潜力或者利息较高的外币，以赚取汇率波动的差价或者更高的利息收入。

（四）个人外汇管理政策

根据《个人外汇管理办法实施细则》（汇发［2007］第1号），国家外汇管理局对个人和境内个人购汇实行年度总额管理：

（1）年度总额分别为每人每年等值5万美元；

（2）个人年度总额内的结汇和购汇，凭本人有效身份证件在银行办理；

(3) 个人所购外汇，可以汇出境外、存入本人外汇储蓄账户，或按照有关规定携带出境；

(4) 个人携带外币现钞出入境，应当遵守国家有关管理规定。

想一想 练一练

假设高明今年只用了等值3万美元的外汇购汇额度，他的等值2万美元的年度剩余额度可以留到明年使用吗？即高明本人明年是否有等值7万美元的购汇额度？

二、外汇实盘交易的货币问题

(一) 外汇实盘交易的交易货种

在外汇实盘交易中，可以作为交易货币的币种有十几种，我国国内商业银行可供外汇实盘交易的币种包括美元、欧元、英镑、日元、瑞士法郎、加拿大元、澳大利亚元、港元、新加坡元等。这些货币都是可自由兑换的。外汇实盘交易不提供涉及不可自由兑换的外汇（或者外币）的交易。至于哪种货币可用于实盘交易，哪种货币不能用于实盘交易，不同的银行有不同的规定。另外，银行在报价的过程中，通常采用的是货币对的形式，由此可能会形成众多的货币对和货币汇率。

(二) 外汇实盘交易的货币要求

用于外汇实盘交易的货币都是可自由兑换货币，不可自由兑换的货币不能用来进行外汇实盘交易。若客户只持有人民币没有外币，则不能进行个人外汇实盘买卖。个人实盘外汇交易是外币和外币之间的买卖，而人民币并不是可自由兑换货币。因此，人民币不能用来进行个人实盘外汇交易。

(三) 外汇实盘交易的货币选择

案例：守护金融安全——人民币非完全可兑换

对于外汇交易新手来说，可供交易的货币对很多，如何在众多货币对中进行选择呢？一般来说，外汇投资新手选择以美元作为自己的投资货币相对较为有利。这是因为美元的流通性较强，是世界上使用最广泛的货币。更重要的一点是，在市场上关于美元的数据、信息来源较多，便于投资者掌握更多的信息，及时做出判断和投资决策。相对来说，持有小币种获取信息的难度较大，往往难以及时做出判断。当然，如果对于某种货币有着实际的需求，投资者也可以根据自己的实际情况做出选择。例如，子女在欧洲留学，那么投资者把欧元作为投资货币，其余货币作为投资工具，在进行外汇买卖投资获利的同时，又可以规避欧元的汇率风险。

想一想 练一练

你会选择哪一种外汇进行外汇实盘交易呢？请说出你的理由。

另外，按照我国外汇管理部门的相关规定，采用两种不同的账户对外币现汇与现钞进行管理。在外汇买卖的过程中，也同样遵循这一原则。一般来说，在银行的外汇报价系统中，提供两个系列的报价，即钞买价/钞卖价，汇买价/汇卖价。对于投资者来说，以何种系列报价作为交易的价格，取决于设立的账户是现钞账户还是现汇账户。由于外汇交易的获利主要来自汇差，而在报价中基本为“汇钞同价”。因此，这一点对于投资者没有影响。

三、外汇实盘交易的准备

（一）外汇实盘买卖的手续费

个人外汇买卖业务不单独收取手续费。银行的费用体现在买卖价差上体现。银行根据国际外汇市场行情，按照国际惯例报出买入价和卖出价。银行针对不同币种的汇率设置了不同的买卖点差。以 EUR/USD 为例，买卖点差一般为 30 个点。即若银行报出的买入价为 1.1930，报出的卖出价为 1.1960，客户如果想用持有的美元买入欧元，需要接受 1.1960 的价格，如果想用持有的欧元买入美元，需要接受 1.1930 的价格。

拓展阅读：外汇实盘交易的优缺点

（二）开设外汇实盘交易账户

凡持有有效身份证件，拥有完全民事行为能力的境内居民，具有一定金额的可自由兑换外汇（或者外币），均可以在国内的商业银行开设账户进行外汇实盘交易。如果客户进行柜面交易，只需将个人有效身份证件以及外汇现金、存折或者存单交由柜面服务人员办理即可。如果客户需要进行互联网交易或者手机银行交易，则需携带本人有效身份证件、外汇现金、存折或者存单到银行开通网上银行或者手机银行功能，申请网上银行或者手机银行证书，通过网上银行或者手机银行直接申请和开通外汇实盘交易功能。具体交易账户的开设，各家银行有不同规定。

（三）外汇实盘的交易金额

外汇实盘交易每笔最低的交易金额一般为 100 美元或者等值外币，单笔交易中则一般以 10 美元或者等值外币作为交易单位。无论通过柜面交易、互联网交易、手机银行交易哪种方式交易，都没有最高限额。部分商业银行可能为了吸引客户，给出更低的单笔最低交易限额。目前，我国商业银行更多会规定最低交易数量（一般来说是 10 手），也就是买入或者卖出 100 个交易单位的外币。

四、外汇实盘交易原理

（一）外汇实盘的交易方式

目前，我国商业银行为外汇实盘交易提供了多种交易方式。客户可以通过银行柜台、互联网和手机银行进行外汇实盘交易。商业银行提供各自交易方式的详细说明。

柜面交易，即前往银行柜台进行委托交易。其优点包括：有固定的交易场所，可感受到现场氛围，特别适合初涉外汇实盘交易的投资者。柜面交易的交易时间仅限于银行正常工作日的工作时间，多为北京时间星期一至星期五的

09：00—17：00，公休日、法定节假日以及国际市场休市日均无法进行交易。

利用互联网或者手机银行进行交易，是指投资者通过互联网或者手机登录网上银行或者手机银行进行个人外汇买卖交易的方式。投资者利用这类方式参与个人外汇买卖业务，可以足不出户，非常便捷。如果投资者选择互联网或者手机银行交易，一般来说交易时间从北京时间星期一7：00一直延续至星期六凌晨6：00（纽约夏令时为凌晨5：00），公休日、法定节假日以及国际市场休市日同样不能交易。可见，除非投资者非要去现场感受气氛，否则通过互联网或者手机银行交易才是最佳的选择。

想一想　练一练

你会选择哪种外汇实盘交易方式呢？为什么？

（二）实盘外汇的委托方式

目前，个人外汇实盘买卖的委托方式主要包括市价委托、挂盘委托、止损委托和二选一委托等方式。

（1）市价委托，即根据银行当前的报价即时成交的交易。

[例1－1]

假设投资者进行买入欧元卖出美元的市价委托时市场汇价是1.1943/71，那么市价委托就以1.1971的价格成交。

（2）挂盘委托，即当市场汇率达到指定价位时，按市场汇率完成交易的买卖指令。挂盘委托的价格通常高于买卖货币当前的市价。

[例1－2]

假设投资者持有一笔欧元头寸（以1.1971的价格买入），希望在汇价达到1.2071时卖出欧元，就可以通过银行进行挂盘委托。当市场汇价达到1.2071时（大于等于1.2071），投资者的委托就成交。

（3）止损委托，即当市场汇率达到并跌破指定价位时，按市场汇率完成交易的买卖指令。止损委托的价格通常低于买卖货币当前的市价。

[例1－3]

假设投资者持有一笔欧元头寸（以1.1971的价格买入），当前汇价为1.1943/71。此时，投资者为防止欧元贬值可能带来的损失，可通过银行的交易系统发出一个止损委托的交易指令。假设投资者将止损委托设定成以1.1951的价格卖出欧元，这样在欧元下跌时，投资者最多损失20个点。

（4）二选一委托，包括挂盘委托和止损委托两个部分，即该委托同时预设挂盘价和止损价，俗称“天地价”。一旦市场汇率达到指定价位（挂盘价或者止损价），委托的一部分（挂盘或者止损）将被执行。同时，剩余部分的委托（止损或者挂盘）将被取消。

[例1－4]

假设投资者持有一笔欧元头寸（以1.1971的价格买入）。此时，投资者为了锁定利润并控制欧元下跌的损失，希望同时进行一份挂盘委托和一份止损委托。那么，投资者可通过银行的交易系统发出一份二选一委托的交易指令。假设投资者设定的二选一委托挂盘汇率为1.2031，设定的二选一委托止损汇率为1.1951，一旦市场汇率达到1.2031，银行交易系统将自动以1.2031的成交价格卖出欧元，同时撤销止损委托；反之，如果欧元跌至1.1951，则银行交易系统将按委托止损价卖出欧元，同时撤销挂盘委托。

（三）实盘外汇的清算方式

外汇实盘交易采取的是T+0的清算方式。投资者在完成一笔交易之后，银行系统立即自动完成资金交割。也就是说，如果行情动荡，投资者可以在一天内抓住多次获利机会。

（四）实盘外汇的交易撤销

个人外汇实盘买卖在成交之后不得撤销。根据国际外汇市场的惯例，外汇交易的步骤为询价、报价、成交、证实（交易汇率、买卖货币名称、买卖金额）。一旦成交，汇价水平、交易金额、交易币种等细节就已确定，对交易双方都具有约束力，不可反悔，也不可撤销。银行会根据瞬息万变的外汇市场状况随时将客户买卖交易形成的头寸汇总，及时与国际市场平盘。交易完成后，银行就不能取消与国外银行所做的外汇交易。因此，即使此时顾客撤销交易，银行也不能为客户按当时成交价格进行冲账。个人实盘外汇买卖一旦成交，不能撤销。

操作流程

以下将利用智盛金融投资实战云平台介绍外汇实盘交易的操作步骤。该平台以金融投资实战系统为核心，包括外汇实盘交易、外汇虚盘交易以及其他金融交易。

步骤一：登录交易平台，选择外汇板块

登录交易平台，选择屏幕下方“基本汇率”（见图1－2）。

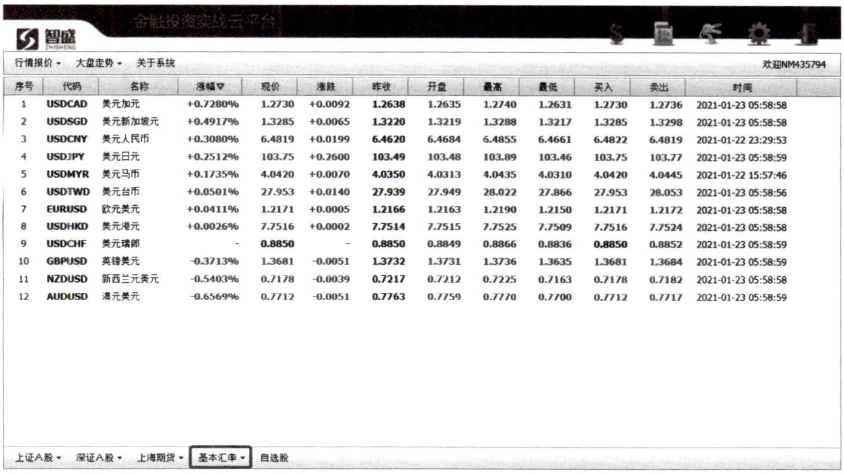

序号	代码	名称	涨幅▽	现价	涨跌	昨收	开盘	最高	最低	买入	卖出	时间
1	USDCAD	美元加元	+0.7280%	1.2730	+0.0092	1.2638	1.2635	1.2740	1.2631	1.2730	1.2736	2021-01-23 05:58:58
2	USDSGD	美元新加坡元	+0.4917%	1.3285	+0.0065	1.3220	1.3219	1.3288	1.3217	1.3285	1.3298	2021-01-23 05:58:58
3	USDCNY	美元人民币	+0.3080%	6.4819	+0.0199	6.4620	6.4684	6.4855	6.4661	6.4822	6.4819	2021-01-22 23:29:53
4	USDJPY	美元日元	+0.2512%	103.75	+0.2600	103.49	103.48	103.89	103.46	103.75	103.77	2021-01-23 05:58:59
5	USDMYR	美元马币	+0.1735%	4.0420	+0.0070	4.0350	4.0313	4.0435	4.0310	4.0420	4.0445	2021-01-22 15:57:46
6	USDTWD	美元台币	+0.0501%	27.953	+0.0140	27.939	27.949	28.022	27.866	27.953	28.053	2021-01-23 05:58:56
7	EURUSD	欧元美元	+0.0411%	1.2171	+0.0005	1.2166	1.2163	1.2190	1.2150	1.2171	1.2172	2021-01-23 05:58:58
8	USDHKD	美元港元	+0.0026%	7.7516	+0.0002	7.7514	7.7515	7.7525	7.7509	7.7516	7.7524	2021-01-23 05:58:58
9	USDCHF	美元瑞郎	-	0.8850	-	0.8850	0.8849	0.8866	0.8836	0.8850	0.8852	2021-01-23 05:58:59
10	GBPUSD	英镑美元	-0.3713%	1.3681	-0.0051	1.3732	1.3731	1.3736	1.3635	1.3681	1.3684	2021-01-23 05:58:59
11	NZDUSD	新西兰元美元	-0.5403%	0.7178	-0.0039	0.7217	0.7212	0.7225	0.7163	0.7178	0.7182	2021-01-23 05:58:58
12	AUDUSD	澳元美元	-0.6569%	0.7712	-0.0051	0.7763	0.7759	0.7770	0.7700	0.7712	0.7717	2021-01-23 05:58:59

图1－2　基本汇率视窗

步骤二：查看账户状态

单击屏幕右上方的“委托交易”按钮“”，在弹出窗口选择“外汇实盘”——“账户状况”，即可查看账户状态（见图1-3）。

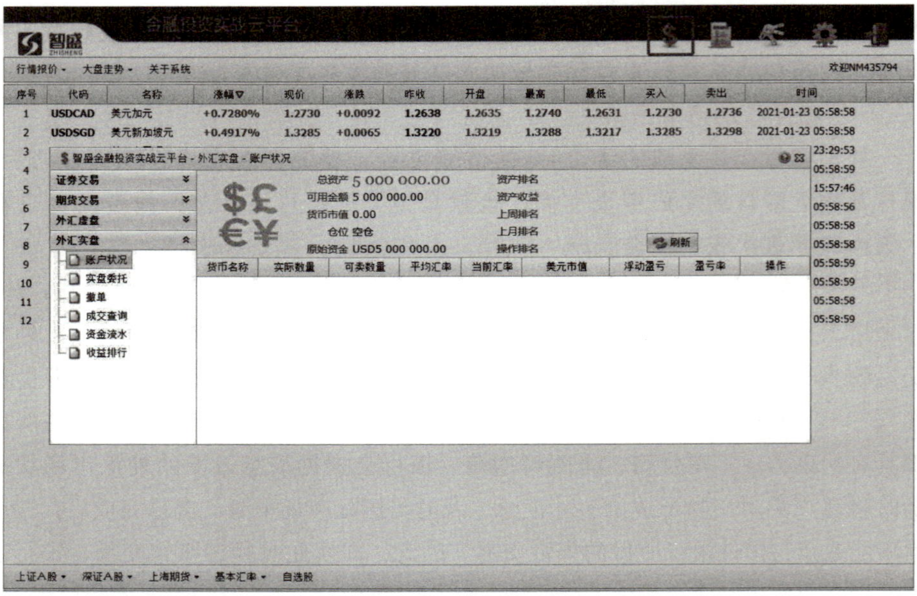

图1-3 委托交易视窗

步骤三：下单交易

选择“实盘委托”，在屏幕右侧方框格输入货币名称、买卖类别、委托汇率、委托数量等，点击“下单”按钮，即可完成委托（见图1-4）。

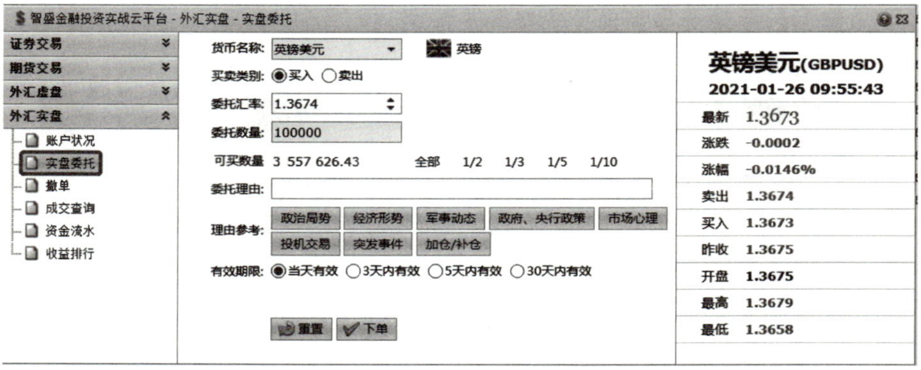

图1-4 实盘委托视窗

客户如需撤销委托，则选择“撤单”——“撤销”即可（见图1-5）。

图 1－5　撤销外汇实盘委托

注意，由于外汇实盘交易没有卖空机制，客户必须持有足额的需要卖出的货币才能按照实时汇率买入想买的货币。若客户委托做空澳元兑美元，此时却并未持有澳元，此时对话框将提示“可卖数量为 0”“客户资金不足”（见图 1－6）。

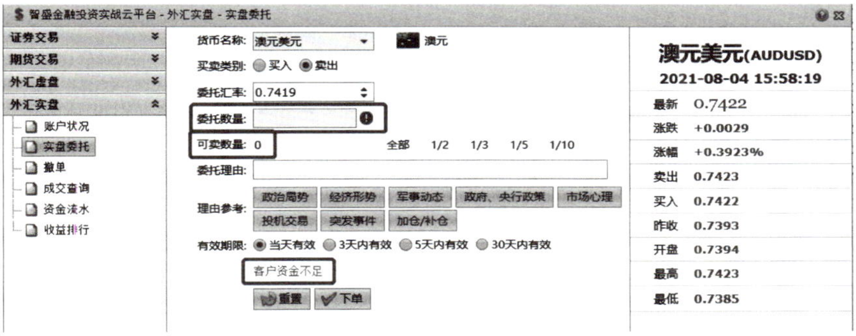

图 1－6　外汇实盘卖出委托

步骤四：成交查询

选择“成交查询”，输入日期范围，即可查询指定时期的成交情况（见图 1－7）。

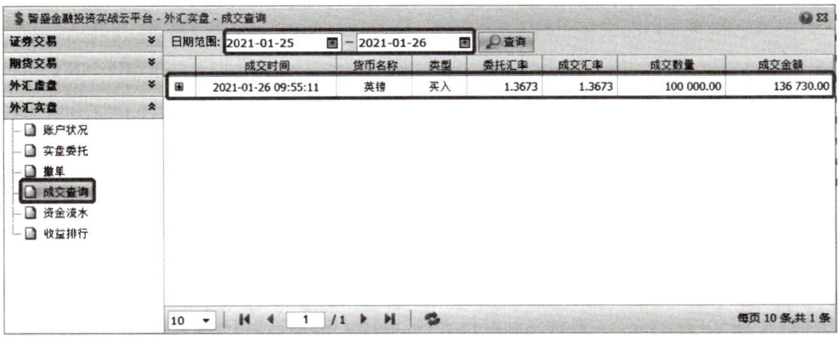

图 1－7　成交查询视窗

委托成交后，选择“账户状况”即可查看当前持仓情况，此处可进行平仓或加仓操作。由于步骤三中开仓是委托买入，则此时平仓需要卖出；同理，如果开仓时是委托卖出，则平仓时需要买入（见图1－8）。

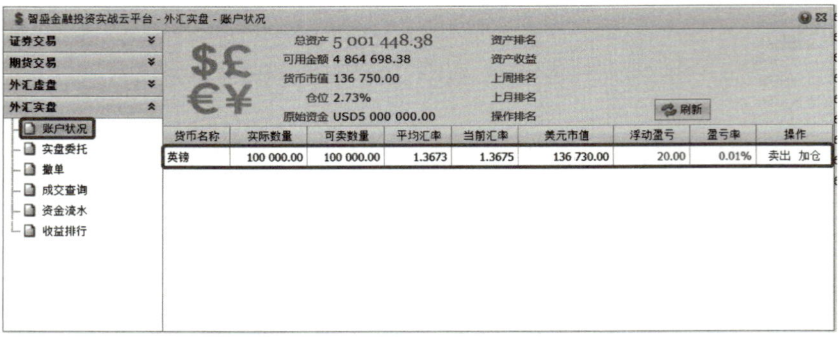

图1－8　账户状况视窗

步骤五：资金管理

客户可通过“资金流水”查看账户资金变动情况（见图1－9）。

图1－9　资金流水视窗

模块二　外汇保证金模拟交易软件操作

模块导入

外汇保证金交易与外汇实盘交易有何区别？外汇保证金交易的操作流程又是怎样的呢？

任务描述

掌握外汇保证金交易的涵义及其与外汇实盘交易的区别；掌握外汇保证金交易的操作实务分析；能够操作外汇保证金交易。

●▶ 相关知识

一、外汇保证金交易的内涵

（一）什么是外汇保证金交易

外汇保证金交易又称合约现货外汇交易、外汇虚盘交易，是指投资者在与从事外汇交易的金融机构（银行、交易商或者经纪商）签订委托买卖外汇的合约，交付一定比例的交易保证金后，就可进行多倍于保证金金额的外汇交易。在进行外汇保证金交易时，投资者支付的保证金金额一般只有交易金额的 5%—20%。

微课：外汇保证金交易

课件：外汇保证金交易

保证金比例的多少一般由银行或者券商决定。保证金的比例越高，客户需要支付的资金越少。假设银行作为交易商提供的保证金融资比例为 15 倍，即投资者出资 1 万美元作为保证金，按交易商提供的融资放大 15 倍就可以进行 15 万美元的交易，而投资者最大的亏损仅为 1 万美元。可见，对于投资者而言，外汇保证金交易具有以小博大的作用。成功的交易可以让投资者获利丰厚，而最大的亏损不过是当初投入的本金。但是，当投资者交易损失导致保证金低于所需保证金，交易商会要求投资者追加保证金至所需数量。当保证金的金额低于交易额的一定百分比时，交易商有权强制平仓。

（二）外汇保证金交易合约

外汇保证金交易的合约单位类似期货和证券交易，它们都是以一个规定的最低数量（称为 1 手或者 1 标准手）作为单位来进行的。在外汇保证金交易中，1 手相当于一个交易货币对基准货币的 100 000 货币单位。例如，1 手美元/日元的保证金交易合约是指 100 000 美元，1 手欧元/美元的保证金交易合约是指 100 000 欧元，1 手欧元/日元的保证金交易合约是指 100 000 欧元。这里提到的交易合约是指投资者投入保证金进行比率放大后的资金单位，而非投资者自身实际投入的资金多少（见表 1－1）。

表 1－1　　外汇保证金交易合约一览表

类别	ISO 代码	报价	价格最低变动单位	合约金额
日元	JPY	美元/日元	0.01	100 000 美元
加元	CAD	美元/加元	0.0001	100 000 美元
瑞士法郎	CHF	美元/瑞士法郎	0.0001	100 000 美元
英镑	GBP	英镑/美元	0.0001	100 000 英镑
澳元	AUD	澳元/美元	0.0001	100 000 澳元
欧元	EUR	欧元/美元	0.0001	100 000 欧元

（三）外汇保证金交易与外汇实盘交易的区别

外汇保证金交易和外汇实盘交易都是通过国际外汇市场上外汇汇价的波动赚取利益。但两者存在明显的差别，主要体现在以下几个方面。

1. 点差不同

银行的外汇实盘交易点差基本在16—40个点。如此大的点差大大压缩了投资者的获利空间，导致日内的交易机会较少。而外汇保证金交易的点差一般在4—5个点，投资者的获利空间扩大，日内的交易机会也大大增加。

视频：外汇保证金交易

2. 实盘交易者只能在单一方向上获利

如果投资者持有美元参与外汇实盘交易，那么该投资者卖出美元买入其他货币后，只有在美元下跌的时才能获利；如果美元汇率不降反升，该投资者就会出现亏损，要么斩仓止损，要么白白错过其他交易机会。而保证金交易相对来说具有较大的灵活性。同样情况下，投资者可以在其他货币上升时，卖出美元买入其他货币（即做空美元）获利，在其他货币下跌时，买入美元卖出其他货币（即做多美元）获利。

拓展阅读：外汇局总会计师：中国禁止外汇保证金交易

3. 具体操作方式不同

投资者进行外汇实盘买卖只能在外汇市场上通过外汇兑换赚取利润；而在保证金外汇买卖中，虽然投资者赚取的利润也是来源于汇率波动，但投资者实际上进行的是买空卖空交易，保证金只是作为承担风险的资金，交易是在放大若干倍的情况下进行的。因此，保证金交易实际上是一种纯粹的投机行为。以保证金比例为100倍的交易为例，交易者最多可以把手中资金放大100倍。这时，只要市场波动幅度达到1%（通常情况下，汇率的单日波动幅度在1%左右），交易者手中的保证金要么翻一番，要么全部赔光。由此可见，外汇保证金交易是一种高风险、高回报的外汇交易形式。

4. 收益率差异

相对于外汇实盘交易，外汇保证金交易可以大大节约投资成本，提高投资利润率。假设保证金比例为5%，每个交易合约的外币金额为10万美元，则以保证金合约形式买卖外汇，投资额一般不高于保证金合约金额的5%，即5 000美元，而利润（或者亏损）却按保证金合约的总金额（10万美元）计算。投资者可以根据所持本金或者保证金的多少，买卖几个或者几十个合约。基于上述假设，表1-2显示了外汇实盘交易保证金交易与外汇的收益率比较。

表1-2　外汇保证金交易与外汇实盘交易盈亏比较

假设：美元/日元为114.00时买入1手交易合约		
交易详情	实盘交易	保证金交易
购入11 400 000日元的本金	100 000美元	5 000美元
日元汇率上升100个点的盈利	884.96美元	884.96美元
利润率	0.88%（884.96÷100 000）	17.7%（884.96÷5 000）
日元汇率下跌100个点的亏损	869.57美元	869.57美元
亏损比率	0.87%（869.57÷100 000）	17.39%（869.57÷5 000）

从表1-2中可以发现，外汇实盘交易与外汇保证金交易在盈利和亏损的金额上是完全相同的，不同的是投资者投入的资金数量。实盘交易要投

入 100 000 美元，才能买卖 11 400 000 日元，而采用保证金交易则只需投入 5 000 美元。前者投入的金额是后者的 20 倍。因此，在盈利金额相同的情况下，两种交易方法的利润率差别很大。在亏损金额相同的情况下，两者的亏损比率也相差很大。

但投资者需要注意的是，外汇保证金交易虽然投入较少的保证金就可通过杠杆作用交易巨大的合约金额，但盈亏都是按照交易合约的总金额计算。因此，当汇率向对投资者不利的方向波动时，很可能导致保证金的全军覆没。以表 1－2 中的交易为例，同样是汇率下跌 100 个点造成的亏损额，投资者进行保证金交易投入的 5 000 美元剩余资金更少，如果日元继续贬值，投资者又没有及时采取措施，就可能赔掉全部保证金，甚至还可能被要求追加投资。因此，高收益和高风险是对应的，只有投资者的投资方法得当，风险才可以管理和控制。

（四）外汇保证金交易的双重特性

由以上的分析发现，外汇保证金交易也有其优缺点。其优点主要体现在以下几个方面：首先，投入的资本低，一般少于实际投资额的 10%；其次，双向交易投资，涨跌都有获利机会；最后，具有放大作用，可以较少的保证金，进行多倍于初始投资的投资，获得更高收益率。

但是，相对于其他投资方法，外汇保证金投资也有一定的缺点，而缺点也主要体现在其放大作用上，汇率的不利变动可能会亏空全部本金，有时甚至还不够。因此，投资者在做外汇保证金交易时，应能有效控制风险。

相对来说，外汇保证金交易适合经济基础较好、具备丰富投资经验、风险偏好型的投资者，这类投资者能够承受一定的损失，最好有过期货操作经验。低收入者、缺乏经验者以及退休人员不适合参与。最重要的一点是，最好用闲置不用的资金参与外汇保证金交易，买房、教育和养老的钱都动不得。因为外汇保证金是一把既能放大收益也能放大亏损的“双刃剑”，给投资者带来以小博大的机会，也可能使得投资者损失惨重。另外，外汇保证金交易对投资者的操作能力也提出较高要求。投资者首先需要有一定的技术分析能力，能够较好地把握短线节奏，不能逆市开仓。开仓之后一定要设置止损，并严格执行。对于经验较少的投资者，其风险是巨大的，如果操作不当，很可能会导致投入的资金血本无归。一些业内人士纷纷表示，外汇保证金和股市的操作思路不同，股市是买进并持有，是长期价值投资，而保证金则是以短线为主，投机的成分更大一些。

拓展阅读 1－1

国家外汇管理局公开通报一起非法网络炒汇平台

2019 年 5 月 10 日，国家外汇管理局公开通报一起非法网络炒汇平台案件，并强调中国外汇监管部门未批准任何机构在中国境内开展或者代理开展外汇按金业务。

通报内容显示，经查实，深圳市信克商务咨询有限公司为其境外股东运营的网络炒汇平台提供业务推广服务，招揽境内投资者参与境外外汇按金交易，并违规收取服务费，违反《中华人民共和国外汇管理条例》第十二条，性质恶劣。国家外汇管理局深圳市分局依据《中华人民共和国外汇管理条例》第四十一条，对该公司给予警告，责令改正，并处罚款人民币 118 万元。

国家外汇管理局表示，根据《关于严厉查处非法外汇期货和外汇按金交易活动的通知》，凡未经批准的机构擅自开展外汇期货和外汇按金交易，均属于违法行为；客户（单位和个人）委托未经批准登记的机构进行外汇期货和外汇按金交易，无论以外币或人民币作保证金均属违法行为。

（资料来源：国家外汇管理局。）

二、外汇保证金交易操作实务

（一）看涨操作

假设当前 EUR/USD 的汇率是 1.1643/71。投资者预计欧元对美元会升值，决定以卖方要价 1 欧元兑 1.1671 美元买入 10 万欧元。合约价值为 116 710美元（100 000 × 1.1671）。经纪人对美元保证金的要求是 2%，所以投资者必须保证在其保证金账户上至少存有 2 334.2 美元（116 710 × 2%）。

若投资者在 EUR/USD 升值到 1.1743/71 时决定以买方出价获利了结，卖出欧元、买回美元，投资者的收益如下：

100 000 × (1.1743 − 1.1671) = 720（美元）

相当于 1 个点赚了 10 美元，该笔交易的投资收益率约为 30.85%（720 ÷ 2 334.2）。

如果 EUR/USD 跌至 1.1543/71，投资者的亏损为：

100 000 × (1.1671 − 1.1543) = 1 280（美元）

该笔交易的投资收益率约为 −54.84%（1 280 ÷ 2 334.2）。

以上案例表明，保证金交易可以放大投资者的利润或者亏损。

（二）看跌操作

假设投资者预测欧元将从 EUR/USD = 1.1643/71 开始下跌，决定卖出一单 EUR/USD。合约价值为 116 430 美元（100 000 × 1.1643）。投资者实际上卖出了 10 万欧元，买入了 116 430 美元。

经纪商要求的保证金金额为 2 328.6 美元（116 430 × 2%）。

若 EUR/USD 跌至 1.1543/71，则投资者的账面收益为：

100 000 × (1.1643 − 1.1571) = 720（美元）

720 美元的账面收益计入投资者的保证金账户，投资者的保证金账户余额达到 3 048.6 美元。这样，投资者就可以开设价值 152 430 美元（3 048.6 ÷ 2%）的仓位。

但如果 EUR/USD 未达投资者预期，反而涨至 1.1743/71，投资者的账面亏损为：

100 000 × (1.1771 − 1.1643) = 1 280（美元）

投资者的保证金账户便减少了 1 280 美元，账户余额降至 1 048.6（2 328.6 − 1 280）美元，这只能支持投资者开设价值 52 430 美元（1 048.6 ÷ 2%）的仓位。

而投资者止损平仓需持有的价值为 117 710 美元（100 000 × 1.1771）的仓位。这样，投资者资金短缺 65 280 美元（117 710 − 52 430）。此时，经纪商会向投资者发出追加保证金通知，通知投资者补充 1 305.6 美元（65 280 × 2%）。如果投资者没有及时补足保证金，经纪商将清算其仓位，强制平仓。

操作流程

下面以智盛金融投资实战云平台为例，介绍外汇虚盘交易的操作步骤。

步骤一：登录平台，选择外汇板块

登录平台，选择屏幕下方的“基本汇率”，点击屏幕右上方的“委托交易”按钮“”。

步骤二：开仓买入（做多/买空）

在弹出窗口选择“虚盘委托”，在屏幕右方框格选择“开仓”，合约种类选择“澳元美元”，买卖类别选择“买入”，输入手数“1”手，输入汇率为即时汇率，点击“下单”即可完成委托（见图 1－10）。

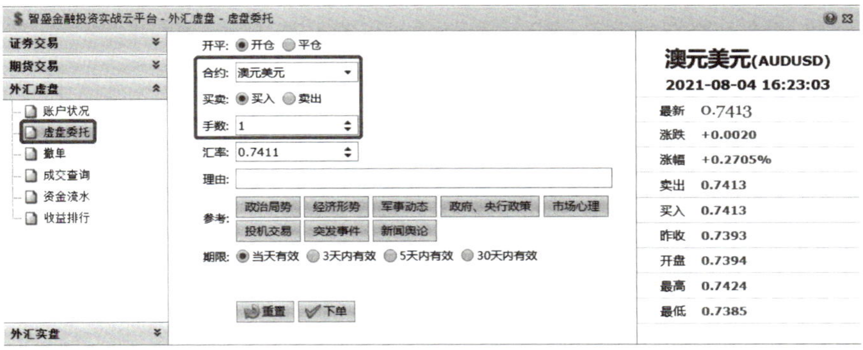

图 1－10　虚盘买入委托视窗

由于委托成交汇率为 0.7411，但最新汇率为 0.7413，委托未能即时成交。此时，可在“撤单”功能中选择撤销委托（见图 1－11）。

图 1－11　订单撤销视窗

步骤三：开仓卖出（做空/卖空）

选择“虚盘委托”，在屏幕右方框格选择“开仓”，合约种类选择“欧元美元”，买卖类别选择“卖出”，输入手数“10”手，输入汇率为即时汇率，点击“下单”即可完成委托（见图 1－12）。

图 1－12　虚盘卖出委托视窗

步骤四：成交查询

选择“成交查询”，输入查询日期范围即可查询成交情况（见图 1－13）。

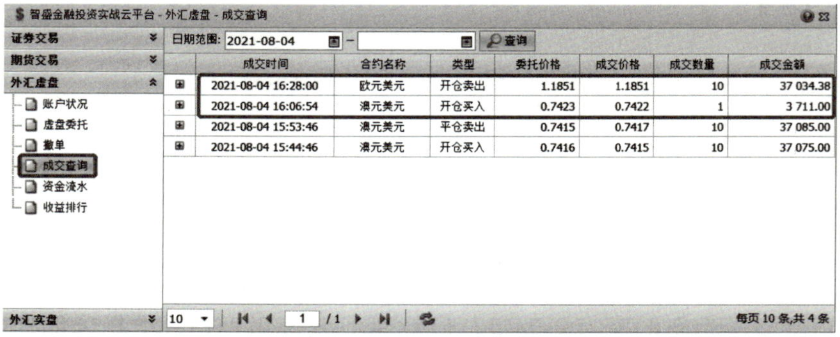

图 1－13　成交查询视窗

“成交金额”（交易所需保证金）是如何计算出来的呢？首先，投资者须了解交易平台的交易规则（见图 1－14）。

图 1－14 显示，该交易平台规定澳元的交易单位为 100 000 澳元，保证金比例为 0.05。图 1－13 中第二条成交记录显示，客户开仓买入 1 手（即 1 个交易单位，10 万澳元）澳元，支付美元。根据保证金计算公式：

商品种类名称	起始代码	终止代码	交易单位	规格	报价单位	货币	最小变动价位	保证金		佣金	
								比例	方式	费率	方式
澳元	AUDUSD	AUDUSD	100 000	元	元	美元	0.0001	0.05	合约价值	20	成交数量
英镑	GBPUSD	GBPUSD	62 500	元	元	美元	0.0001	0.05	合约价值	20	成交数量
欧元	EURUSD	EURUSD	62 500	元	元	美元	0.0001	0.05	合约价值	20	成交数量
新西兰元	NZDUSD	NZDUSD	100 000	元	元	美元	0.0001	0.05	合约价值	20	成交数量
加元	USDCAD	USDCAD	100 000	元	元	美元	0.0001	0.05	合约价值	20	成交数量
瑞士法郎	USDCHF	USDCHF	125 000	元	元	美元	0.0001	0.05	合约价值	20	成交数量
人民币	USDCNY	USDCNY	100 000	元	元	美元	0.0001	0.05	合约价值	20	成交数量
港元	USDHKD	USDHKD	100 000	元	元	美元	0.0001	0.05	合约价值	20	成交数量
日元	USDJPY	USDJPY	12 500 000	元	元	美元	0.001	0.05	合约价值	20	成交数量

图 1－14　交易平台交易规则

所需保证金 = 成交价格 × 手数 × 交易单位 × 保证金比例

此处所需支付的美元保证金为：

0.7422 × 1 × 100 000 × 0.05 = 3 711.00（美元）

想一想　练一练

图 1－13 中的第一条成交记录为，客户开仓卖出欧元兑美元，所需保证金为 37 034.38 美元。请写出这笔交易成交金额的计算过程。

注意，该平台对虚盘交易收取每手 20 美元的佣金（见图 1－15）。

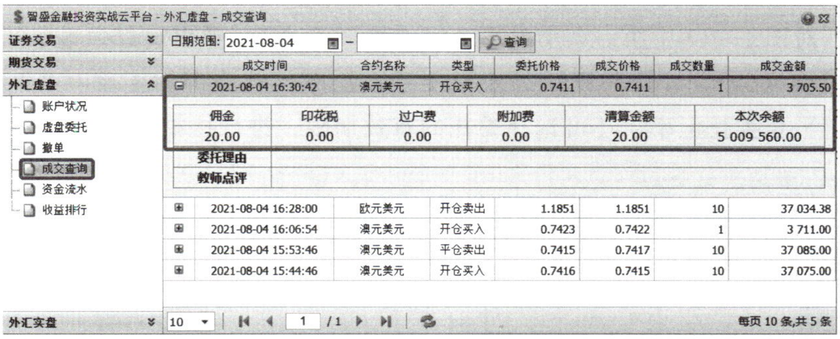

图 1－15　交易明细查询视窗

步骤五：追加保证金

如果客户遭遇严重亏损，则需要在账户状况下，点击“ ”按钮追加保证金，以维持持有合约（见图 1－16）。

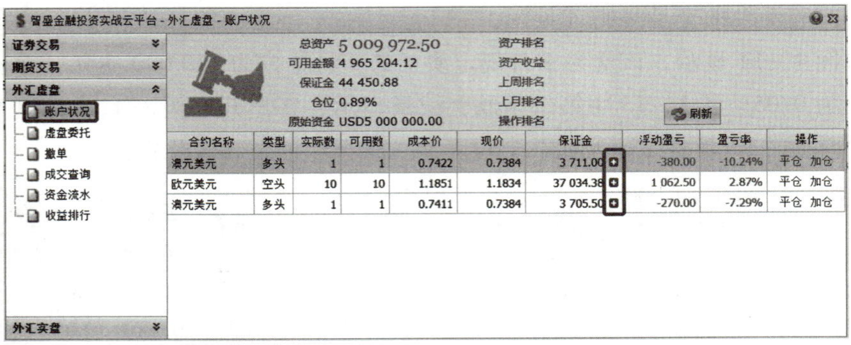

图 1-16 追加保证金

步骤六：平仓和加仓

在账户状况下，客户可随时点击“平仓”或者“加仓”操作（见图 1-17）。

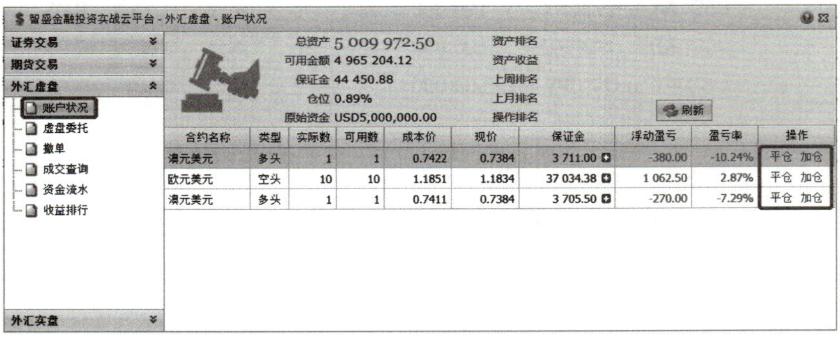

图 1-17 账户平仓或者加仓

平仓，是指冲销原来持有的合约。如图 1-16 中第一条交易，原来持仓为多头澳元美元（即开仓时买入澳元，卖出美元），则平仓就是要卖出澳元，买入美元；第二条交易，原来持仓为空头欧元美元（即开仓时卖出欧元，买入美元），则平仓就是要买入欧元，卖出美元。

若对图 1-17 中第一条交易平仓，点击“平仓”。弹出窗口中显示平仓合约为“澳元美元”，操作默认为卖出 1 手。汇率默认为即时汇率 0.7385，也可调整平仓委托汇率，还可选择委托的有效期限，进行挂单（见图 1-18）。

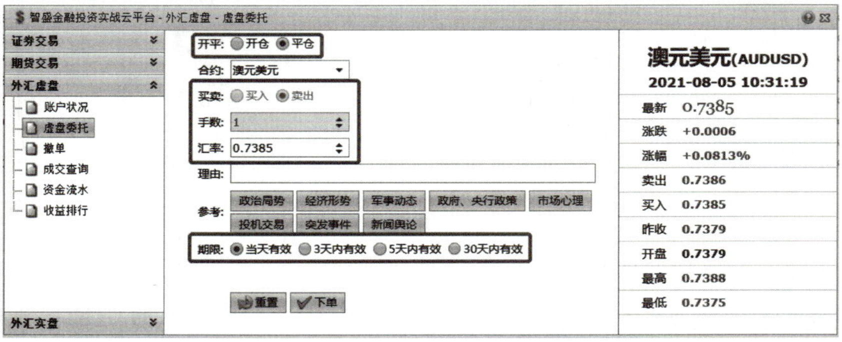

图 1-18 账户平仓

加仓，是在原来持有合约的基础上，再次下单进行同方向交易。加仓委托可以调整汇率，选择委托有效“期限”，相当于是追加合约（见图 1－19）。

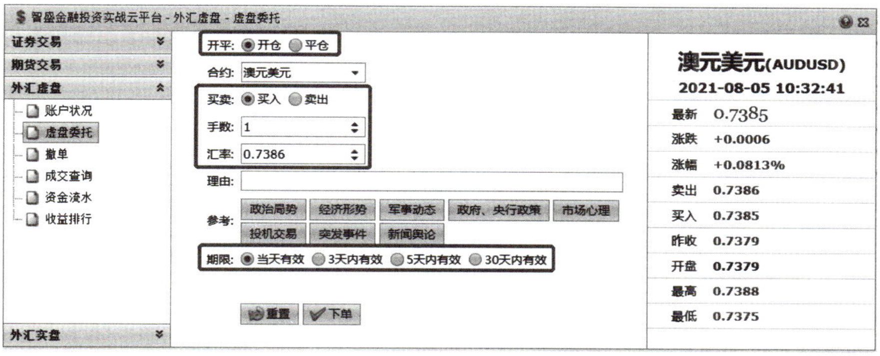

图 1－19　账户加仓

模块三　Meta Trader 5 外汇交易平台操作

模块导入

Meta Trader 5（简称 MT5）是世界上主流的外汇保证金交易平台。本模块将利用该平台的模拟账户让大家掌握具体操作方法。

微课：操作 MT5 外汇交易平台

任务描述

操作 Meta Trader 5 外汇交易平台。

课件：操作 MT5 外汇交易平台

相关知识

Meta Quotes（迈达克）软件公司是一家全球外汇、CFD 和期货在线交易软件的开发商。该公司一直致力于在线金融软件的研究和专业开发，Meta Trader 5 交易平台就是该公司在此领域多年研究的成果。供全球金融机构使用的 MT5 交易平台可以为客户提供专业、高质量的在线交易服务。目前，全球已有 100 余家经纪公司和银行采用 MT4 或者 MT5 外汇交易平台向客户提供在线金融交易服务。

流程一　软件准备

流程描述

下载“Meta Trader 5 外汇交易平台”，安装并登录。

操作步骤

步骤一：下载 Meta Trader 5 软件

打开 Meta Trader 5 官方网站 https：//www.metatrader5.com/，下载最新的软件版本。

步骤二：注册与登录

初次使用 MT5 的投资者，MT5 软件会自动弹出如图 1－20 所示的对话框，填写图 1－20 对话框中前 4 行的个人资料，账户类型选择 Forex Hedged USD，即可开立美元模拟账户。

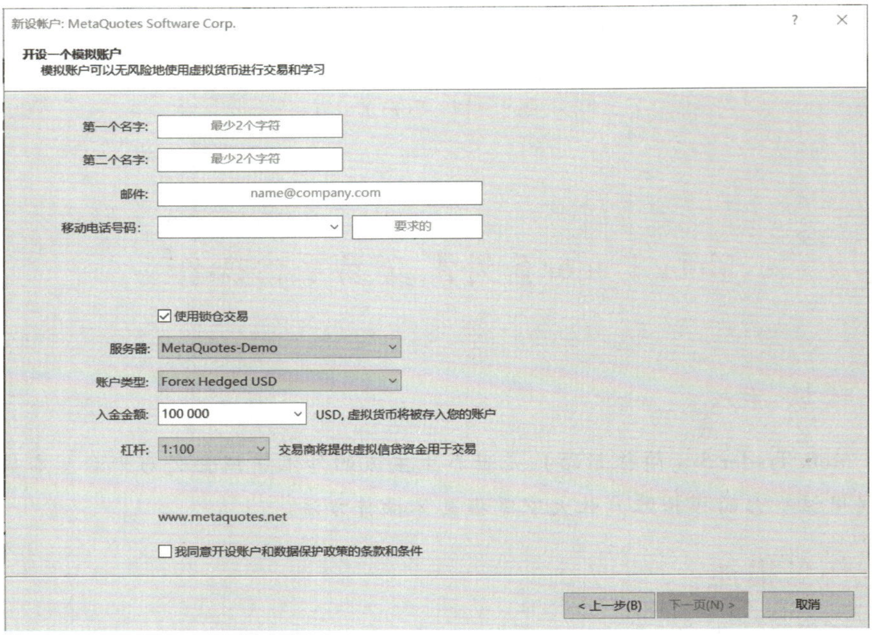

图 1－20　账户开设视窗

视频：MT4 平台的交易品种

MT5 官方软件支持的最大杠杆为 1∶500，但本模块介绍时选择默认杠杆 1∶100。入金金额默认为 100 000 美元。

MT5 官方软件支持“迷你手”。在保证金交易中，一标准手为 10 万基准货币。如果保证金比率为 1∶100，则投资者至少需要 1 000 基准货币作为保证金才能开始交易。而“迷你手”则可以做 0.1 标准手或者 0.01 标准手。也就是说，做 0.1 标准手需要 100 基准货币作为保证金，0.01 标准手只需要 10 基准货币作为保证金。

视频：外汇交易操作

［例 1－5］

投资者甲有 5 000 美元，他想通过保证金交易建立 USD/JPY 空头头寸。如果做标准手，在杠杆比率为 1∶100 的情况下，就算只做 1 标准手，他也至少需要 1 000 美元作为保证金，即仓位为 20%，对于外汇保证金交易来讲，20% 的仓位不可能做长线，风险极大。但有了“迷你手”交易，甲可以做0.01标准手，那么他的仓位就是0.2%。他只需要10美元作为保证金就可进行委托开仓。这样，资金总体的安全性会比做1标准手时高很多。

流程二　查看行情信息

流程描述

投资者选择货币对，查看行情信息。

操作步骤

步骤一：查看单一货币对的行情信息

第一次使用MT5平台，系统默认显示4个货币对的走势图（见图1－21），投资者可选择想查看的货币对窗口，单击最大化（见图1－22）。

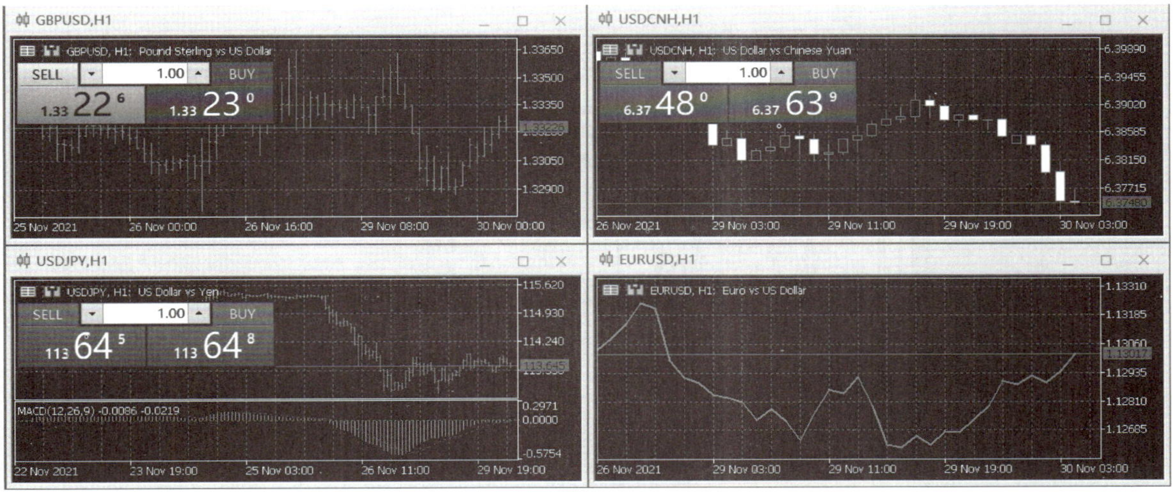

图1－21　四窗报价

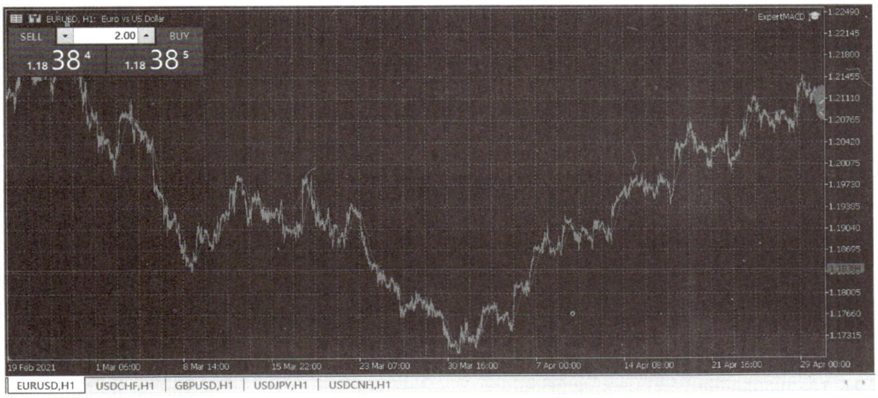

图1－22　单个货币对报价

流程三　即时交易

流程描述

投资者选定货币对，通过建仓和平仓进行即时买卖。

操作步骤

步骤一：建仓

单击“新订单”按钮。

在图 1－23 中，左侧为行情即时图，点击右侧“交易品种”下拉菜单，可以选择想交易的货币对。以图 1－23 为例，1 标准手为 10 万英镑，即时卖出 100 000 英镑等于 132 631 美元。由于开户时采用美元账户，杠杆为 1∶100，所以，该笔交易实际需要交纳的保证金为 1 326.31 美元。

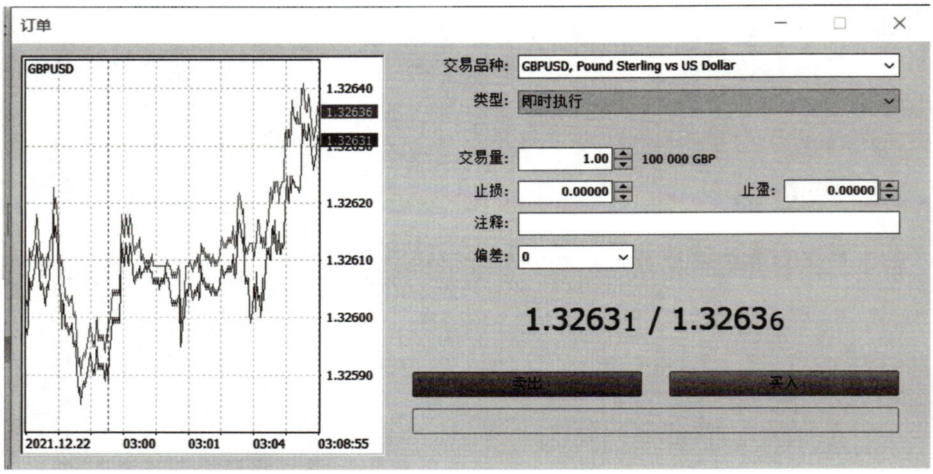

图 1－23　新下订单

单击价格走势图下方“交易”按钮，即可显示持仓订单明细（见图 1－24）。

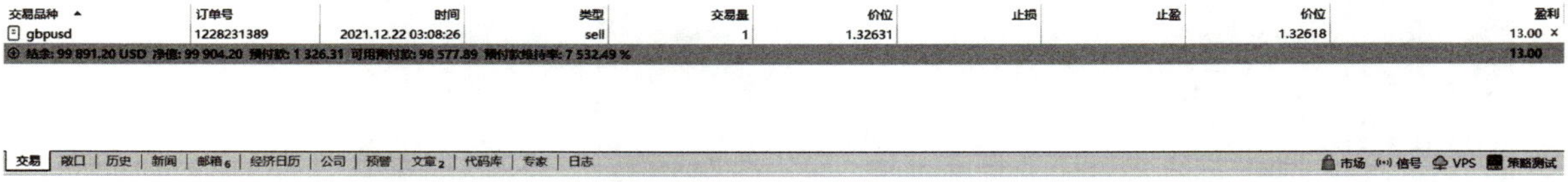

图 1－24　交易查询

步骤二：平仓

在交易明细中，选择想要平仓的订单号，右击，选择“平仓”（见图 1－25）。

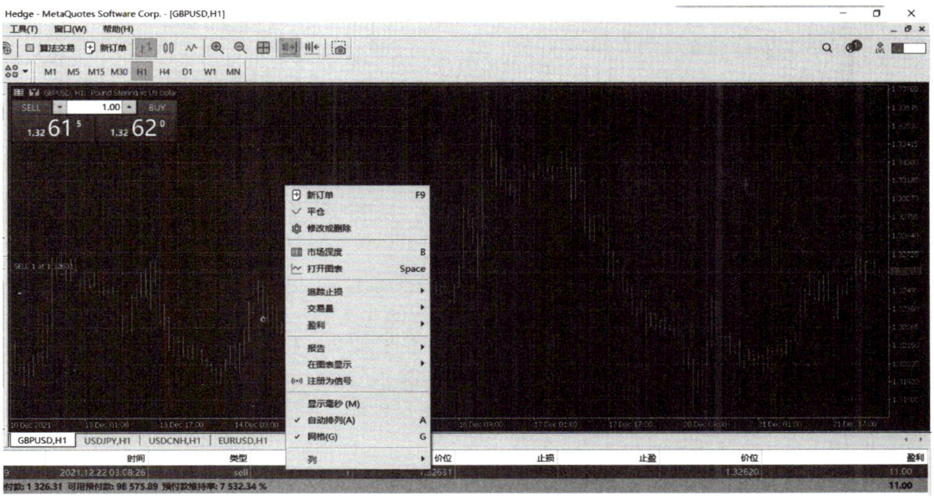

图 1－25 持仓功能选择

单击“平仓”，了解敞口头寸。单击“历史”按钮，可查看交易历史明细（见图 1－26）。

图 1－26 账户交易历史明细

流程四 委托开仓交易

流程描述

投资者根据需要，进行挂单开仓交易。

相关知识

MT5 交易平台中有 6 种挂单类型，分别是买入限价（Buy Limit）、卖出限价（Sell Limit）、买入止损（Buy Stop）、卖出止损（Sell Stop）、限价止损多单（Buy Stop Limit）和限价止损空单（Sell Stop Limit）。

操作步骤

步骤一：建立委托交易

委托交易，是指投资者指定以某一价格或者某一价格区间建立多头头寸或者空头头寸。投资者单击“类型”下拉菜单，选择“挂单”，即可按自己指定的交易量、价位和有限时限建立委托交易（见图 1－27）。

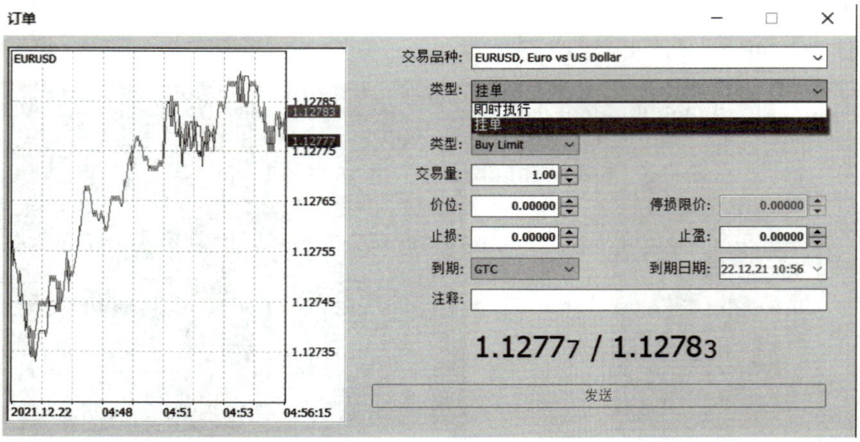

图 1－27　建立挂单委托

步骤二：买入限价委托

买入限价（Buy Limit）委托，是投资者认为某品种将上涨，但目前价格稍高，想等待价格回调后再建仓买多时的建多仓委托。买入限价的挂单价必须低于市价。

到期日期，是指委托单在指定日期内有效，超过指定日期自动撤销的最后时限（见图 1－28）。

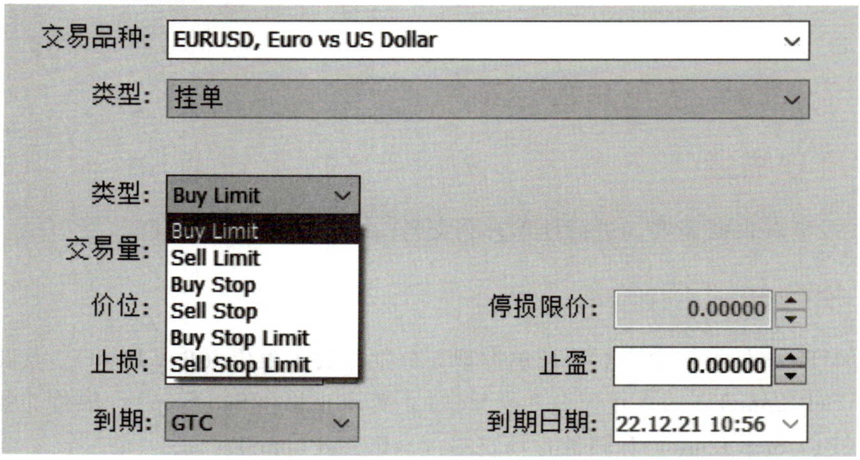

图 1－28　Buy Limit 委托

若投资者在如图 1－27 所示的买入限价委托中以当前价格下方某一价位挂单买入，表示他希望以更低价位买入欧元。假设即时价格为 1.12783，若投资者看涨欧元，但是想以更低的价格入场，就可把委托价位设置为 1.12770，点击"发送"按钮。在交易状态下方就会新增一条挂单交易。当欧元兑美元到达 1.12770 时，平台就会自动成交买入。挂单完成后查看敞口状态，发现并没有变化，原因在于挂单尚未成交。

当委托订单被提交后，投资者在终端窗口单击“交易”按钮可查看委托证实（见图1－29）。

图1－29　委托证实

由图1－29可以看出，未成交委托不占用保证金。但是，当市场价格到达委托价位，即使投资者关闭了MT5软件甚至是关闭了计算机，委托仍将自动成交。

步骤三：卖出限价委托

与建多仓相反，卖出限价（Sell Limit）委托是投资者认为某货币对将会下跌，但目前价格稍低，想等待价格稍有反弹后建仓卖空的建空仓委托。卖出限价的挂单价必须高于市价。

若投资者在当前价格上方某个价位挂单卖出，表示他希望在更高价位卖出。卖出限价委托的挂单类型选择“Sell Limit”。以图1－30为例，当投资者看跌欧元，想以更高的价格卖出入场，就可把委托价位设置为1.12770，点击“发送”，完成挂单。

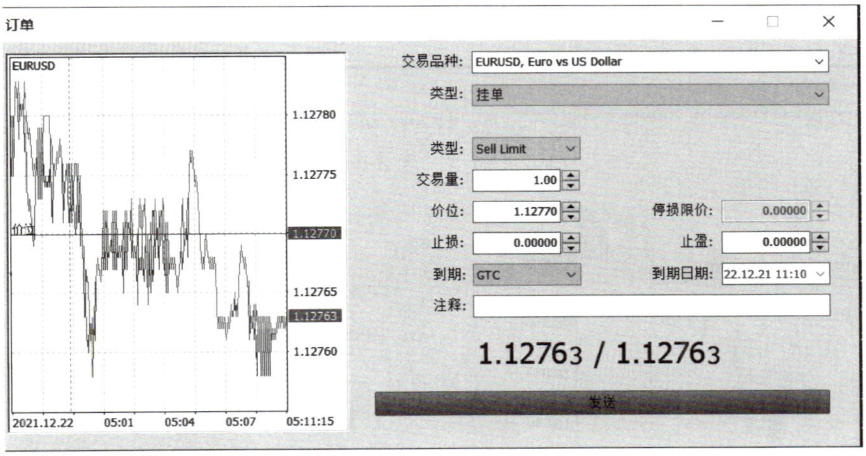

图1－30　Sell Limit委托

步骤四：买入止损委托

买入止损（Buy Stop）委托，是在现价上方某个价位挂单买入，属于追多的操作。例如，欧元/美元当前报价是1.12776，投资者认为欧元/美元可能在向上突破1.12780之后继续涨至1.12800。投资者认为机会不错，利润空间也比较可观，就可以选择进一步追加多单，进行买入止损委托。买入止损委托的挂单类型选择“Buy Stop”，买入价位为1.12780，点击“发送”，完成挂单（见图1－31）。

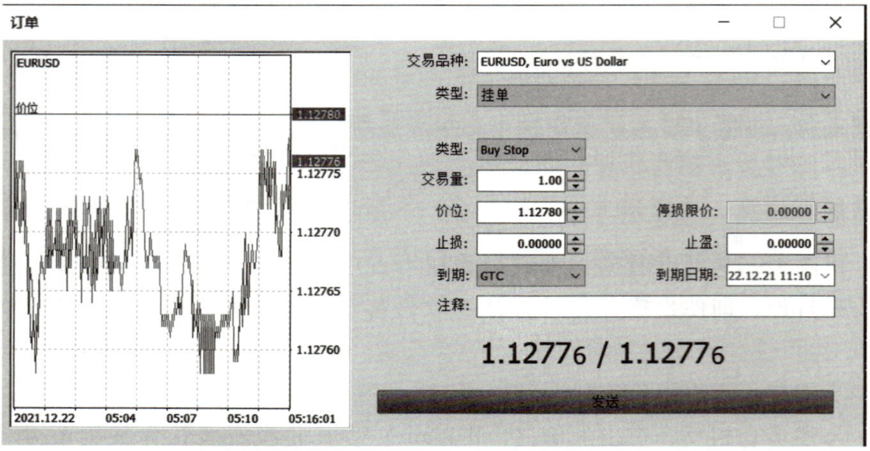

图 1－31 **Buy Stop 委托**

步骤五：卖出止损委托

卖出止损（Sell Stop）委托，是在现价下方某个价位挂单卖出，属于追空操作。例如，欧元/美元当前报价为 1.12776，投资者认为欧元/美元可能在向下突破 1.12770 之后继续下跌，甚至大跌，所以想顺势进一步追加空单。卖出止损委托的挂单类型选择“Sell Stop”，卖出价位为 1.12770，点击“发送”，完成挂单（见图 1－32）。

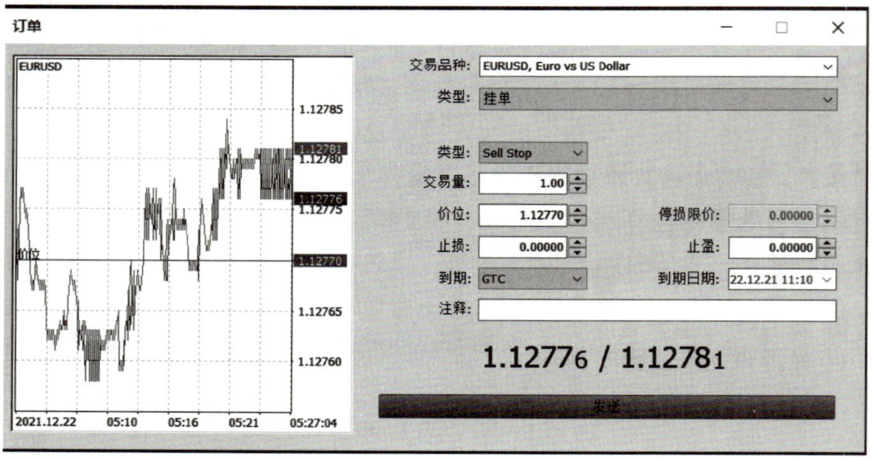

图 1－32 **Sell Stop 委托**

买入限价（Buy Limit）就是低价买入，卖出限价（Sell Limit）就是高价卖出，买入止损（Buy Stop）就是高价买入，卖出止损（Sell Stop）就是低价卖出，这四种常见的挂单类型。投资者交易时可根据需求做出选择。限价止损多单和限价止损空单两种交易类型，更适用于专业投资者，本书暂时不作介绍。

想一想　练一练

通过已注册完成的模拟交易账号，进行模拟交易操作；使用即时交易和委托交易两种交易方法进行外汇保证金交易。

流程五　委托平仓交易

流程描述

投资者根据需要，通过限价委托或者止损委托进行平仓。

操作步骤

步骤一：限价委托

限价委托又称止盈委托，是指多头头寸建立后，设定一个更高的价格自动平仓，或者空头头寸建立后设定一个更低的价格自动平仓。

假设 EUR/USD 当前的平仓价为 1.12771，买卖点差为 0.3 个点。如果某位投资者想设定一个价位，当汇率到达该价位后交易系统自动获利平仓，则自动获利价位至少需设定在 1.12772 以上（见图 1－33、图 1－34）。

图 1－33　已有敞口多头头寸

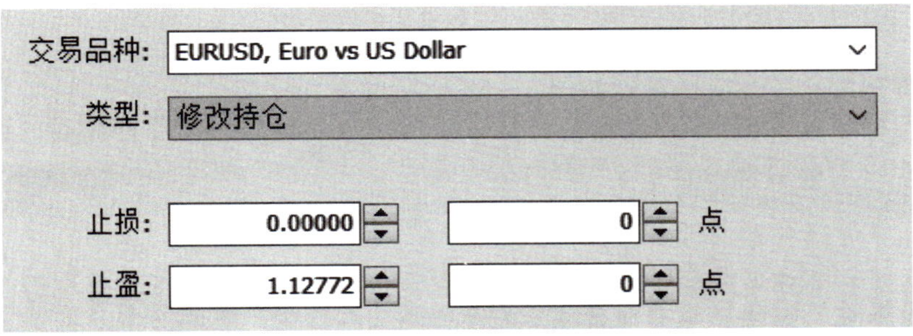

图 1－34　多头头寸限价委托

空头头寸自动获利委托与多头头寸正好相反，获利平仓价位一定要在当前平仓价（买入价）以下。

投资者可在终端栏查看到如图 1－35 所示的委托证实。

图 1－35　限价委托证实

步骤二：止损委托

止损委托，是指多头头寸建立后，设定一个更低的价格自动平仓控制亏损金额，或者空头头寸建立后，设定一个更高的价格自动平仓限制亏损。止损是外汇保证金交易中极为重要的一部分。

图 1－35 中的多头头寸，自动止损价位至少需设定在开仓价 1.12768 以下。空头头寸的自动止损委托与多头头寸正好相反。图 1－36 中的空头头寸，止损价位一定要设定在开仓价 1.12754 以上。

图 1－36 中 EUR/USD 的平仓价为 1.12760，亏损点差为 0.6 个点。某位投资者想设定一个价位以限制亏损，希望汇率到达该价位后交易系统自动止损平仓，则自动止损价位至少需设定在 1.12760 以上（见图 1－37）。

交易品种	订单号	时间	类型	交易量	价位	止损	止盈	价位	盈利
eurusd	1228261901	2021.12.22 05:55:32	sell	1	1.12754			1.12760	-6.00 ×
结余: 99 772.20 USD 净值: 99 766.20 预付款: 1 127.54 可用预付款: 98 638.66 预付款维持率: 8 848.13 %									-6.00

图 1－36　已有敞口空头头寸

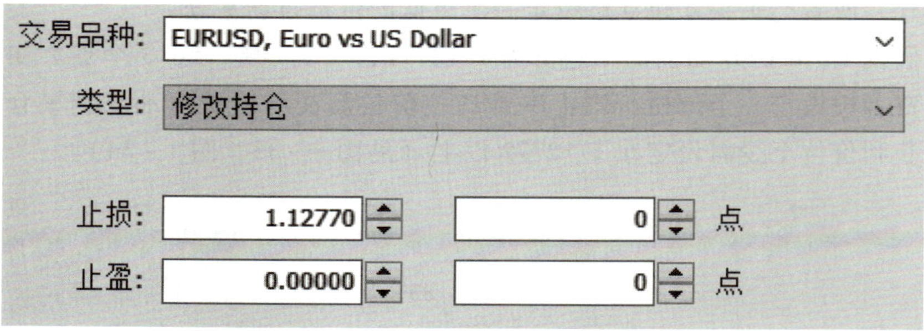

图 1－37　空头头寸止损委托

投资者可在终端栏看到如图 1－38 所示的委托证实。

交易品种	订单号	时间	类型	交易量	价位	止损
eurusd	1228261901	2021.12.22 05:55:32	sell	1	1.12754	1.12770 ×
结余: 99 772.20 USD 净值: 99 804.20 预付款: 1 127.54 可用预付款: 98 676.66 预付款维持率: 8 851.50 %						

图 1－38　止损委托证实

流程六　撤销未成交委托

流程描述

MT5 交易平台在网络运行正常情况下，即时交易非常迅速，成交价格点数偏差一般不会超过 1 个点，所以撤单功能常用于开仓委托交易中。投资者可通过 MT5 交易平台的撤单功能撤销尚未成交的委托。

操作步骤

步骤一：选择未成交委托，右击选择“修改或删除”（见图 1－39、图 1－40）

图 1－39　未成交订单

图 1－40　修改或删除功能

步骤二：修改或者删除订单

投资者选中交易“类型”下拉菜单中的“修改订单”，可修改尚未成交订单的委托开仓价位、止损价、止盈价、到期日等信息。只要订单还未交易成功，单击“删除”按钮，即可随时撤销订单（见图 1－41）。

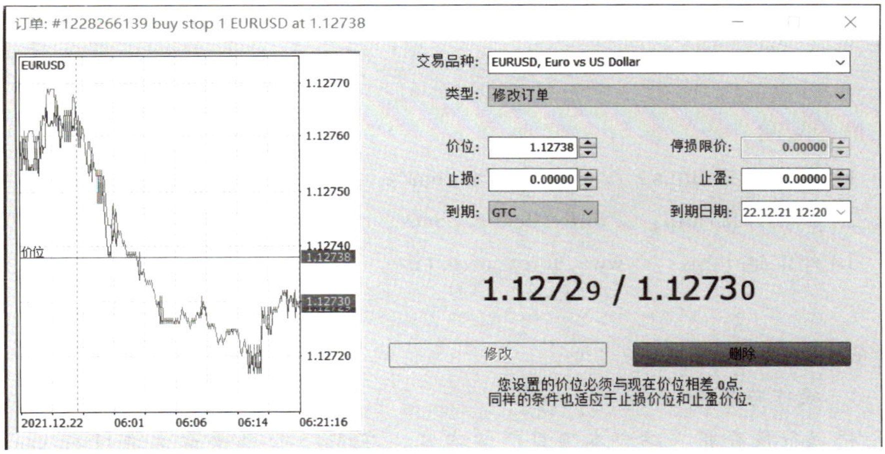

图 1－41　删除订单视窗

想一想　练一练

比较外汇保证金交易和外汇实盘交易的优缺点。

操作要点

√　在智盛金融投资实战云平台进行开仓、加仓、平仓操作。

√　根据交易者需求，在 MT5 交易平台进行多种挂单开仓操作：买入限价（Buy Limit）、卖出限价（Sell Limit）、买入止损（Buy Stop）、卖出止损（Sell Stop）。

知识要点

√　个人外汇实盘交易，即兑换交易，指客户通过国内商业银行将自己持有的某种可自由兑换的外汇（或者外币）兑换成另一种可自由兑换的外汇（或者外币）的交易。

√ 外汇保证金交易，指投资者在与从事外汇交易的金融机构（银行、交易商或者经纪商）签订委托买卖外汇的合约，缴付一定比例的交易保证金后，可进行多倍于保证金的外汇交易。

√ 保证金的计算公式：

所需保证金＝成交价格×手数×交易单位×保证金比例

问题讨论

对比个人外汇实盘交易，个人外汇保证金交易具有高风险、高收益的特点。目前，中国尚未批准任何机构在境内开展或者代理开展个人外汇保证金业务。但随着中国金融市场开放程度的加深，批准外汇保证金业务指日可待。请以一名专业投资者的视角向外汇保证金投资者提出知识和技能准备方面的建议？

推荐阅读

1. 汇通财经 https：//www. fx678. com/。
2. 和讯外汇 http：//forex. hexun. com/。
3. 外汇通 https：//www. forex. com. cn/。

思考与练习

1. 操作与思考

根据行情分析，结合本项目所学内容，在MT5交易平台上进行两次完整的交易（多头平仓和空头平仓），无论交易是否盈利，请写出两次交易的整个过程。

要求：

（1）写明每次交易的入场原因（即行情分析）、持仓过程和平仓原因，并且保存交易委托界面的相关截图。截图中须标明真实的买点和卖点。

（2）行情分析须使用技术分析方法（例如，K线、趋势线、技术指标等），在截图中应有所体现。

2. 课外调研

从中国各家商业银行中选择两家银行（包括国有商业银行、股份制商业银行），登录相关网站查阅个人外汇交易的信息。了解这两家银行的个人外汇交易的流程、规则、交易步骤以及相关术语。

课后练习

项目二

外汇市场基本面分析

学习目标

1. 掌握外汇交易基本面分析方法。
2. 理解主要经济数据对汇率的影响。
3. 理解非经济因素对汇率的影响。
4. 具备对世界经济及国际形势的敏锐观察能力。

项目任务

1. 根据主要经济指标分析主流外汇的汇率走势。
2. 根据非经济因素分析汇率变动情况。

标志成果

☑ 撰写外汇市场基本面分析报告。

内容导图

项目二外汇市场基本面分析内容导图见图 2－1。

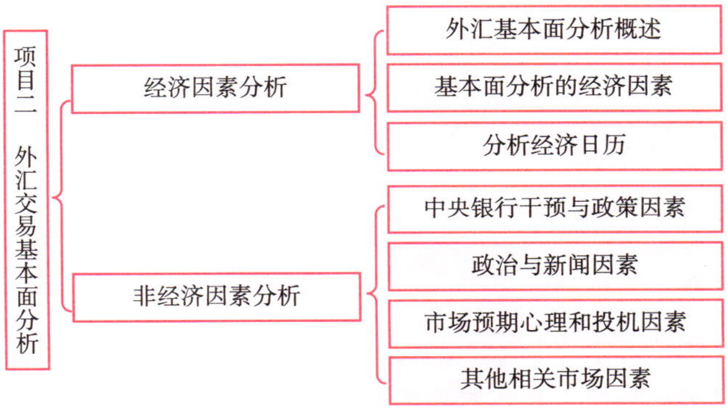

图 2－1　项目二内容导图

导入案例

2020 年美国大选与美元指数

2016 年，特朗普当选美国总统，彭博美元现货指数在 2 个月内飙升了 5%。如今，四年过去了，一些分析家正期待历史重演，也就是特朗普赢，美元涨；拜登赢，美元跌。

从某种角度来看，这个假设或许是成立的！

瑞银财富管理投资总监曾发布报告指出，尽管特朗普上任美国总统以后一直奉行弱美元，但拜登一旦胜选，预期美元贬值的步伐可能更为加速，主要原因是美国的各项政策往往随着新总统的上台而发生变化。由于拜登计划就环境保护恢复立法，还打算对金融业和能源业加强监管，这些举措可能降低社会生产力水平，并且不利于美元；反之，若特朗普成功连任，则意味着政策得以延续，这正是美元过去获得支持的重要因素。

事实上，美元指数在 2020 年美国总统大选期间一直处于整盘阶段。直至 2020 年 11 月初，美国大选结果公布，拜登胜选，美元指数应声下跌。此后 2 个月，美元指数下跌幅度达 4.5%，直到 89.1910 价位才触底反弹（见图 2－2）。

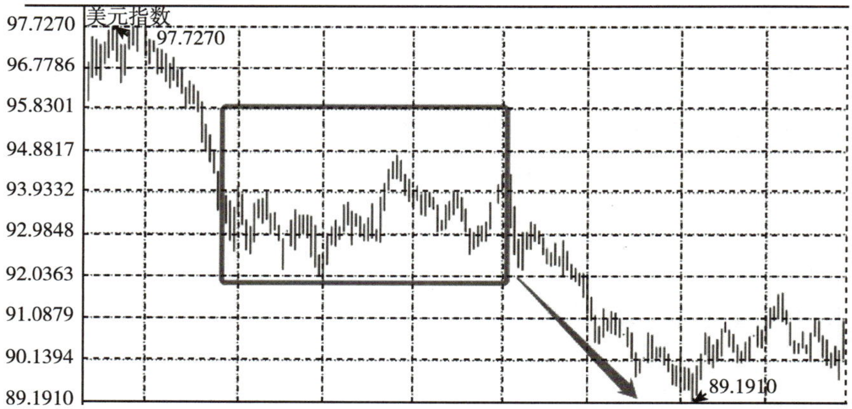

图 2－2　2020 年美元指数走势图

微课：基本面分析概述

课件：基本面分析概述

模块一　经济因素分析

模块导入

外汇市场基本面分析包括经济因素和非经济因素两个方面。经济因素分析主要指经济指标分析。具体都有哪些经济指标？这些指标又是如何影响汇率变动呢？

任务描述

理解外汇市场基本面分析的优缺点；掌握主要经济指标与汇率的关系。

相关知识

外汇市场基本面分析是基于宏观基本因素的状况、发生的变化及其对汇率走势造成的影响，得出货币间供求关系的结论，判断汇率走势的分析方法。根据研究对象的不同，外汇市场基本面分析可划分为经济因素分析和非经济因素分析。其中，经济因素主要指经济基础的各项基本指标，非经济因素指政治、新闻、其他商品价格等。此外，每当有重要经济数据公布时都会出现货币价格大幅波动的情况。外汇市场基本面分析一般用以判断长期汇率变化的趋势。

知识链接

基本面分析的假设前提

基本面分析有两个假设前提：第一，基本因素对市场的影响是有规律的；第二，借助判断分析的信息是完整的。市场未来发展是可以通过对历史和现实的研究加以预测的，趋势发展具有某种规律性和完整性。因此，外汇市场基本面分析的优点表现为以现实市场的事件数据为基础进行分析，可以全面地了解和认识全球主要货币发行国的经济、政治等状况，从而洞悉带动市场发展的最基本因素。

经济因素分析是外汇市场基本面分析的基础。一方面，经济因素能够通过国家财政政策和货币政策影响货币走势；另一方面，经济因素能够通过市场投资信心和投资心理影响货币走势。经济因素对外汇市场汇率的影响又表现为短期和长期两个方面。从短期影响来看，市场参与者在比较经济指标的前值和预测值后，对短期市场的心理预期发生变化，进而使汇率在短期内发生剧烈变动。从长期影响来看，经济指标可用于预测国家政策、经济前景、资金流向，进而影响市场汇率的长期走势。在影响外汇交易的经济因素中，经济增长因素、国际收支因素、通货膨胀因素和利率因素较为重要。

一、经济增长因素

微课：汇率变动的主要因素

经济实力强弱是货币强弱的基础，稳定的经济增长率不仅是本币币值稳定和坚挺的物质基础，而且也会增强人们对该货币的信心。经济增长通过增加产品的供给量以及增强消费需求随收入增加的递减趋势而对通货膨胀下降施加压力。一国的经济增长率比其他国家高，意味着该国具有较多的高收益投资机会。在这种情况下，外国投资者必然竞相前往该国投资。由于大量外商进入该国投资，必须将外币兑换成该国货币才能在该国购买各种生产要素。这就导致该国货币和外币的供求关系发生不平衡，该国货币的汇率趋于上升。所以，一国的经济增长率与其货币的汇率有直接的正相关的关系。

经济增长率对汇率变化的影响是多方面的，但从总体来看，较高的经济增长率会对本币币值的稳定起到较长时间的支持作用。近百年来，美元币值的上升和下降与美国经济增长的快慢交织在一起。第二次世界大战以来，日元的持续升值也是由于日本经济的高速发展。由此可见，掌握了各国经济增长的趋势也就掌握了其货币汇率的长期趋势。

课件：汇率变动的主要因素

分析经济增长因素对汇率的影响时，需要注意以下两个方面：一是须将国与国的经济增长进行对比，从而判断汇率的总体走势；二是须将同一国家的同一经济数据进行横向对比，从而判断一国经济发展的周期性变化。将实际公布的数据与公布前的预测值进行比较，如果两者相差较大，则会掀起外汇市场的大幅波动。

拓展阅读：中国经济改革与汇率变化

拓展阅读 2－1

经济增长将支撑人民币稳中偏升

2021 年 1 月 5 日，中国人民银行授权中国外汇交易中心公布人民币兑美元中间价报 6.4760 元，较前一交易日大幅上升 648 点。在岸人民币对美元汇率和离岸人民币对美元汇率进一步刷新两年半来的新高。WIND 数据显示，截至 2021 年 1 月 6 日，在岸人民币兑美元一度升破 6.43 关口；离岸人民币兑美元最高触及 6.4129，随后双双出现回落。

回顾 2020 年，人民币汇率呈现先贬后升的走势：1 月—5 月，受新冠肺炎疫情影响，人民币汇率震荡贬值，并在 5 月一度贬值至 7.17 附近。随着 2020 年 5 月月末新冠肺炎疫情在中国得到全面控制，中国经济全面复苏，人民币重拾升势。2020 年 5 月 29 日—2021 年 1 月 6 日，人民币涨幅达 9.34%，反弹幅度超过 7 000 点。经计算，如果一名居民换汇 10 万美元，2019 年 6 月需要人民币 71.3 万元，2021 年 1 月只需人民币 64.7 万元，相差 6.6 万元。

专家表示，此轮人民币升值一方面是由于中国经济的持续增长，另一方面是因为美元指数的持续贬值。植信投资首席经济学家兼研究院院长连平表示，分析人民币汇率波动背后的主导因素可以发现，2020 年 5 月—9 月人民币的单边升值，一方面是对前期美元走弱的“补涨”，另一方面也是由于中国疫情控制较好，经济较早恢复，贸易顺差不断放大。2020 年 10 月以来，人民币在双向波动中升值态势确立，商品贸易大幅顺差和服务贸易逆差缩小强有力地支撑了人民币升值。

（资料来源：https://baijiahao.baidu.com/s?id=1688101941318909024&wfr=spider&for=pc。）

二、国际收支因素

一国的国际收支通常包括经常项目和资本金融项目等。其中，经常项目（有形贸易和无形贸易的总和）是判断宏观经济运行状况的重要指标。国际收支因素对汇率的影响一般分为顺差和逆差两种情况。当一国国际收支出现顺差时，通常表现为外币供过于求、本币供不应求，这时本币汇率就会上涨，而外币汇率则会下跌。而当一国国际收支出现逆差时，通常表现为外币供不应求、本币供过于求，这时本币汇率就会下跌，而外币汇率则会上涨。

分析国际收支因素对汇率的影响时，需要注意以下两个方面：一是贸易数据不是每时每刻都影响汇率走势。并不是一国出现逆差就会给该国货币带来贬值压力，而是当逆差达到一定幅度（例如，逆差占该国 GDP 的一定比例）或者引起其他问题时，才会使货币承受贬值压力；二是数据需进行横向和纵向对比。横向对比，即进行一段时间的数值比较，观察数据恶化的程度；纵向对比，即留意该国逆差值中的别国因素。对观测值进行比较，如果两者相差较大，则会掀起外汇市场的大幅波动。

视频：经常账户

拓展阅读 2-2

国际收支平衡有利人民币汇率稳定

国家外汇管理局于 2021 年 11 月公布的数据显示，2021 年前三个季度中国国际收支基本平衡。其中，经常账户顺差达 2 028 亿美元，占同期国内生产总值（GDP）的 1.6%，继续处于合理均衡区间；直接投资呈现净流入，跨境资金流动平稳有序。

数据显示，2021 年第三季度中国经常项目顺差达 801 亿美元，高于 2021 年第二季度的顺差（533 亿美元），并创下 2021 年的单季新高。其中，货物贸易顺差（1 414 亿美元）创下 2021 年的单季新高。在资本与金融项目方面，2021 年第三季度中国逆差达 801 亿美元，而 2021 年第二季度顺差仅为 133 亿美元。

数据还显示，2021 年第三季度中国储备资产增加 614 亿美元，高于 2021 年第一季度和第二季度的增加额（50 亿美元和 500 亿美元），增加额创 2014 年第一季度以来的新高。2021 年第三季度，中国国际收支总体情况表现突出，有利于人民币汇率的稳定和坚挺。人民币汇率依旧有望在合理均衡的水平上保持相对稳定，并不断拓宽其双向波动的区间，不断增强人民币汇率的弹性。

（资料来源：https：//baijiahao. baidu. com/s？ id = 1715588859791594483&wfr = spider&for = pc。）

想一想　练一练

请思考，贸易账对哪些国家尤为重要？为什么？

三、通货膨胀因素

拓展知识：通货膨胀相关指标

拓展阅读：用汇率调节通胀率

通货膨胀对汇率变动的影响是长期的，而且可以从不同方面表现出来。20世纪70年代以来，随着浮动汇率取代固定汇率，通货膨胀对汇率变动的影响变得更加重要。物价是一国商品价值的货币表现，通货膨胀也就意味着该国货币代表的价值量下降，实际购买力下降。一般来说，高通货膨胀率将使一国的国内物价总水平趋于上涨，引起该国出口商品的减少和进口商品的增加，从而对外汇市场上的供求关系产生较大的影响，导致该国汇率波动。同时，一国货币对内价值的下降必定影响其对外价值，从而削弱该国货币在国际市场上的信用程度和市场地位，人们会因高通货膨胀而预期该国货币汇率趋于疲软，从而卖出该国货币，进而导致该国货币汇价下跌。

通货膨胀对汇率的影响是多方面的。一国通货膨胀率的提高将改变商品劳务的外币价格水平，削弱其国际竞争力，从而影响贸易收支、劳务收支乃至影响国际收支平衡，进而影响汇率走势。温和的通货膨胀能使利率上升，吸引投机的短期资金。此外，通货膨胀还通过人们对物价、利率、汇率的预期心理、投资心理影响外汇供求关系，进而影响汇率走势。

微课：购买力平价理论

课件：购买力平价理论

知识链接

购买力平价理论

购买力平价理论是关于汇率决定的一种理论，由英国经济学家桑顿在1802年最先提出，其后成为李嘉图的古典经济理论的一个组成部分，又由瑞典经济学家古斯塔夫·卡塞尔（G. Cassel，1866—1945）加以发展和充实，并在其1922年出版的《1914年以后的货币与外汇》中作了详细论述。如今，购买力平价理论已成为汇率理论中最具影响力的理论之一。这一学说的主要观点是，人们之所以需要外国货币，是因为它在外国具有对一般商品的购买力，外国人之所以需要本国货币，也是因为它在国内具有购买力。因此，两国货币的汇率主要是由两国货币的购买力决定的。购买力平价理论有两种形式，即绝对购买力平价和相对购买力平价。

1. 绝对购买力平价

绝对购买力平价（Absolute Purchasing Power Parity），是指本国货币与外国货币之间的均衡汇率等于本国货币与外国货币的购买力或者物价水平的比率。绝对购买力平价理论认为，一国货币的价值及对它的需求是由单位货币在其国内所能买到的商品和劳务的量决定的，即由它的购买力决定。因此，两国货币之间的汇率可以表示为两国货币的购买力之比。而购买力的大小是通过物价水平体现出来的。由于货币的购买力可表示为一般物价水平（通常以物价指数表示）的倒数，按照绝对购买力平价理论计算汇率的公式可表示为：

$$E=\frac{\sum P_a}{\sum P_b} \qquad \text{（公式 2-1）}$$

公式2-1中，E表示绝对购买力平价形式下两国货币之间的汇率；$\sum P_a$与$\sum P_b$分别表示A国和B国的一般物价水平。

绝对购买力平价说明，在某一时点上决定汇率的的主要因素为货币购买力或者物价水平。假设美国的物价指数比英国高一倍，按照绝对购买力平价理论，1英镑就应等于2美元。

这一理论实际上就是国际上的“一价定律”，即在自由贸易条件下，同质、同类的商品在世界各地的价格应该是一样的，但由于各国（或者地区）使用的货币不同，一种商品以不同货币表示的价格需要经过汇率折算，才能保持相等。根据这一关系式，本国物价上涨将意味着本币相对外币贬值。

2. 相对购买力平价

相对购买力平价（Relative Purchasing Power Parity）理论认为，在一定时期内，在其他条件不变的情况下，若本国通货膨胀率高于外国通货膨胀率，外币价格上升，本币价格下跌；反之，若本国通货膨胀率低于外国通货膨胀率，则本币价格上升，外币价格下跌。相对购买力平价从动态的角度考察汇率的变动。相对购买力平价认为，在一定时期内，汇率的变化与该时期两国物价水平的相对变化成比例。若用E_0表示过去或者基期的汇率，E_1表示物价水平变动后两国的新汇率，$\frac{P_a^1}{P_a^0}$和$\frac{P_b^1}{P_b^0}$分别表示A、B两国的物价水平变动率或者通货膨胀率，则由相对购买力平价理论计算汇率的公式可以表示为：

$$E_1=E_0\times\frac{\frac{P_a^1}{P_a^0}}{\frac{P_b^1}{P_b^0}} \qquad \text{（公式 2-2）}$$

案例：按购买力平价衡量印度经济增长

拓展知识：一价定律与巨无霸指数

拓展阅读2-3

土耳其通胀严重，里拉汇率继续下滑

土耳其自2018年货币危机以来，里拉一直在缓慢下跌。2021年，土耳其再次陷入货币危机的阵痛之中，里拉兑美元贬值40%以上，成为所有新兴市场货币中表现最差的货币。

土耳其央行于2021年11月18日下调利率整整1个百分点——这是2021年9月以来土耳其的第三次降息——并暗示将在12月再次降息。随后，里拉汇率大幅波动。

仅在2021年11月，里拉兑美元就贬值了近30%。这使土耳其陷入货币崩溃的境地。里拉汇率的快速下滑引发囤积美元的浪潮，土耳其甚至发生街头抗议的不寻常社会事件。土耳其的经济非常依赖外部融资，这意味着随着里拉对美元贬值，背负以美元计价债务的土耳其企业将面临更高的还款成本。

究其原因，当一国中央银行降低利率时，该国货币的借贷成本通常会降低，该国货币的价值相对于其他货币的价值也相应降低。除了土耳其央行在2021年通胀上升的情况下降息以外，里拉汇率还受到土耳其外汇储备减少以及土耳其政府和美国政府持续紧张局势的影响。

那么，其他新兴经济体是否会效仿土耳其降低利率以应对通货膨胀呢？事实恰恰相反。韩国、俄罗斯、巴西、墨西哥和匈牙利都试图通过提高利率控制通货膨胀。

（资料来源：https：//www.sohu.com/a/505795685_100192480。）

四、利率因素

利率水平是影响汇率走势的短期因素。利率作为货币的某种“特殊价格”，是借贷资本的成本或者利润。在开放经济和市场经济条件下，在国际资本流动规模大大超过国际贸易额的当今世界，利率变化与汇率变化息息相关。第二次世界大战以来，大量国际游资专门在国际资金市场上追逐高额利润，往往在短期内就大量地从一国流向另一国，从一种货币转移为另一种货币，从而影响汇率的变动。如果一国的利率水平相对于他国提高，就会刺激外国资金流入增加，该国资金流出减少，导致国际市场上抢购该种货币，该国资本账户得以改善，该国货币汇价由此提高；反之，如果一国的利率水平相对于他国下降，则会造成资金大量流出，外国资金流入减少，恶化该国资本账户收支，国际市场上抛售该种货币，引起该国货币汇率下跌。

分析利率因素对汇率的影响时，需要特别注意利率变动在吸引资金流动方面的作用，即货币资产与金融资产的收益对比，也就是利率对经济增长和股票市场的影响。当然，人们对利率的预期也会起到催化作用。

知识链接

美联储调息对美元指数的影响

1. 美联储加息对美元指数的影响

一般而言，美联储加息意味着美元相对其他国家的货币更具吸引力，促使国际资金流入美国，对美国市场的投资有所加大，进而使对美元的需求有所上升。既然美元需求上升，就会相应地提振美元指数上升。换言之，美联储加息利多美元指数。

2. 美联储降息对美元指数的影响

通常来说，美联储降息表明美元的货币政策趋于宽松。例如，历史上美联储的“量化宽松”政策使利率持续处于接近于零的极低水平。与此同时，增加印钞不仅使美元的流通性增强，而且使美元的供给量大于美元的需求量，进而导致美元指数下行。也就是说，美联储降息利空美元指数。

（资料来源：FX123。）

拓展阅读 2-4

美联储重磅会议！加息预期提前，美元汇率创一个月内新高！

北京时间2021年9月23日凌晨，美国联邦公开市场委员会（FOMC）公布了备受瞩目的货币政策决议。美联储如市场预期一般维持近零利率决议不变，首次明确表示可能很快调整QE购债。美联储主席鲍威尔会后称，最早可能于2021年11月宣布美联储缩小购买债券的规模以及缩小美联储资产负债表的动作（Taper），同时大幅下调2021年的经济增长预期。

根据美联储公布的经济预测，预计2022年年末将加息至0.5%左右，早于之前的预期，美联储还预计2023年或加息3次。

美联储决议公布后，美元指数先跌后涨，先一度跌破93.00刷新日低，日内跌幅逾0.2%，而后迅速反弹。鲍威尔讲话期间转涨，并一度涨破93.50，创8月20日以来盘中新高（见图2-3）。决议公布后一周，美元指数一路攀升，当周最高升至94.50，不仅创一个月内新高，而且达过去一年内最高值。

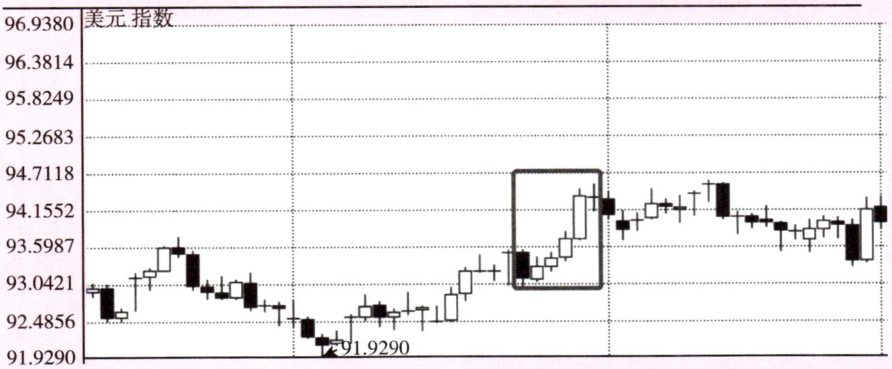

图2-3　2021年8月—10月美元指数走势图

（资料来源：https://baijiahao.baidu.com/s?id=1711649466478441342&wfr=spider&for=pc。）

在实际操作中，对经济因素的分析都是通过收集、整理和分析各国反映经济发展各个方面的经济指标（经济数据）进行的。对外汇市场影响较大的经济指标首先是美国每月（或者每季度）公布的经济统计数据，其次是欧元区国家（主要为德国和法国）、日本、英国的统计数据，再次是澳大利亚、加拿大、瑞士等国的统计数据。美国的经济数据之所以影响最大，主要原因为美元是国际外汇交易市场中最重要的货币。同时，以美元作为国际贸易结算方式的比重超过50%以上。因此，各国外汇投资者都非常关注美国的经济数据，并据以把握投资时机。通常情况下，重要的美国经济数据在北京时间20：30发布。因此，对亚洲地区的外汇交易员而言，常会因为等待数据发布而工作到深夜，即常说的“等数字”现象。

此外，在一些特定的市场预期或者汇率波动的情况下，有关国家的货币政策官员，或者著名的评论机构、政治人物，或有影响性的报刊发表的讲话、文章等，也会对外汇市场产生较大影响。这种影响在没有重要数据发布的时期表现得尤为强烈。

微课：分析经济因素

课件：分析经济因素

五、经济日历分析

外汇交易员必须密切关注经济日历，因为经济日历上的数据会使汇率产生重要的短期变化。可见，公布经济数据的时间非常重要。经济数据公布的三个数值包括前值、实际值和预期值。在实际值公布之前，预期值相对前值的变化可能会影响汇率的短期走势。当实际值公布以后，实际值与预期值之间的差异将对汇率走势产生巨大的冲击。

知识链接

经济数据公布对外汇市场的影响

随着经济数据的公布，如果市场预期经济将发生重大变化，汇价将朝某一方向运行。一般情况下，在经济数据公布前，交易者开始暂停交易，汇价开始盘整（又称区间震荡）。这是基本面数据即将公布的信号。此时，交易者以观望为主，经济数据公布之后才会进场。交易看起来很清淡，或者说平静。经济数据公布后，如果实际值与前值相比变动较大，市场往往会从数据公布前的震荡区间突破。这是由交易者大举买入或者卖出所致。若买盘集中出现，将推动汇价大幅上扬。如果数据结果与前值相比没有差别，那么市场往往延续之前的趋势方向。

经济日历的优点在于数据发布的规律性。一国政府不可能在某个上午突然决定发布某个月的失业率。事实上，各国政府对重要经济数据的发布都有计划安排，并会向公众公开它们的计划安排。表2－1中列示了查看经济日历的网站，这些网站每天都会发布各国最新的经济数据。

表 2－1　　外汇咨询网站

网站名称	网址
汇通网	www. fx678. com
和讯外汇	forex. hexun. com
金投网	calendar. cngold. org

每一个经济日历都包含从中央银行的利率到天然气存储水平等各种数据。除了以上已经提及的经济增长因素、国际收支因素、通货膨胀因素和利率因素以外，还有一些对货币汇率来说比较重要的经济数据（见表 2－2）。

表 2－2　　重要的经济数据

就业率	海外投资	消费者信心	零售额
商业信心	制造业	住房	

拓展知识：就业情况相关指标

要分析这些经济数据，需要借助五个影响货币价格的驱动因素。也就是说，在评估经济数据时，需考察这些经济数据如何通过驱动因素影响货币价值的未来走势。这五个驱动因素分别是贸易往来、投资流、货币供应、投资者心理和政府干预。以下将分析每一个关键经济数据与驱动因素之间的关系。

（一）就业

就业的相关数据说明了一个经济体创造的新就业机会以及失业人数所占比率。它和利率一样重要。

案例：资本流入要警惕

1. 就业数据对贸易往来的影响

失业率上升，消费者货币持有量减少，从而使进口需求下降；反之亦然。

2. 就业数据对投资流和货币供应的影响

失业率上升，央行就会降低利率，刺激经济发展。此时，货币供应增加，同时政府债券市场收益率降低，这样投资流就会减少；反之亦然。

3. 就业数据对投资者心理和货币强度的影响

失业率上升会导致投资者紧张不安，货币也趋向疲软。

拓展知识：海外投资相关指标

（二）海外投资

海外投资公告通常表明经济体吸引的海外投资情况。对于运作良好的经济体，其金融市场繁荣，自然可以吸引更多的海外投资；而陷入困境的经济体，其金融市场发展一般不健全，在吸引海外投资方面没有优势。

总体来看，海外投资既可以形成良性循环，也可以形成恶性循环。运作良好的国家易形成良性循环，吸引越来越多的海外投资，从而促进经济发展，经济的不断进步又会吸引更多的外商追加投资。而陷入困境的经济体易陷入恶性循环，吸引不到海外投资，国家经济停滞不前，又会进一步导致海外投资流失。海外投资增加，投资流增加，投资者信心增加，货币对外升值，对内增加货币供应量；反之亦然。

（三）消费者信心

消费者信心的相关数据显示了经济体内消费者的信心程度。信心饱满的消费者坚信经济会不断向前发展，更愿意消费；而信心不足的消费者则认为未来经济发展和收入水平具有极大的不确定性，因此不愿意过多消费。

1. 消费者信心对贸易往来的影响

消费者信心增加，消费增加，进口需求增加，进而贸易往来增加；反之亦然。

2. 消费者信心对其他驱动因素的影响

一方面，消费者信心增强将刺激消费，带动企业利润增加，股市上涨，令股市更具吸引力；另一方面，旺盛的消费促使通货膨胀率上升，央行会提高利率（即减少货币供应量），政府债券市场更具吸引力，两个方面皆使得投资流增加，货币坚挺；反之，如果消费者信心下降，则会从以上两个方面促使投资流减少，货币疲软。

拓展知识：消费者信心相关指标

（四）零售额

零售额的相关数据显示了个人消费者花费了多少钱购买零售商品。这是把消费者信心转化成消费行为的关键所在。许多消费者认为自己对本国经济的发展充满信心，但是这并不能促进该国经济发展，只有消费者积极消费，才会促进该国经济增长。零售额增加与消费者信心增强相似，也会使得贸易往来和投资流增加，使货币坚挺；反之亦然。

拓展知识：零售额相关指标

（五）商业信心

商业信心的相关数据表明了经济体内企业的信心程度。信心饱满的企业愿意雇用更多的工人，进行业务扩张，生产新产品，持有更多库存。相比之下，信心不足的企业会雇用更少的工人（甚至解雇员工），降低业务扩张、新产品及库存方面的投资。商业信心对比消费者信心可能是更好的预期指标，因为消费者信心不一定能转化成消费行为。

拓展知识：商业信心相关指标

（六）制造业

制造业的相关数据表明了经济体内生产制造活动的进行程度。生产制造是经济增长和创造就业机会的重要驱动因素之一。可见，生产制造水平不断提升总是好兆头。相反，生产制造水平不断下降则标志着经济体正向着消极的方向发展。生产制造增加，进口需求增加，贸易往来增加，投资者信心增加，货币坚挺；反之亦然。

拓展阅读 2－5

德国制造业 PMI 不及预期，欧元大跌

德国是欧元区经济增长的主要“引擎”。2019 年 9 月 2 日，德国公布 8 月 Markit 制造业采购经理人指数（PMI）。受该数据不及市场预期的影响，欧元下跌 22 个点，贬值幅度超过 0.2%。

数据显示，德国 8 月 Markit 制造业 PMI 终值的实际公布值为 43.5，预期值为 43.6，前值为 43.6。从数据上看，德国近几个月的制造业处于“收缩”状态，大大影响了欧元升值。

（资料来源：https://baijiahao.baidu.com/s?id=1645458370053353141&wfr=spider&for=pc。）

（七）住房

拓展知识：制造业相关指标

住房的相关数据表明了经济体的房地产部门保持稳定发展的程度。当今社会，人们已经习惯把个人的净资产与住房的价值紧紧联系在一起，健康的房地产市场对消费者信心及经济实力产生了深远的影响。房地产保持强劲增长通常会带来经济的繁荣发展。一方面，房价上涨将使消费者信心增加，国内市场吸引力增加；另一方面，房价上涨容易引起通货膨胀，利率提高。这些都将引起投资流增加。因此，房价的稳步上升意味着投资者信心增加，货币坚挺。

拓展知识：住房情况相关指标

知识链接

无数据交易日

无数据交易日，是指没有关键的基本面数据公布的交易日。在无数据交易日，货币对汇价的波动幅度通常为 60—90 个点，最高时能达到 130 个点。有数据交易日，是指有关键基本面数据公布的交易日。外汇市场往往会在数据公布后 5 个小时内单边运行 120—240 个点，变动比较明显，其他日内时间汇价则以窄幅整理为主。

交易新手喜欢在无数据交易日交易，因为市场的可预测性更强。与此相反的是，专业交易员更喜欢在有数据交易日交易，因为他们可以在更短的时间内获取更大的盈利。

想一想 练一练

你喜欢在有数据交易日还是无数据交易日交易呢？请说出你的理由。

微课：分析非经济因素

模块二 非经济因素分析

模块导入

投资者进行外汇基本面分析，除需关注经济指标以外，还需关注很多非经济因素。例如，发达国家总统换届选举、政府丑闻、严重的公共安全事件等。这些非经济因素具体如何影响汇率走势呢？本模块将一一揭晓。

课件：分析非经济因素

任务描述

理解主要的非经济因素，并能从非经济事件中分析汇率走势。

相关知识

一、中央银行干预与政策因素分析

（一）中央银行干预外汇市场的目标

案例：“广场协议”——典型的政府干预

自从浮动汇率制推行以来，工业国家的中央银行从来没有对外汇市场采取彻底的放任自流的态度。相反，这些国家始终保留相当一部分的外汇储备，主要目的就是对外汇市场进行直接干预。

一般来说，中央银行在外汇市场出现异常大的波动或是朝同一方向连续几天剧烈波动时往往会直接介入市场，通过商业银行进行外汇买卖，以缓解外汇市场的剧烈波动。学术界对中央银行出手干预外汇市场的原因有很多解释。被大众广为接受的原因有以下三个。

案例：发挥制度优势，严守外汇管制

第一，汇率的异动常常与国际资本流动存在必然联系，导致工业生产和宏观经济发展出现不必要的波动。因此，稳定汇率有助于稳定国民经济和物价。当前，国际资本的跨境流动不但规模很大，而且渠道很多，受到的人为阻碍很小。工业国家早在 20 世纪 70 年代末就开始放宽金融方面的规章条例，为国际资本流动提供便利。在浮动汇率制度下，国际资本大规模流动的最直接的后果就是外汇市场的价格波动。如果大批资本流入英国，则英镑在外汇市场的汇价就会上升；如果大批资本流出美国，外汇市场上的美元汇价必然下降。从另一方面来看，如果人们都期待某一国货币的汇率上升，资本就势必会流向该国。

案例：制度优势——社会主义制度下汇率制度的演变

第二，中央银行直接干预外汇市场是国内外贸政策的需要。一个国家的货币在外汇市场的价格较低，必然有利于这个国家的出口。而出口问题在许多工业国家已是政治问题，涉及出口行业的就业水平、贸易保护主义情绪、选民对政府态度等许多方面。中央银行为了保护出口，会在本国货币持续坚挺时直接干预外汇市场。

拓展阅读 2-6

特朗普的“弱势美元”

自 2016 年 11 月特朗普当选美国总统至 2016 年年末，美元升值至少 5%。但 2017 年 1 月特朗普警告称：“美元太强了，会伤害美国公司的国际竞争力，也会阻碍美国经济大幅上涨。美元应该进行相应的贬值。”从这之后，美元开始持续贬值，并于 2017 年 10 月月末创下近 33 个月的最低纪录。

从美联储制定的贸易加权美元指数来看，当时美元的币值比40年均值高约7%。美元自2014年年中以来升值22%，已经导致美国贸易逆差扩大。

从国际外汇市场发展史来看，利用本国货币贬值扩大出口是许多国家在国际外汇市场形成初期经常采取的政策，又被称为“乞邻政策”。在经济不景气时，这种政策常引发两国的贸易战。由于现有非关税贸易壁垒名目繁多，且这一人为干预外汇市场的政策意图过于明显，容易招致其他国家的谴责，在当今已很少被采用。

第三，中央银行干预外汇市场是出于抑制国内通货膨胀的考量。宏观经济模型证明，在浮动汇率制度下，如果一国的货币汇价长期低于均衡价格，虽然在一定时期内会刺激出口，促使外贸顺差，但最终却会造成本国物价上涨，工资上涨，形成通货膨胀的压力。在通货膨胀已经较高的情况下，这种可能出现的“工资—物价”循环上涨局面，又会造成人们对未来通货膨胀必然升高的预期，使货币当局的反通货膨胀政策变得举步维艰。此外，在一些工业国家，民众往往把本国货币贬值引发的通货膨胀作为货币当局宏观经济管理不当的象征。所以，在实行浮动汇率制以后，许多工业国家在控制通货膨胀时，都对本国货币的汇率施行严格监管。

拓展阅读 2-7

阿根廷干预汇市

2014年1月，阿根廷、印度、土耳其等新兴经济体的金融资产遭到大规模抛售，货币汇率持续下跌，引发全球金融市场动荡。为应对这场来势汹汹的“货币风暴”，阿根廷央行采取行动出手干预汇市，打响了“货币保卫战”。

据路透社报道，2014年1月4日阿根廷宣布放宽外汇管制，将购买外汇的税率从35%降至20%，并允许个人储蓄账户购买外汇。该政策自2021年1月27日起生效。此前，阿根廷政府一直实施严格的外汇管制措施。分析师认为，阿根廷政府迫于国内高通胀和本币急跌的压力不得不转变其政策措施。

（资料来源：http：//www. jjckb. cn/2014-01/29/content_489595. htm。）

可见，中央银行干预外汇市场的目标或是为了稳定汇率以助于稳定国民经济和物价，或是为了实施国内外贸政策，或是为了抑制国内通货膨胀。

（二）中央银行干预外汇市场的手段

1. 口头干预

口头干预，是指官方发表声明或者讲话，对外汇市场以舆论导向的方式进行试探性的打压或者拉抬，影响汇率的变化，达到干预的效果，它被称为干预外汇市场的“信号效应”。中央银行这样做无非是希望向外汇市场传递这样的信号：中央银行的货币政策将要发生变化或者预期中的汇率将有变化。一般来说，外汇市场在初次接收这些信号后会作出反应，但是，如果中央银行经常通过“信号效应”干预市场，而这些信号又不全是真的，就会在市场上起到“狼来了”的效果。拓展阅读2-6中列举的特朗普的讲话使美元大跌，就被视作“信号效应”的成功范例。

2. 直接入市干预

直接入市干预，即中央银行在外汇市场上买入或者卖出外汇，使汇率波动有利于本国。这是西方国家中央银行平稳汇率的主要手段之一。当一国货币持续大幅度下跌时，该国中央银行就抛外币购本币，以支持本币汇率回升；反之，一国汇率持续上升，该国中央银行便抛本币购外币，以阻止本币汇率上升。至于本币是升是降，主要取决于本国的经济状况和实力以及主要贸易伙伴的态度。中央银行最明显的干预行为是在即期外汇市场上进行的。因而，中央银行的干预行为成为外汇市场短期波动的重要原因之一。

当某种货币的买盘非常强劲时，直接干预行为意味着中央银行必须卖出这种货币。如果中央银行卖出的货币数量相当有限，只会造成该货币的微弱贬值，汇价随后通常会再度上涨，干预行为只会让买方能够以较低的价格买入该货币。只有中央银行的干预行动动用足够数量的货币，汇率的走势才有可能发生反转。

中央银行的直接干预方式和效果因市场的反应而有所不同，具体表现如下：

（1）在重要压力位或者支撑位附近进行的干预比较容易产生效果。此处进行的有限干预的效果可能相当于走势明确时的大量干预。

（2）如果外汇市场出现的异常强烈的波动是由信息效益差、突发事件、人为投机等因素引起，由于这些因素对汇市的扭曲经常是短期的，中央银行的干预会十分有效。

（3）如果一国货币的汇率长期偏高或者偏低是由该国的宏观经济水平、利率和货币政策决定的，那么中央银行的干预从长期来看是无效的。

（4）多国中央银行联合进行干预会对汇率市场造成重大影响。如果此时交易者设定的止损单被触发，市场至少暂时可能朝另一个方向发展。

（5）如果中央银行希望本国货币汇率以缓慢的节奏贬值，可能需要同时在买卖两个方面进行干预。即为了减缓贬值速度，要在某些时候买进，而后在某些时候再卖出。

（6）干预并不代表真正的市场供求。中央银行通过商业银行渠道进行的干预，不易泄漏交易来源，可以让市场误以为所有交易都体现真正的供求，否则干预效果不佳。

（7）当预期中央银行可能干预时，市场会形成盘整走势，因为交易者担心建立的头寸将因为干预而发生亏损。然而，干预行为一旦实施，市场常会呈现“利空出尽是利好”的涨势。

中央银行的直接入市干预又分为一国单独干预和多国联手干预。多国联手干预多出现于应某一国家请求多国在同一时间共同买入或者卖出该国货币，保证其汇率达到目标区间。大多数情况下，单个国家的汇率干预多出于在内部平衡（通胀、就业、经济增长等目标）和外部平衡（国际收支平衡）这两个目标之间进行的选择，短期意图明确，但长期影响较为恶劣，（易引发他国的外汇反制措施）不利于国际贸易发展。相对于单个国家的外汇干预，多国联手干预多出于“维稳”的目的，即维持某种特殊货币的稳定。货币类型多数为美元这类全球贸易货币或者能够对区域经济产生重要影响的区域性结算货币。例如，欧元、日元等。这类干预除稳定地区经济的目的外，或多或少夹杂着政治因素。此类干预行为更多地被市场解读为一种救市之举，有提升投资者信心之效。当今外汇市场是一个统一的市场，一国中央银行的干预能力往往有限。因此，多国联手干预便成为一种趋势。21 世纪以来，最典型的中央银行联合干预行动是 2011 年 3 月七国集团应日本请求对外汇市场进行的联合干预，阻止日元强势。2011 年 3 月 18 日，日本央行出手干预日元强势。而后，德国央行、法国央行、意大利央行、英国央行纷纷宣布干预日元强势，美联储和加拿大央行也相继宣布干预市场，阻止日元强势。由此，七国集团展开了 2000 年以来的首次汇市联合干预行动，并承诺如果需要将进一步干预以阻止日元的大涨之势。面对七国集团的联手干预，市场纷纷回吐日元多头。当日，美元对日元汇率大幅上升近 200 点。据有关机构测算，仅在 2011 年 3 月 18 日，日本央行就抛售了约 2 万亿日元（约合 250 亿美元），欧洲央行动用约 50 亿欧元（约 71 亿美元），加拿大央行动用了 1 亿—1.5 亿加元进行干预。

拓展阅读 2－8

G7 联合干预日元汇率　美元兑日元飙升 200 点

“3·11 日本地震”使日本遭受大地震及海啸的严重灾难，随后又出现核泄漏危机。在一系列灾难发生后，日元成为投机者攻击的主要目标，日元汇率出现大幅攀升，并且一度创下对美元汇率的历史新高。截至北京时间 2011 年 3 月 18 日 08：22，美元兑日元报 81.11，比前一交易日上涨近 200 点（见图 2－4）。在这种情况下，市场普遍预期日本政府将对外汇市场进行干预。

2011 年 3 月 18 日早间，在日经指数高开 1.4% 站上 9 000 点大关后，七国集团发布声明称，为回应日本的请求，美联储、英国央行、加拿大央行以及欧洲央行将与日本央行一起对外汇市场进行联合干预。

日本央行表示，其强烈预期七国集团成员国对外汇市场的联合干预将有助于外汇市场趋于稳定，“日本央行将采取有力量的货币宽松政策并同时确保金融市场的稳定，为此我们将继续向市场注入大量的流动性。”

图 2－4　美元兑日元 4 小时图

受此消息影响，日本股市出现大幅攀升。截至北京时间 2011 年 3 月 18 日 08：30，日经指数报 9 186.50 点，涨幅为 2.5%。另外，美元对日元汇率大幅上升，由消息公布前的 1 美元兑 79.08 日元上涨至 1 美元兑 80.73 日元。同时，日本主营出口业务的上市公司股价大幅攀升。其中，本田汽车股价上涨了 3.4%，东芝公司股价上涨了 7.2%。

此次外汇联合干预行动是七国集团自 2000 年联合干预欧元汇率后首次联合干预外汇市场。当时，欧元兑美元汇率创历史最低（0.8），经联合干预后逐步走强。

（资料来源：https：//finance. qq. com/a/20110318/001763. htm。）

3. 调整汇率政策和货币政策

中央银行干预外汇市场的手段可划分为不改变现有货币政策的干预（又称“消毒干预”）和改变现有货币政策的干预（又称“不消毒干预”）。

“消毒干预”，是指中央银行认为外汇价格的剧烈波动或者偏离长期均衡是一种短期现象，希望在不改变现有货币供应量的条件下改变现有的外汇价格。换言之，一般认为利率变化是汇率变化的关键，而中央银行试图不改变国内的利率仅改变本币的汇率。中央银行在进行这种干预时，常采取以下手段：在外汇市场上买入或者卖出外汇的同时，在国内债券市场上卖出或者买入债券，从而使汇率变化而利率不变化。

“不消毒干预”，就是改变货币政策的干预，是指中央银行直接在外汇市场买卖外汇，而听任国内货币供应量和利率朝有利于达到干预目标的方向变化。一般情况下，这种干预方式非常有效，但其代价是国内既定的货币政策会受到影响。这种干预只在本币汇率长期偏离均衡价格时中央银行才愿意采用。例如，美元在外汇市场上不断贬值，美联储为了支持美元的汇价，可在外汇市场抛售外汇买入美元。由于美元流通量的减少，美国货币供应量下降，利率呈上升趋势，人们就愿意在外汇市场多保留美元，使美元的汇价上升。

4. 对资本流动实行外汇管制

实行资本流动管制，是指一国政府为平衡国际收支和维持本国货币汇率而对外汇流动实行的限制性措施。发达国家采取限制资本输入的措施通常是为了稳定金融市场和汇率，避免资本流入造成国际储备过多和通货膨胀。它们采取的措施包括：对银行吸收非居民存款规定较高的存款准备金；对非居民存款不付利息或者倒收利息；限制非居民购买该国有价证券等。虽然发达国家一般采取鼓励资本输出的政策，但在特定时期（例如，面临国际收支严重逆差之时）也采取一些限制资本输出的政策。这些限制措施包括：规定银行对外贷款的最高额度；限制企业对外投资的国别和部门；对居民境外投资征收利息平衡税等。

中央银行的干预可能只局限于稳定汇价的范围，可能是希望扭转汇率走势，可能仅仅是测试市场的走势，还可能是试图操纵货币的升值或贬值。中央银行可以直接干预汇率，也可以通过利率政策间接干预汇率，甚至采用道德劝导或者威胁等手段。这些干预有时成功，有时失败，但中央银行的意图与行为都应该被视为重要的市场因素。

分析中央银行的外汇干预行为对汇率的影响时，需要注意以下两个方面：一是留意中央银行是否会入市买卖以及何时入市买卖（通常是先警告，后入市干预）；二是准确判断各国央行干预市场的动机和意愿，尤其是联合干预外汇时，须客观分析各国干预的真实动机，这是判断干预是否成功的关键，也是在干预时能否把握市场走势取得投资回报的关键。

（三）政策调整对汇率走势的影响

1. 货币政策调整对汇率走势的影响

货币政策的主要形式是改变经济体系中的货币供给量。货币政策在执行上可以分为紧缩和宽松两种情况。紧缩的货币政策，是指中央银行通过提高再贴现率、提高商业银行在中央银行的存款准备金率以及在市场上卖出政府债券，减少社会上的货币供给量，限制投资过热。紧缩的货币政策将造成该国货币的升值。实施宽松的货币政策的目的是增加社会上的货币供给量，以吸引投资和消费。宽松的货币政策将造成该国货币的贬值。各国政府采取何种货币政策，在很大程度上直接关系到货币的强弱。

拓展阅读 2－9

英国经济“苦日子”在后，英镑或因追加宽松进一步贬值

富国银行（Wells Fargo）全球经济学家 Jay H. Bryson 于 2016 年 8 月 8 日表示，自 2016 年 6 月举行脱欧公投后，英国民众对该国经济的展望已经大幅恶化。Bryson 称，自 2016 年第三季度起发布的英国经济数据大多疲软，暗示英国经济在脱欧后数周已经大幅放缓。富国银行相信，英国经济正陷入温和衰退。

Bryson 还称，为了回应英国经济增速预期的恶化，英国央行下属的货币政策委员会（MPC）决定采取措施宽松其政策立场：

1. MPC 将基准政策利率从 0.5% 下调至 0.25%，为 2009 年 3 月以来首次。

2. MPC 将政府债券买入项目（例如，量化宽松项目）的规模从 3 750 亿英镑升高至 4 350 亿英镑。至此，英国央行的购买项目仅针对政府债券。

3. MPC 决定将至多 100 亿英镑的企业债纳入其量化宽松项目。

4. MPC 宣布创立一个长期融资项目以为英国的银行提供流动性支持，MPC 称该项目将鼓励英国的银行提高对该国实体经济的借贷。

Bryson 还表示，相信若英国经济放缓，MPC 可能进一步宽松政策。英国脱欧后，英镑贬值已经超过 10%。未来数个季度，因 MPC 政策转为更加宽松，英镑兑美元汇率或将进一步下滑。

（资料来源：https：//news. fx678. com/201608081608071548. shtml。）

2. 财政政策调整对汇率走势的影响

人们常常把财政状况作为预测汇率变动的重要指标。财政政策调整对汇率走势的影响体现为财政支出的增减和税率调整影响外汇的供求关系。紧缩的财政政策通常会减少财政支出和提高税率，这会抑制社会总需求与物价上涨，有利于改善一国的国际收支，从而引起一国货币汇率的上升。此外，一般而言，若一国政府减税，将导致市场中的货币流通量增加，驱使货币贬值；若一国政府增税，将导致市场中的货币流通量减少，驱使货币升值。

3. 政府之间的政策协调对汇率走势的影响

政府的政策变化对汇率变化的影响包括以下两种情况：第一，单独国家的宏观经济政策。例如，财政政策、货币政策、汇率政策等。这些政策变化将引起本国货币汇率的变动，从而影响国际外汇市场；第二，工业国家之间的政策协调出现配合失衡或者背道而驰时，外汇市场也会剧烈波动。

政府之间的政策协调失衡也是外汇市场波动的原因之一。人们往往能从政府间外汇政策的协调中找到汇率波动的某些趋势。由于各国的经济需求不一致，各国奉行的经济政策也就不一致。货币紧缩可能对一国有利，而造成另一国经济衰退。财政扩张能刺激一国经济增长，却可能引起另一国的通货膨胀。因此，完全同步的货币政策和财政政策在短期内是可行的，但不可能维持很长时间。而经济的相互依赖性又要求各个国家在汇率政策上进行协调。例如，在经济衰退时，采取一致的扩张性政策措施；在通货膨胀率上升时，采取一致的紧缩性政策；在需要采取混合的政策时，各国也能配合一致。这种做法的好处是可以稳定外汇市场，又不影响利率、贸易和供求的稳定。因此，国家之间政策的同步性可成为市场交易者判断外汇市场走势的一种标志。

利用中央银行政策调整对汇率走势进行分析时需要注意，分析和研究一国经济政策的目的不是预测经济政策本身，而是借由其可能带来的经济影响、心理影响和资金流动影响等了解市场趋势，辅助实现盈利。

二、政治与新闻因素分析

从任何一种主要货币对汇率的长期走势图中，都可以洞见国际政治经济格局的变化情况。每次突发事件、每项重要经济统计数据的发布都可能引起外汇市场的剧烈波动。汇率涨跌史就是国际政治经济发展史的一个缩影。投资者进行外汇交易的基本面分析和把握外汇走势的长期趋势时，必须注意分析政治和新闻因素。只有认清它们的作用和规律，投资者才有可能在外汇市场上立于不败之地。

政治与新闻因素，是指社会政治生活中发生的一系列出乎意料的事件。影响外汇交易行情的政治与新闻因素包括政权的更迭、选举、战争、重大政策的改变等。某些政治事件即将发生时，即事件不明朗时，不确定性增加，该国货币汇率通常会走弱。在某些情况下，市场可能对事件结果有相当把握，汇率也会预先反映相关的预期，或是上升，或是下降。在政治和新闻事件发生之前，市场上往往会出现一些传言。外汇交易市场对各种政治和新闻传言会作出相应的反应。如果传言确实可信，汇率会产生反应；当传言被证实时，市场可能不再反应。所以，在外汇市场上流传着一句古老的谚语：“传言出现时买进，传言证实后卖出”。

（一）政治因素对汇率走势的影响

由于政治因素通常具有突发性，来得快、去得猛，事前无征兆，难以预测，所以对汇市的破坏力极大，极易造成汇率在短时间内的大起大落。作为个人外汇投资者，不但要留意各国经济的变化，也必须经常了解、分析世界政治格局的变化以及区域性热点问题的动态，对有关信息作出迅速的反应，否则很容易产生损失。一般来说，影响汇市的政治因素包括以下 7 个方面。

1. 政权更迭

当一个国家或者地区的政权发生更迭时，新生的政府可能会废除以前政权发行的货币，改为发行自己的货币，以前的货币可能变得一钱不值。例如，1990 年伊拉克发动科威特战争并占领科威特后，立即宣布科威特这个国家不复存在，科威特成为伊控克的第十九个省，废除科威特货币，导致大量科威特富人一夜之间变成了穷人。

2. 政变

当一个国家发生政变时，该国货币的汇率会大幅下跌。局势的动荡永远是打击货币的重要原因。例如，东南亚地区的政治局势一直不太稳定。菲律宾、泰国、印度尼西亚等国的党派争斗时常导致政变。每一次政变都会使该国货币遭受沉重打击。

3. 重要政府官员的遇刺或者意外死亡

重要政府官员的遇刺或者意外死亡也是政治局势的不安定因素，并导致该国货币汇率的急跌。例如，投机者听闻时任美国总统里根突然遭刺、生死未卜的消息后，大量抛售美元，买入瑞士法郎和马克，令美元大幅下挫。

4. 政治丑闻和重要政治人物下台

一个国家的重要政治人物牵涉桃色新闻、经济丑闻、政治舞弊等事件或者引咎辞职时，也会造成该国货币的剧烈波动。

拓展阅读 2-10

日本“地价门事件”致日元走高

2018 年 3 月，日本一家与时任日本首相安倍晋三有关联的学校贱买国有土地的丑闻被曝光（被称为“地价门事件”）。因市场担心该丑闻将导致安倍晋三政府的经济刺激计划遇阻，日元走强，日股下跌。随着该丑闻的影响不断扩大，日元进一步走强，严重妨碍安倍政府弱势日元政策的推行。直至 2018 年 4 月，“地价门事件”告一段落，日元才重回弱势轨道。

5. 战争因素

战争因素是令参战国汇率大跌的重要因素。原因是战争将引发投资者对参战国能否经得起战争的拖累，是否会引发经济衰退等问题的担心。例如，美国发动伊拉克战争前夕，美元承受巨大下行压力，避险货币瑞士法郎的汇率则节节上升。

6. 罢工

罢工会导致罢工所在国的经济受到冲击，同时驱使该国货币汇率下跌。例如，美国西海岸的罢工曾一度致使美国经济疲软，使美元汇率在短期内处于弱势。

7. 恐怖袭击

恐怖袭击也是导致汇率在短期内大幅下挫的主要因素。例如，“9·11 事件”造成数千人死亡，更使美国经济遭受不可估量的损失。这次恐怖袭击导致美元汇率大幅下降，人们纷纷抛售美元，买入瑞士法郎、欧元等避险货币规避风险。“9·11 事件”发生后的半个小时内，瑞士法郎的涨幅接近 5%。

影响外汇市场的社会政治因素通常是一些突发性事件，会在短期内引起外汇现货价格的波动，甚至背离长期的均衡价格。但当突发事件过去一段时间，外汇走势又会按照其长期均衡价格的方向变动。一般来说，短期的外汇价格变动最多只会修正长期外汇均衡价格的方向，却很难改变或者彻底扭转其长期波动趋势。

（二）新闻因素对汇率走势的影响

新闻，是指那些不可预料的事件，包括经济统计数据的发布、政治事件、货币政策的调整、谣言等。需要注意的是，“新信息”和“新闻”之间存在很大的差别。这是因为外汇市场对新消息的反应不取决于它们是“好”还是“坏”，而是取决于它们是比预期中“更好”还是“更坏”。新的信息中可能不仅包括人们未预期的信息，还包括人们已经预料到的信息。由于预料到的信息已经体现在现有的市场汇率之中，那么接下来的汇率将根据未预料到的信息发生变化。例如，当政府的货币供给、利率调整等重大政策出台后，汇率的变化并不取决于这些政策本身，而是取决于这些政策和人们预期之间的差异。所以，只有从“总”信息中减去已经预料到的信息，剩下的“净”信息才是“新闻”。

新闻因素会影响外汇市场上交易者的预期。任何新闻因素都会即时、有效地融入即期汇率或者远期汇率的决定中。这也解释了获得的新信息可能导致远期汇率产生偏差，而远期汇率却很难解释未来的即期汇率的变动。如果新的信息是重要的，则检验远期外汇市场的有效性应该融入非预期变动进行有效性检验。

新闻舆论是影响汇率走势的一种突发性因素，包括报纸、杂志等各种新闻舆论工具的报道和一些广泛传播的小道消息。例如，经济统计数据、地区冲突、自然灾害等。重磅新闻将会打破原本走势稳定的外汇市场的平静，使外汇市场发生短期波动。新闻因素对外汇市场的冲击是经常的和大量的。

拓展阅读 2－11

突发：希腊破产，信用评级下调

2009年10月月初，希腊政府突然宣布2009年政府财政赤字和公共债务占国内生产总值的比例预计将分别达到12.7%和113%，远超欧盟《稳定与增长公约》规定的3%和60%的上限。鉴于希腊政府财政状况显著恶化，全球三大信用评级机构（惠誉、标准普尔和穆迪）相继下调希腊主权信用评级，希腊债务危机正式拉开序幕。

欧洲各国领导人在希腊援助计划上争论不休，令人担心希腊债务危机将蔓延至欧元区其他国家，并使这一货币联盟的存在面临威胁。在这一背景下，欧元兑其他货币大幅下挫。

（资料来源：腾讯财经。）

三、市场预期心理和投机因素分析

（一）市场预期心理对汇率走势的影响

许多经济学家认为浮动汇率制度本身存在某种内在稳定机制，即当预期某种货币贬值时，投机者会卖出这种货币；当预期某种货币升值时，投机者会买进这种货币。投机者追涨杀跌，低买高卖。如果投机者的行为是不稳定的，他们低卖高买，那么他们将蒙受损失，最终从外汇市场上消失。汇兑心理学则认为外汇汇率是外汇供求双方对货币主观心理评价的集中体现，评价高、信心强，则货币升值。这一理论对解释无数短线或者极短线的汇率波动起到了重要的作用。

市场心理，是指市场上多数人在某一特定时间、特定情况下，对某种汇率走势的看法，它是在一定时间内慢慢酝酿形成的。通过心理预期因素分析外汇汇率走势有两个重要指标，即消费者情绪指数（Consumer Sentiment Index，CSI）和消费者信心指数（Consumer Confidence Index，CCI）。在消费者信心指数中，预期是影响汇率走势的一个主要因素，预期因素对汇率的作用机制是：预期导致价格水平或者利率的变化，进而导致汇率的变化。

外汇市场是一个充满预期的市场。外汇市场的参与者对各种数据资料、政治新闻、技术分析等均产生巨大的、频繁的心理预期。当市场参与者预测某种货币可能贬值时，他们会大量抛出该货币；而当市场参与者预测某种货币的汇率可能上升时，他们会大量买入该货币。交易的大出大进使汇率产生变化，加剧了上升或者下跌的趋势。

市场参与者常常根据已掌握的信息作出预期并事先作出反应。消息公布时，市场首先并不对消息本身作出反应，而是通过比较事实与市场原来的预期，对原来的预期进行调整。预期心理影响下的市场常常出现与经济理论不一致的变化。投资者若不了解这个特点仅拘泥于基本经济理论理解市场变化，必将遭受损失。

市场预期与实际经济发展并不完全一致，有时预测正确，有时也会大相径庭，很难说市场是否具有理性。但不论预期正确与否，预期往往是影响短期汇率走势的最主要因素。

知识链接

市场贴现机制

对于所有外汇交易者来说，掌握各个常见货币所属国家的总体经济特点是十分重要的，这样才可以衡量哪些经济数据和经济因素对货币的波动有最重大的影响。某些货币倾向于跟随商品的价格波动，而有些货币的波动规律则完全相反。此外，外汇交易者还需要了解经济数据的预期值与实际值之间的差别。在诠释新闻及其对外汇市场的影响时，最重要的是判断市场是否正在期待这条新闻。这就是所谓的“市场贴现机制”（Market Discount Mechanism）。外汇市场和新闻消息之间的相互联系是非常重要的。比起意外的新闻和数据，那些与市场期望一致的新闻和数据对货币波动的影响较少。因此，短线交易者必须密切关注市场的期望。

想一想　练一练

请问，当一国发生严重自然灾害时，会对该国外汇市场造成怎样的心理预期？哪些消息能够催生正面的心理预期呢？

（二）投机因素对汇率走势的影响

投机是价格风险的转移过程，投机性因素是影响外汇汇率走势的重要因素。国际清算银行发布的统计数据显示，全球外汇交易中有 90% 的交易是投机性交易。因此，外汇交易的基本面分析有必要对投机因素如何影响外汇市场的走势加以分析研究。在各种分析和预期的驱使下，外汇投机活动风靡全球，同时也揭示了一些风险意义。

1. 利率差异是外汇投机交易的重要根源

根据利率平价理论，当一国利率较高时，外国金融机构和投资者纷纷提供低息贷款，该国因可获得廉价的资金而纷纷借贷，导致资本的大量流入。这些资本流入的目的是通过较高的利率赚取利润或者从不动产、股票买卖中牟取暴利。当该国资产价格高企、风险加剧时，这些资金就会突然撤离，于是产生金融危机或者经济危机，导致经济泡沫的破灭。亚洲金融危机和巴西金融危机就是上述情况的典型。因此，利差是投机经济和泡沫经济的重要根源。

2. 金融监管水平低下是外汇投机交易的温床

从亚洲金融危机和巴西金融危机等历史教训来看，发展中国家外汇汇率的平稳运行与其金融监管水平及其对资本流动管理的有效性直接相关。例如，泰国采取积极鼓励资本净流入的政策，但其金融机构建设和间接金融调控工具的发展却滞后于资本项目的开放和金融自由化的进程。并且泰国的固定汇率制度限制了其货币政策在调控外资流入时的自主性，加剧了资本回报率不可持续的预期。因此，这一时期的泰国金融体系难以抵御投机性攻击，反而成为滋生金融危机的温床。

市场投机因素对汇率走势的影响可分为理性泡沫和非理性泡沫，其共同特点是重视预期的作用。两者的本质区别在于，前者以理性预期假说为前提，后者以否定理性预期假说为出发点。投机者往往利用各个国家的政策漏洞和偏差以及缺乏管理经验冲击其金融市场，从市场价格的波动中获取高额的利润回报。

在目前国际金融市场上，短期资金的数额十分庞大。这些巨额资金对世界各国的政治、经济、军事等因素都具有高度敏感性，受到投机性因素的支配，一旦出现风吹草动，就到处流动，或为保值，或为获取高额投机利润。

投机因素是外汇市场主要的短期影响因素之一。投机交易双方均以盈利为目的，通过改变投资心理带动市场趋势实现目的。分析投机因素对汇率的影响时，需要注意以下三个方面：一是投机买卖不会毫无根据地进行，它必须配合或者制造特定的市场氛围才能发挥作用。投资者通过汇率波动表象进行简单判断和操作是十分危险的；二是分析须围绕市场状况展开，判断是否存在投机的环境和条件；三是投机活动的影响是短暂的，因而主要用于短线市场分析。

拓展阅读 2－12

奇特的货币——日元

几乎每次日本发生大地震后日元都会异常升值。20 世纪 90 年代以来，日本发生的三次大地震皆呈现出这种现象。图 2－5 显示了 1995 年的阪神大地震、2011 年引发核泄漏的“3·11 日本地震”和 2016 年的“4·14 熊本地震”发生后美元兑日元的走势。

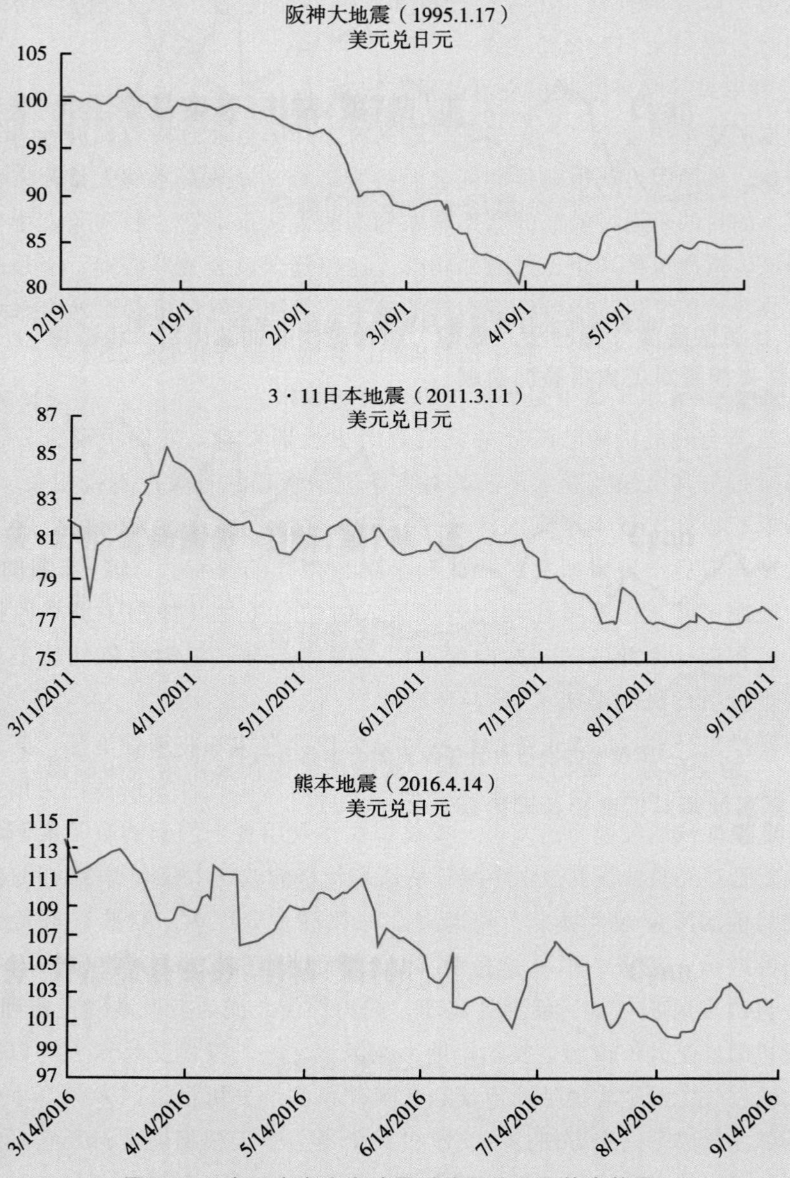

图 2－5　在日本发生大地震后美元兑日元的走势图

分析产生这一现象的原因，具体如下：第一，日本政府和民间在海外拥有大量投资，这些投资都以非日元货币形式存在或者计价。地震发生后，日本政府以及民间资本为了投入资金对国内进行重建，并对地震造成的损失进行相应的填补，会将一些外币资产兑换为日元，返回日本国内；第二，日本保险业为了对地震造成的损失进行赔偿，抛售海外资产，并将外汇兑换得来的日元用于保险赔偿；第三，市场预期日本政府将会投入资金用于灾后重建，而重建过程会对经济产生拉动作用；第四，在认识到以上三个规律以后，很多国际投机者以及日元持有者会在地震发生后抬高日元汇率，以此赚取美元利润。这也在一定程度上形成了外汇市场上的又一交易规律。

以上是影响汇率变动的主要因素。外汇市场与其他市场相比，信息量异常庞大且真伪难辨。解读基本面的变化类似于股评，正说反说都有理。利好消息放出，如果外汇市场大涨，可以说“得益于利好消息的刺激”；如果外汇市场大跌，又可以说是“利好出尽是利空”。因此，投资者对汇评师的言论不可尽信，仅凭对基本因素的分析获取利润的可能性也不大。投资者最好能够综合研判基本面分析和技术分析。

四、其他相关市场分析

（一）国际石油市场

视频：油价与经济

石油作为一种基础能源产品，其价格变化牵动着经济领域的方方面面，并且在一定程度上影响着汇率。石油价格对石油进口国和石油出口国的汇率影响有所不同。

1. 石油价格对石油进口国汇率的影响

（1）通货膨胀率。石油价格的上涨直接提高了石油产品的价格和依赖能源的产业的成本，并且通过成本、工资预期等因素最终导致社会总体价格水平的上涨。所以，如果石油价格大幅波动持续较长时间，一定会传导到物价层面，并导致通货膨胀。

高通货膨胀率能够通过多种方式影响汇率。首先，它提高了出口商品的成本和价格，削弱了出口商品在国际市场上的竞争力，从而影响贸易外汇收入；其次，它使劳动力价格和各种服务的价格上升，从而减少了非贸易外汇收入；最后，它使一国实际利率降低，阻碍资本流入，刺激资本流出，使资本项目恶化。不论是外汇收入的减少还是资本项目的恶化，最终都会导致本国货币贬值。

（2）国际收支。对于石油进口国来说，油价上涨导致石油进口需支付更多的外汇储备，从而导致外汇储备下降和经常项目赤字增多。国际收支状况会直接影响一国外汇市场供求，进而影响汇率变动。一般而言，国际收支逆差意味着在外汇市场上会出现外汇供不应求的状况，促使外汇汇率上升，本币贬值。不过国际收支对汇率的影响要在较长时间后才能发挥作用。

（3）经济增长率。在不考虑石油消费量增减的情况下，石油价格上升意味着石油净进口支出增多，通过乘数效应，石油进口国国民收入将成倍收缩。历史上，每桶石油的成本每增加1美元，经济增长会减缓0.5%。高盛投资银行曾预测，如果石油价格上升到1美元一桶，会使石油进口国当年的经济增长减少0.3%，次年减少1%。当然，这个数据只是估计的平均值，对于石油进口依赖度越高的国家来说，经济受到的影响越大。

相对经济增长率对汇率的影响比较复杂：首先，当一国经济高速发展时，对进口原材料及劳动力的需求会增加。同时，经济增长带来国民收入增加，对进口消费品的需求也会增加，这就引起外汇支出增多。如果此时外汇收入不能同时增加，外汇汇率就会上升；其次，经济增长速度较快的国家，劳动生产率往往也较高，这使该国的产品在价格、质量等方面优于别国，产品在国际市场上的竞争力较强，这又会使该国产品出口增加，从而增加该国外汇收入；最后，当一国经济增长率较高时，利润率也会高于其他国家，这会吸引外国资本进入该国投资，从而增加该国外汇收入。当然，这些因素对不同国家汇率的影响常常是有差别的。但总的来说，出口占比较大的开放型国家，经济高速发展会使本币坚挺。

（4）心理预期。在国际金融市场高度发达的今天，预期对汇率的影响不容小视。不论是对石油供给、需求、价格方面的预期，还是对地缘政治开发出新油田及新开采技术方面的预期，都会直接或者通过石油价格间接影响汇率。

可见，国际石油价格上涨对汇率水平的影响不能一概而论。它取决于各个国家受油价影响的程度以及哪种渠道的影响效力更大。

2. 石油价格对石油出口国汇率的影响

沙特阿拉伯、伊拉克、伊朗等石油输出国组织（Organization of Petroleum Exporting Countries，OPEC）成员国以及墨西哥、挪威、俄罗斯是全球主要石油出口国。石油价格上涨对这些国家汇率的影响分析如下。

（1）石油价格上涨，能给石油出口国带来丰厚的外汇收入。由于外汇供给增加，本币相对供不应求，所以本币汇率趋升。

（2）出口收入增加，通过贸易乘数，带来国民经济的高速发展，失业率降低，本币汇率趋升。

（3）收入的骤然增加不可避免地带来本地物价上涨，本币对内贬值，并在一定的时滞后带来本币对外贬值。

（4）面对长期的经济过热和物价上升，理性的政府一般会提高利率，以促使经济平稳发展。高利率吸引国外资本流入套利，本币汇率趋升。

（5）有关石油的各种预测也会影响石油出口国的汇率。

第二次世界大战以来，美国凭借其全球霸主地位，令美元成为了全球最主要的国际储备货币和结算货币。这意味着美国可以生产大量美元，并在世界范围内采购商品和服务，而其他国家则需要通过出口兑换美元对外支付。因此，当石油价格上涨时，世界各国对美元的需求会显著增加，并且导致各国总体物价水平的上升。最终的结果是石油价格上涨，美元无论是名义汇率还是实际汇率都将上升。

历史上，日元是受石油价格影响最大的货币。日元对油价十分敏感的原因是，日本是一个能源匮乏的国家，国内所需石油绝大部分依赖进口。油价飙升会使日本经济遭殃，日元汇率也会承受很大压力。对于英镑而言，石油价格上涨会对其产生利好作用。石油价格与加元有80%的正相关性，加拿大又属于排名世界前列的石油生产国，因此大多数情况下，加元上涨都是受惠于油价飙升。

拓展阅读 2-13

2020年全球石油储备量排名前十位的国家见表2-3。

表 2-3　2020年全球石油储存量国家排行榜

排名	国家	石油储量（亿桶）
1	委内瑞拉	3 038
2	沙特阿拉伯	2 976
3	加拿大	1 697
4	伊朗	1 556
5	伊拉克	1 450
6	俄罗斯	1 072
7	科威特	1 015
8	阿拉伯联合酋长国	978
9	美国	689
10	利比亚	484

（资料来源：全国能源信息平台。）

（二）国际黄金市场

黄金也曾经是货币的一种，后来逐渐成为商品。不过，由于黄金的稀有性，其逐渐成为政治和经济震荡时期金融市场的有效避险工具，在外汇市场也不例外。

一般情况下，黄金价格和美元存在80%的逆相关。换句话说，大部分情况下，黄金价格上涨，美元汇率就下跌，黄金的价格走势和美元走势是相反的。因此，基于黄金的避险属性，黄金价格的坚挺往往意味着市场对美元缺乏信心。历年的市场情况表明，一旦出现政治或者经济的重大动荡，黄金价格就会大幅上升。

黄金对澳元汇率的影响较为独特。黄金价格上涨，澳元汇率也相应地上涨。其原因是强势黄金对澳大利亚国内制造业有利，交易澳元就相当于交易黄金本身。此外，澳大利亚是全球第三大黄金生产国，澳元走势与黄金等贵金属价格呈现85%的正相关性。所以，黄金价格上涨，澳元也会升值。

综上所述，影响汇率变化的因素有很多，包括经济因素、中央银行的干预、政府政策的调整、政治因素、新闻因素、市场预期心理、投机因素以及相关市场的发展变化。但需要注意的是，在不同时期，外汇市场关注的影响汇率变化的因素有所不同；即使对同样的经济因素而言，市场在不同时期关注的数据重点也有所不同。因此，投资者需积极寻找外汇市场的热点。

拓展阅读 2－14

2018年全球黄金持有国排名前十位见表2－4。

表2－4　2018年全球十大黄金持有国

排名	国家	持有量（吨）	占本国外汇储备（%）
1	美国	8 133.5	74.5
2	德国	3 369.9	69.6
3	意大利	2 451.8	66.6
4	法国	2 436.0	62.4
5	俄罗斯	1 944.0	17.2
6	中国	1 842.6	2.3
7	瑞士	1 040.0	5.2
8	日本	765.2	2.5
9	荷兰	612.5	67.3
10	印度	557.7	5.4

（资料来源：证券时报。）

知识链接

基本面分析的缺点

首先，由于涉及因素较多且随时可能发生突发性事件，基本面分析在信息收集方面存在极大的难度。但随着网络技术的迅猛发展，这个问题已经有所改善；其次，基本面分析的专业分析技巧和知识储备要求相对较高。由于各种因素对市场的影响方式、程度以及判断方法的不同，普通投资者难以在短时间内准确把握市场状况和发展趋势；最后，基本因素信息存在滞后性，数据和事件在公之于众前市场早已作出了迅速的反应，因而基本面分析存在一定滞后性。

操作要点

√　经济日历上的经济数据会使汇率产生重要的短期变化。因此，经济数据公布的时间非常重要。经济日历中值得关注的三个数值为前值、实际值和预期值。在实际值公布之前，预期值相较前值的变化可能会影响汇率的短期走势。在实际值公布以后，实际值与预期值之间的关系将对汇率走势产生巨大的冲击。

√　分析经济数据，需要通过五个影响货币价格的驱动因素。也就是说，在评估经济数据时，要考虑经济数据是如何通过这些驱动因素影响货币价值的未来走势。这五个驱动因素分别是贸易往来、投资流、货币供应、投资者心理和政府干预。

√　寻找市场热点。在不同时期，外汇市场关注的影响汇率变化的因素有所不同。即使对同样的经济因素而言，市场在不同时期关注的数据重点也有所不同。

知识要点

√　外汇市场基本面分析的经济因素中以经济增长因素、国际收支因素、通货膨胀因素和利率因素最为重要。另外，经济因素还包括就业、海外投资、消费者信心、零售额、商业信心、制造业和住房。

√　非经济因素主要包括中央银行干预与政策因素、政治与新闻因素、市场预期心理和投机因素以及其他相关市场因素。

问题讨论

试根据本项目内容分析英国脱欧对英国和欧元区国家经济的影响以及英国脱欧后英镑和欧元的汇率走势。

推荐阅读

1. 英为财情 https：//cn. investing. com/。
2. 汇通网 https：//www. fx678. com/。
3. 金投网 https：//calendar. cngold. org/。

思考与练习

疫情下的人民币汇率

1. 人民币汇率的对手面：美元指数

国际上表征美元汇率走势的主要指标是“美元指数”。从根本上说，汇率走势取决于经济体之间基本面情况的对比。从短期来看，汇率走势取决于国际外汇市场的供求关系。2020 年以来，美元指数的走势可谓一波三折。从以上两种角度进行分析，不难理解其大起大落背后的逻辑。

2020 年 3 月月初，全球金融市场爆发流动性危机，股票、债券乃至黄金资产均遭抛售，投资者疯抢美元，促使美元指数短期内从 94 附近攀升至近 103，创近三年来的新高。但随后美联储采取果断措施推出“无限量宽松”，迅速弥补了市场流动性缺口，美元指数也应声回落，从 100 上方逐步跌至 90 附近。

美国的疫情在 2020 年五六月份仍未得到有效控制，经济未能正常恢复，叠加美国警察对非洲裔男子暴力执法事件引发的社会矛盾，使美国经济雪上加霜。同期，欧洲的疫情控制则相对较好，两者的经济复苏前景预期拉开差距。由此，进一步拉低了美元指数（见图 2－6）。

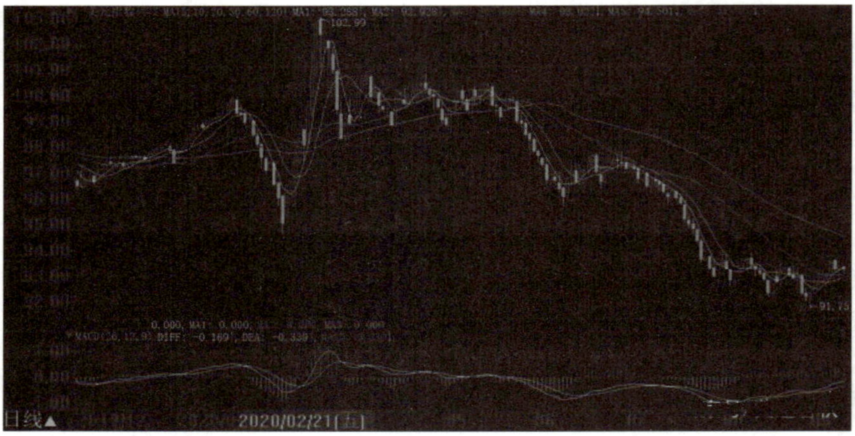

图 2－6　美元指数走势图

历史数据表明，美元指数的下行会促使人民币汇率相应被动升值。这背后隐含的逻辑是：美元走弱，意味着美国经济基本面的疲软和美元流动性的宽松。

2. 2020 年以来中美两国基本面和货币政策差异

除美元指数下行之外，中美两国在疫情防控、经济复苏、货币政策等方面的反差也是造成人民币升值的重要因素。

中国在 2020 年 3 月以后疫情基本得到控制，而同期美国的疫情则刚刚开始发酵。从经济数据上看，2020 年第二季度中国 GDP 同比增速为 3.2%，美国则同比下滑 9.1%。

在货币政策方面，美联储面对市场流动性紧缺采取的是“无限量宽松”；中国人民银行虽然在疫情下多次采取降准等措施增加市场流动性，但相对而言未采取全面降息等手段大规模“放水”。由此，中美两国的利差仍保持相当的水平。

2020 年 9 月中旬，美国十年期国债收益率在 0.7% 附近，而中国十年期国债收益率已突破3%。显著的利率优势有助于中国留住和吸引国际资本，从而对人民币汇率形成支撑（见图2－7）。中华人民共和国商务部公布的数据显示，2020年8月中国实际使用外资841.3亿元，同比增长18.7%（折合120.3亿美元，同比增长15%）。

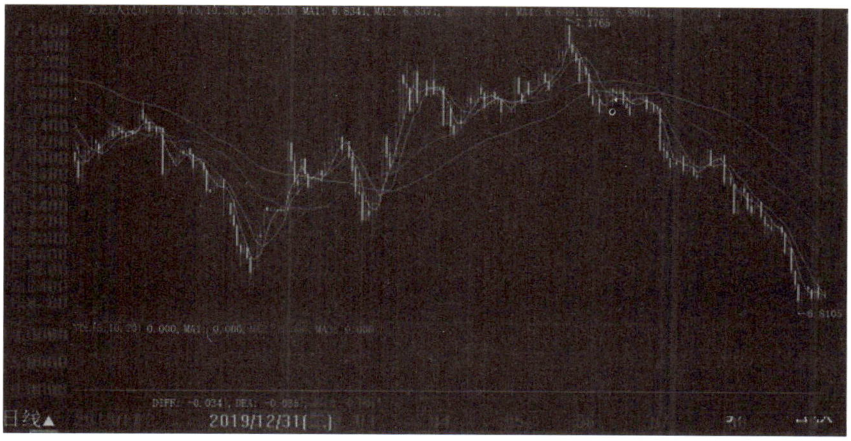

图2－7　美元兑人民币汇率走势图

3. 美元指数和人民币汇率的未来

基于上述分析得出的基本结论是：美元指数的走势主要取决于美国与欧洲之间在疫情防控和经济复苏前景方面的对比以及美联储货币政策的变化；人民币汇率走势除受到美元指数的影响外，还取决于中美两大经济体基本面的对比以及中美两国的博弈。

美联储出于对美国经济复苏前景的担忧，预计短期内不会显著收紧货币政策。因而，投资者主要关注的还是各个主要经济体的疫情防控与经济复苏状况及各自对比。2020年8月中旬以来的上述形势又出现了一些值得关注的新动向：美国新增病例出现回落，单日新增病例持续保持在5万例以下。虽然美国的新冠病毒检测量在加大，但新增病例数量在减少，说明病毒传播大概率是在减少。而与此同时，欧洲方面的新增病例数量却在抬头。2020年9月月初，欧洲地区的单日新增病例数一度超过美国。

在这种此消彼长的形势扰动下，市场情绪受到显著影响，美元指数也随之止跌回升，美元兑人民币汇率仍保持在6.8附近，不再下跌。如果美国的疫情形势进一步得到有效控制，经济逐步复苏，再加之中美两国各类博弈的持续发酵，人民币汇率仍将承压。

目前，市场上存有不少对人民币升值前景高度乐观的声音。但鉴于美国作为世界第一大经济体的经济韧劲仍有可能在后疫情时代得到发挥，中国当前以“国内大循环”为主体的经济转型可能面临的问题，以及受中美两国博弈的不时扰动，人民币汇率的持续大幅升值概率较低。

而在另一层面上，人民币汇率的持续大幅升值不利于中国的外贸出口。

在“国内大循环”不足以完全支撑中国经济的格局下，外贸仍是中国的重要支撑。就当前经济形势而言，双向波动且预期相对稳定的人民币汇率，较为有利于中国经济发展。而从中美两国经济基本面、货币政策等方面看，美元兑人民币中期保持在7上下波动仍是大概率事件。

（资料来源：https：//baijiahao. baidu. com/s？id = 1677717286636652087&wfr = spider&for = pc。）

课后练习

案例分析：

请问，以上案例主要分析了基本面分析中的哪些因素？试运用类似方法分析目前美元指数和人民币走势。

项目三
区域货币基本面分析

学习目标

1. 掌握主流区域货币的基本面特征。
2. 掌握美洲、欧洲、亚洲和大洋洲主流货币的基本面分析方法。
3. 具备对世界经济形势的敏锐观察能力和较强分析能力。

项目任务

1. 能够运用基本面分析方法分析目标货币。

标志成果

☑ 撰写单一货币的基本面分析报告。

内容导图

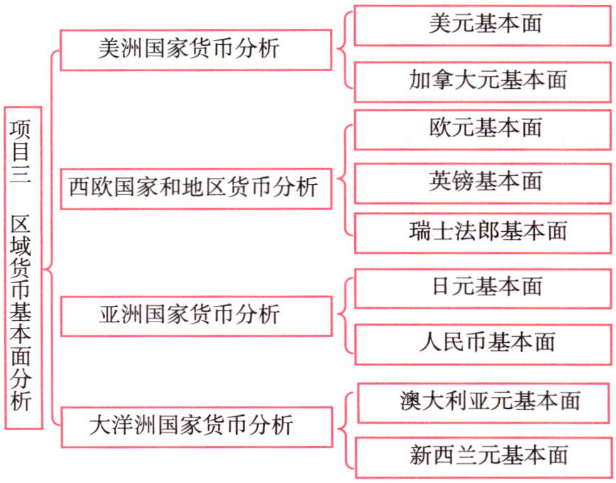

图 3－1　项目三的内容导图

导入案例

外汇投资者为何必须学会做基本面分析

外汇投资者运用各种技术指标进行市场分析往往手到擒来，各有心得体会。但在进行市场分析时，对具体经济数据和突发政治事件总会有点理不清头绪。基本面是影响货币价格的基本因素，外汇投资者做好基本面分析很重要。

基本面是反映一国经济状况的数据，即一般所说的经济指标。它不仅包括了经济增长率问题，而且包括贸易赤字、预算赤字、消费者物价指数等林林总总投资者需要关注的数据。各国政府都会定期公开披露这些数据。外汇投资者可以对这些数据进行分析，据以判定未来外汇市场的走势。

经济指标发布后，货币走势受其影响，强者可能更强，也可能转弱；弱者可能更弱，抑或转强。这便是“经济指标为市场驱动者”（Market Mover）的真实写照。如此具有影响力的因素，外汇投资者怎能漠视它？所以，不论基本面分析预测货币市场未来走势的正确性如何，长久以来，它确已成为市场参与者投资决策的重要参考。

当今的外汇市场已经日益成熟，影响市场行情走势的因素也越发复杂，除了基本面分析之外，市场心理、政治动荡等问题都会对市场造成影响。因此，基本面分析应作为投资者对较长时间周期内的外汇行情趋势判断的依据。在外汇投资实践中，投资者还应将基本面分析与具体的技术分析手段结合起来选择交易时机。

（资料来源：http：//www. waihuibang. com/fxschool/fundamental/37989. html。）

模块一　美洲国家货币分析

模块导入

美洲的两大主流货币分别是美元和加拿大元。

美元，作为世界货币，关于它的基本面消息充斥市场，其中哪些才是重要的消息与数据，分析美元时要注意哪些特点？

加拿大是美国最密切的邻国，其货币加拿大元（简称加元）又与美元有什么关系呢？

这些问题都将在本模块中一一解答。

任务描述

掌握美元和加拿大元的基本面特征；掌握美元和加拿大元的基本面分析方法。

●▶ 相关知识

美洲国家的货币主要介绍美元和加拿大元。

一、美元基本面

（一）宏观经济概况

微课：影响美元的基本面因素

课件：影响美元的基本面因素

多年来，美国一直是世界主要的经济动力，稳居全球国内生产总值（GDP）首位。2019 年，美国的 GDP 达到 21.428 万亿美元，比排名第二的中国多了 1/3，是第三名日本的 4 倍。美国是一个主要以服务业为导向的国家，80% 的国内生产总值来自房地产、交通运输、金融、健康服务和商业服务行业。然而，美国工业的绝对规模使美元对工业的发展状况尤其敏感。美国有着世界上最具流动性的股票市场和固定收益市场，外国投资者始终如一地增加购买美元资产。然而，根据 2021 年联合国贸易与发展会议（UNCTAD）发布的《全球投资趋势监测》报告显示，2020 年，对美国的外国直接投资暴跌 49%，降至 1 340 亿美元，仅次于中国的 1 630 亿美元。

目前，美国对外贸易额列世界第二位，但常年呈现贸易逆差。近年来，美国贸易逆差更是屡创新高。若按贸易逆差的绝对值排名，美国排在世界各个国家的首位。

世界贸易组织（WTO）公布的数据显示，2019 年美国出口商品和货物的贸易总额高达 16 431.6 亿美元，但是商业服务出口额只有 8 532.7 亿美元。美国的主要出口商品包括机电产品（晶体管、计算机、运程通信设备）、运输设备（飞机、汽车、汽车零部件）和化工产品，出口的主要目的地包括加拿大、墨西哥、中国、日本等国家。

美国的主要进口商品包括机电产品、运输设备、化工产品、矿产品和贱金属及制品。美国商务部公布的数据显示，2019 年美国进口商品与货物的贸易总额高达 24 984 亿美元，进口主要来自中国、墨西哥、加拿大和日本。

2019 年，美国前四大贸易逆差来源地依次是中国、墨西哥、日本和德国，逆差额分别为 3 456.2 亿美元、1 017.5 亿美元、689.8 亿美元和 671.7 亿美元。同年，美国来自中国香港的贸易顺差为 260.9 亿美元，来自荷兰的贸易顺差为 214.7 亿美元，构成了美国的主要贸易顺差。

（二）美元的重要特性

1. 全球超过 90% 的外汇交易涉及美元

在外汇市场上，欧元/美元、美元/日元、英镑/美元和美元/瑞士法郎是世界上最具流动性的货币，也是交易最频繁的货币。上述这些货币对都涉及美元。事实上，全球外汇交易的约 90% 均与美元有关。这就可以解释美元对所有外汇交易者的重要性。通常，能够震动市场的、最重要的经济数据都与美元的基本面有关。

2. 密切关注美国财政赤字

美国政府一向以财政赤字闻名。美国克林顿政府执政时期也曾一度将赤字转为赢余，但小布什上台后，适逢经济衰退，美国又对外连续用兵，导致再次出现高额赤字。直到目前，美国连续近20年出现预算赤字，预算赤字几乎成为常态。2022年美国财政部公布的数据显示，过去两年美国联邦财政赤字增加6.79万亿美元，年化赤字占GDP的15.8%。在美国，财政部一般会在每月的第17个政府工作日公布前一个月联邦政府的预算执行情况。

实际上，一国财政赤字对汇率变动的影响较为复杂。一般说来，庞大的财政赤字说明财政支出过度，因而会引发通货膨胀，导致国际收支经常项目恶化，使一国货币汇率下降。但这种情况是否会发生，主要取决于弥补财政赤字的方法。

在市场经济条件下，如果采用财政性发行方法弥补财政赤字，就会导致国内出现通货膨胀、物价上涨和利率下降，不仅不利于本国出口，而且还会导致资本流出，从而使国际收支恶化，本币汇率下降。

如果通过紧缩信贷弥补财政赤字，则会导致国内利率上升，物价下跌，不仅有利于本国出口，而且还吸引资本流入，从而改善国际收支，使本币汇率趋于坚挺。

拓展阅读3-1

美国财政赤字如何影响美元

美国财政赤字屡创新高，财政赤字的扩大往往与宽松的货币政策相伴随，这将在中长期拖累美元。

美国的财政政策具有逆周期特性。一般情况下，当美国经济增长乏力，美国历届政府会选择采取积极的财政政策，扩大财政赤字规模，以提振经济增长。表3-1列出了1960年以来以联邦财政赤字占GDP的比例来看，美国财政赤字扩大的时间段。

表3-1　1960年以来美国财政赤字情况

时间段	美国政府	基本情况
1966—1968年	约翰逊政府（民主党）	采用减税和扩大政府支出的扩张性财政政策提振美国经济
1970—1971年	尼克松政府（共和党）	美国经济出现滞涨，恢复经济增长
1975—1976年	福特政府（共和党）	美国经济出现负增长，失业率高企
1982—1983年	里根政府（共和党）	推出“经济复兴计划”，大幅减税
1990—1992年	老布什政府（共和党）	美国经济增速下滑，陷入技术性衰退
2001—2004年	小布什政府（共和党）	美国经济增速下滑，推出“10年减税”计划，刺激经济增长

续表

时间段	美国政府	基本情况
2008—2009 年	小布什政府（共和党） 奥巴马政府（民主党）	国际金融危机爆发，美国经济陷入严重衰退，两届政府通过减税和扩大财政支出支持经济增长
2016—2018 年	特朗普政府（共和党）	推行大规模减税，引导资本和就业岗位回流美国本土，导致财政赤字扩大

回顾美国财政赤字扩大的各个时期可以看出，美元指数的走势基本上与美国财政赤字规模呈现负相关（见图 3－2）。其中，在克林顿政府执政时期，美国财政状况良好，赤字规模连年缩小，一度出现财政盈余，美元指数连续走高。但随着小布什总统的上台，推出大规模减税计划，美国财政再度出现赤字，拖累美元指数走弱。

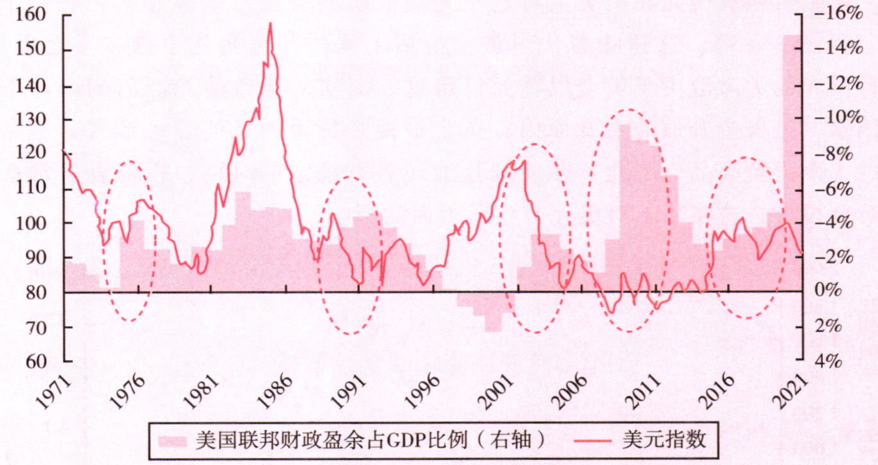

图 3－2 美国财政赤字与美元指数变动情况

（资料来源：https：//baijiahao. baidu. com/s? id = 1706600555879951225&wfr = spider&for = pc。）

近两年来，由于美国财政支出的增加，需要发行大量国债填补资金缺口，使得美国联邦政府债务负担增加。根据美国白宫管理和预算办公室（OMB）的测算，预计 2021 年，公众持有债券占美国 GDP 的比例将升至 110% 以上，未来十年将会进一步上升。2011 年，美国债务占 GDP 的比例从 2007 年的 35.2% 飙升至 67.7%，美国债务负担加重，债务危机阴云密布，标准普尔将美国主权信用评级下调至 AA＋，引发全球市场波动。随着美国债务的飙升，美国债务危机的阴云将会再次笼罩，成为影响美元指数走势的利空因素。

3. 美元被认为是世界上主要的避险货币之一

在 2001 年 9 月 11 日以前，美国发生严重不稳定性的风险是非常低的，所以那时美元被视为世界上首要的安全避险货币之一。美国也是世界上最安全和最发达的国家之一。即使投资回报率打了折扣，美元仍然凭借安全避难所的地位为美国吸引了不少的投资。2022 年数据显示，在全球外汇储备中，美元的份额从此前的 70% 下降到 60%，但仍为全球第一储备货币。而美元成为外汇储备首选的另一个原因是，美元是世界上货款保收业务（Factoring）中主要的结算货币。世界各国的中央银行在选择储备货币时，都必须正视美元作为安全避难所的地位。然而，在“9·11 事件”发生后，由于美国的不确定性增加和利率的降低，美元资产的外国持有者，包括世界各国的中央银行，减少了它们的美元持有量。欧元的出现和人民币加入 SDR 货币篮子使得世界储备货币有了更多选择。很多国家的中央银行已经开始实施外汇储备的多元化，减持美元，增持欧元和人民币。这将形成一个主要而且持续的趋势，所有外汇投资者都应予以密切关注。

4. 美元的走向与黄金价格相反

黄金价格和美元在历史上有近乎完美的反向关系，就像互相在照镜子一样（见图 3－3）。这意味着，当黄金价格上涨时，美元就下跌，反之亦然。这种反向的关系取决于黄金以美元计价这一事实。导致美元贬值的全球不稳定因素，是黄金升值的主要原因。黄金被视为货币的最终表现形式，也是首要的安全避险商品。因此，在地缘政治局势不稳定的时期，投资者通常会转向黄金投资，这实质上对美元产生了负面的影响。

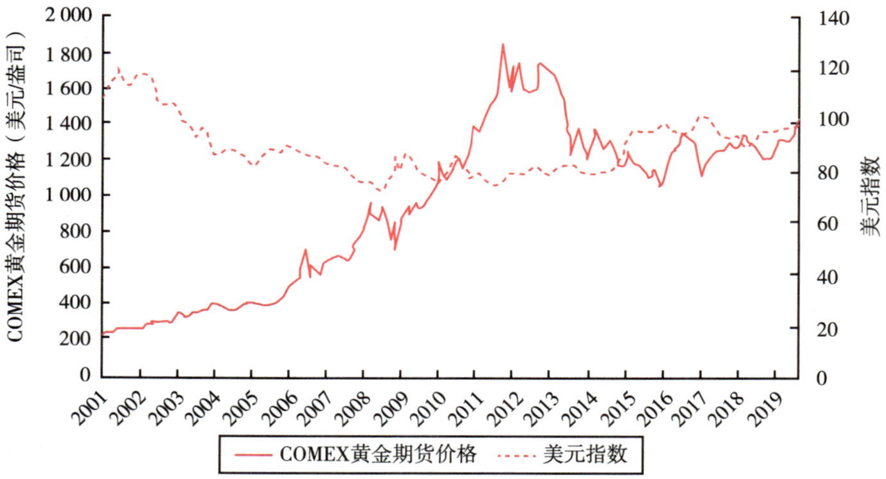

图 3－3　黄金价格与美元价格的比较图

5. 密切关注美国国库券和外国债券之间的利率差异

美国国库券和外国债券之间的利率差异有非常重要的联系，专业的外汇交易员会紧密地关注它。由于美国市场是世界上最大的市场之一，投资者对美元资产提供的收益率非常敏感，所以利率差异是一个强有力的指标，反映了潜在的货币波动。大型的投资者在不断地寻找最高收益的资产。美国资产收益率的下降或者外国资产收益率的提高，都会促使投资者卖出美元资产和购买外国资产。如果卖出美国的债券或者股票，就需要卖出美元和买入外币，从而影响外汇市场；反之，如果美国资产的收益率上升或者外国资产的收益率下降，投资者通常会倾向于买入美元资产，进而提高美元的价格。

6. 密切关注美元指数

美元指数（USDX）作为美元总体表现强弱的衡量指标，被市场参与者密切关注。美元指数是一种可以在纽约交易所交易的期货合约，它是根据6个国家贸易量加权的几何平均数计算得出。当市场参与者提及美元整体表现弱势或者贸易加权美元在下跌时，它们指的就是这个指数。此外，即使美元对某个货币的波动剧烈，也不代表以贸易量加权为基础的美元指数波动剧烈。这个指数的重要性还表现为，一些中央银行选择集中注意美元指数的表现，而不是单一货币兑美元的表现。

7. 美元的交易受到股票市场和债券市场的影响

一个国家的股票和债券市场与它的货币有很强的相关性：如果股票市场上涨，通常而言，外国投资者会进入市场抓住机会，投资美元也会增加。如果股票市场正在下跌，国内的投资者会卖出当地上市公司的股票，转向寻求国外的投资机会。一些经济学家认为，在债券市场上存在能够吸引外国投资的具有最高收益率的固定收益工具。这些市场每天的波动和发展动向，反映了外国投资组合的变动，这最终需要进行外汇交易。跨国的收购和兼并活动也非常值得外汇交易者关注。例如，大宗的收购和兼并交易，尤其是那些涉及大量现金的交易，会对外汇市场产生显著的影响，原因是收购者需要买入或者卖出美元，为其跨国收购行为筹集资金。

拓展阅读3－2

美元潮汐

什么是美元潮汐？美元潮汐就是美联储大量放水降息、QE后，因为经济全球化的缘故，美元可以轻松进入许多金融业处于开放状态的发展中国家甚至发达国家。一般情况下，美元进入他国并不是真实的流入实体经济，而是大量购买他国的股票、短期债券等进行金融“薅羊毛”。例如，推升他国法定货币在短期内升值，那么美元在他国法定货币升值的情况下，大量买卖就迫使该国损失了外汇。1987年，广场协定使得美元兑日元的汇率在短期内从1∶250升至1∶200。日元的大规模升值，导致美元“热钱”涌入日本，推高了日本的房价、物价等。而后，美国进入加息周期（1988年3月—1989年5月），美联储基准利率从6.5%上调至9.8125%。

美国加息的结果是什么呢？加息导致大量美元回流美国本土。于是，大量日本的资产被卖出兑换成美元回流美国，导致日本股市和楼市崩盘，瞬间经济过热硬着陆。这就是美元潮汐：美元放水进入他国推升他国资产暴涨，然后美元缩水逃离他国，造成他国外汇大量流失，引发金融危机。

截至 2021 年，美联储共有过 6 次加息周期，它们都造成了深刻影响（见图 3－4）。

1983年2月—1984年8月	持续时间：18个月 结果：拉美债务危机
1988年2月—1989年5月	持续时间：15个月 结果：日本经济危机
1994年1月—1995年2月	持续时间：13个月 结果：亚洲金融危机
1999年5月—2000年4月	持续时间：11个月 结果：科网泡沫
2004年5月—2006年5月	持续时间：24个月 结果：次贷危机
2015年12月—2018年12月	持续时间：36个月 疫情后无限量QE

图 3－4　美国历次加息周期及结果

视频：GDP

所以，美元潮汐在当今全球化的市场环境下是非常可怕的，特别是对于利用外资特别多的发展中国家，一旦美联储大规模加息，可能引发的金融危机将是非常恐怖的。

（资料来源：https：//weibo.com/ttarticle/p/show？id＝2309404721493883093121#_loginLayer_1650785006180。）

视频：CPI＋PPI＋PMI

想一想　练一练

2022 年 3 月，美国开启第 7 轮加息周期。试思考是什么原因导致了此轮加息周期的开启？加息的目的是什么？

（三）美国重要的经济指标

在众多经济指标中，有一些指标对于美元尤其重要（见表 3－2）。

视频：非农数据

表 3－2　美国重要的经济指标

经济指标	反映的经济因素	分析要点
非农业就业人数	就业状况	1. 直接影响利率政策 2. 季度调整的月度失业率
消费者物价指数（CPI）	通货膨胀	城市消费者价格指数（CPI－U）或者核心通胀率
生产者物价指数（PPI）	通货膨胀	季度调整的产成品 PPI
国内生产总值（GDP）	经济总体情况	季度报告
贸易账	贸易状况	季度调整后的季率
制造业采购经理人指数（PMI）	经济运行情况	1. 50% 为荣枯分水线 2. 月度指标，适合与前一个月数据环比比较
工业产值	工业发展情况	累计数字经过季节调整的月度变化
零售销售、消费者信心指数	消费状况	剔除汽车销售后的数字
国际资本流动数据	资本流动情况	关注官方数据

案例：2018 年中美贸易摩擦对美元汇率的影响

拓展阅读 3－3

美国 11 月 CPI 飙升至 6.8%，澳元兑美元刷新日高

2021 年 12 月 10 日，在北美市场震荡一整天后，澳元兑美元获得了一些积极的牵引力，并在美国消费者通胀数据发布后，在 0.7180 附近创下新高。

2021 年 11 月，美国整体 CPI 环比上涨 0.8%，高于预期的 0.7%，同比增幅从 10 月的 6.2% 加速至 6.8%，这是自 1982 年以来美国整体 CPI 月度同比增幅的最高水平。此外，剔除食品和能源价格的核心通胀环比和同比分别上涨 0.5% 和 4.9%，与普遍预期一致。

以上数据再次印证了美联储将更早而不是更晚收紧货币政策以遏制居高不下的通胀预期。

鉴于投资者一直在消化美联储将加快收紧政策的前景，美元出现了典型的“买谣言，卖事实”的交易模式，并略有走软。

财经网站 Fxstreet 对美国通胀数据进行了分析，称 CPI 数据公布后，美元受到抛售压力，美元指数从 96.40 上方回落至 96.00。但在 CPI 数据公布前，美国总统拜登于 2021 年 12 月 9 日暗示通胀数据将高于预期的言论，似乎已经让市场为 CPI 数据的上涨做好了准备。

再加上股市普遍乐观的基调，令高风险货币澳元受益，并小幅提振澳元兑美元。北京时间 2021 年 12 月 10 日 22：29，澳元兑美元报 0.7170（见图 3－5）。

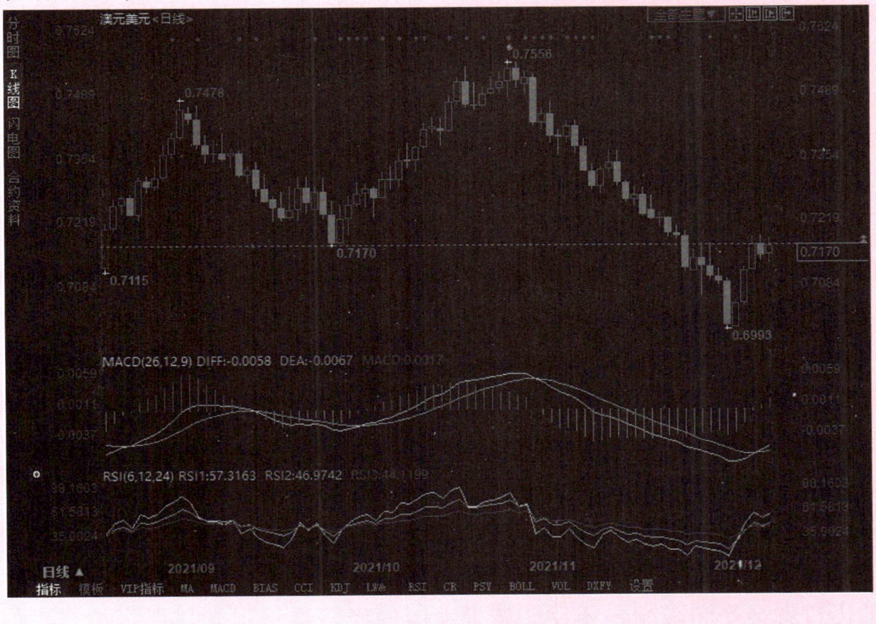

图 3－5　澳元兑美元日线图

（资料来源：https：//news. fx678. com/202112102232372538. shtml。）

二、加拿大元基本面

（一）宏观经济概况

微课：影响加元的基本面因素

课件：影响加元的基本面因素

2019 年，加拿大的国内生产总值达 1.736 万亿美元，列全球第十位。由于加拿大早期经济的发展以自然资源的开采和出口为主。因此，加拿大通常是以资源为基础的经济体系为人所知。加拿大原油储量位居世界第三，森林和矿产资源丰富。资源产业和制造业对加拿大的经济非常重要，占加拿大全国出口总量的 25% 以上，是其很多省份主要的收入来源。跟其他发达国家一样，加拿大的服务业比重也相当大，占国内生产总值的约 2/3，每 4 名加拿大人中就有 3 人从事服务行业。

世界贸易组织（WTO）公布的数据显示，加拿大主要的出口市场包括美国、中国、英国、日本、墨西哥等，出口排前五位的产品分别是石油原油、载人机动车辆、黄金、石油制品和机动车辆零部件；加拿大的进口来源国前五位分别是美国、中国、墨西哥、德国和日本，进口商品主要有载人机动车辆、机动车辆零部件、货运机动车辆、石油原油、石油制品。

（二）加拿大元的重要特点

1. 与商品相联系的货币

加拿大的经济高度依赖于商品。如前所述，加拿大原油储量位居世界第三，是世界上重要的石油输出国。这就很好理解加元汇率很容易受到原油价格走势的影响。加元和原油价格存在较高的正相关性，基本上原油价格上涨，加元也会升值。不过，原油作为大宗商品，其价格波动性（即价格变动幅度）远大于加元汇率。但是，近年来加元和原油价格的相关性正在逐渐减弱。相对的，加元也正在逐渐丧失商品货币的属性特征。

2. 和美国有密切联系

美国是加拿大的邻国和最重要的同盟国，两国在政治、经贸、军事等领域保持着密切关系。加拿大历届政府均视美加关系为加拿大的外交政策基石。美国是加拿大最大的投资来源国，加拿大和美国互为重要贸易伙伴。2018 年 11 月，加拿大、美国、墨西哥三方正式签署《美墨加协定》（USMCA）。该协定免除了这三个国家之间大部分的关税。2019 年，加拿大与美国的双边贸易额达 5 667.77 亿美元，占同期加拿大对外贸易总额的 63%。其中，加拿大对美国出口额为 3 370.89 亿美元、进口额为 2 296.88 亿美元，分别占加拿大当年出口总额和进口总额的 75.42% 和 50.67%。因此，加拿大与美国有着密切的贸易往来，它对美国的经济状况特别敏感。如果美国的经济不好，加拿大的出口就会受到影响；相反，如果美国的经济增长强劲，那么加拿大的出口也将从中受益。

（三）加拿大重要的经济指标（见表 3－3）

表 3－3　　加拿大重要的经济指标

经济指标	反映的经济因素	分析要点
消费者物价指数（CPI）	通货膨胀	政府政策目标为将通货膨胀率控制在 1%—3% 的目标区间内
国内生产总值（GDP）	经济总体情况	只包括最终产品和服务
贸易收支（Balance of Trade）	贸易状况	季度调整后的季率
生产者物价指数（PPI）	通货膨胀	季度调整的产成品 PPI
消费者开支（Consumer Consumption）	家庭开支	反映了家庭的开支和提供非盈利服务给家庭的个人生产者的开支；排除了个人购买住房的开支以及非公司组织的企业发生的资本性支出

拓展阅读 3－4

加拿大央行暗示加快加息，美加汇率直线下挫

2021 年 10 月 27 日，加拿大公布其央行利率决议。加拿大央行将基准利率维持在 0.25% 不变，符合市场预期。

加拿大央行表示，将结束量化宽松，转向 QE 再投资，同时加快加息的潜在时间点。加拿大央行预测，关键利率可能在 2022 年中期上升，快于先前的预测。

利率决议公布后，美元兑加元持续走低，一度跌破 1.23 关口（见图 3－6）。

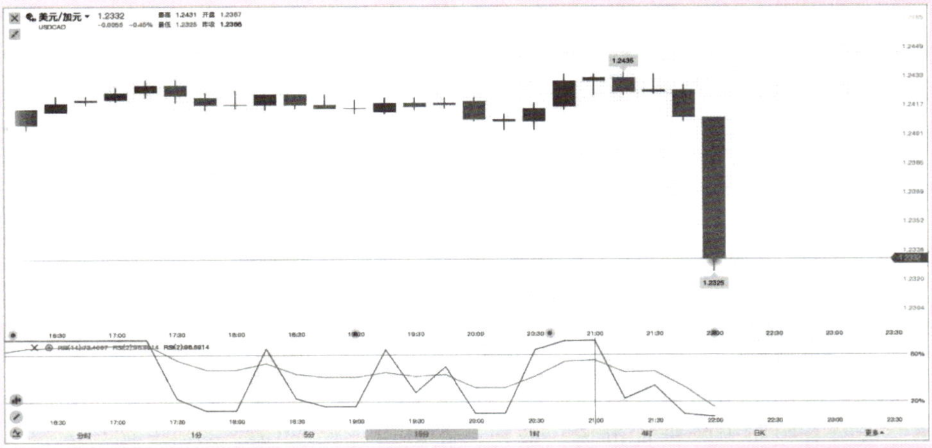

图 3－6　美元兑加元 15 分钟 K 线图

（资料来源：和讯外汇。）

模块二　西欧国家和地区货币分析

模块导入

西欧地区的主流货币包括欧元、英镑和瑞士法郎。

欧元，新兴货币，却是全球影响力最大的区域货币；英镑，曾是国际结算业务中计价结算使用最广泛的货币；瑞士法郎，来自永久中立国发行的法定货币，公认的避风港货币。

本模块将带领大家逐一认识上述重要货币。

任务描述

掌握欧元、英镑和瑞士法郎的基本面特征；掌握欧元、英镑和瑞士法郎的基本面分析方法。

相关知识

西欧国家和地区的货币主要介绍欧元、英镑和瑞士法郎。

微课：影响欧元的基本面因素

课件：影响欧元的基本面因素

一、欧元基本面

（一）宏观经济概况

为了建立一个统一的欧洲，欧洲联盟（简称欧盟）以一个条约性的框架发展起来。截至 2021 年，欧盟共拥有 27 个成员国：奥地利、比利时、保加利亚、塞浦路斯、克罗地亚、捷克、丹麦、爱沙尼亚、芬兰、法国、德国、希腊、匈牙利、爱尔兰、意大利、拉脱维亚、立陶宛、卢森堡、马耳他、荷兰、波兰、葡萄牙、马罗尼亚、斯洛伐克、斯洛文尼亚、西班牙和瑞典。除了保加利亚、克罗地亚、捷克、丹麦、匈牙利、波兰、马罗尼亚和瑞典，其他 19 个欧盟成员国都以欧元作为统一货币。这 19 个国家组成了使用统一货币的欧元区，由欧洲中央银行负责制定单一的货币政策。

欧洲货币联盟是世界上第二大经济体系，2019 年的 GDP 达到近 18.41 万亿美元。欧洲货币联盟有着高度发达的固定收益、股票和期货市场，是全球第二大具有吸引力的投资市场。最初，在吸引外国直接投资和大额资本流入方面，欧洲货币联盟有相当的困难。事实上，它反而是外国直接投资的一个净供应者，占了全球资本流出总额的近 45%，而资本流入仅占全球的 19%。主要原因在于，美元资产在历史上有可靠的回报率。因此，美元吸取了全部外国储蓄额的 71%。然而，随着欧元在国际上越来越被认可，欧洲货币联盟开始接受更多的成员国，欧元作为一种储备货币，重要性随之增加。流入欧洲的资本也随之增多。随着各国中央银行进一步实现储备多元化的预期，对欧元的需求也将会继续增加。

欧洲货币联盟是一个被贸易和资本流动驱动的经济体系。因此，贸易对欧洲货币联盟的经济非常重要。与其他大多数的主要经济体不同，欧洲货币联盟没有巨额的贸易赤字或者贸易盈余。事实上，欧盟在 2016 年和 2017 年有少量的贸易盈余，到了 2018 年和 2019 年则出现了少量的贸易赤字。欧盟统计局（Eurostat）公布的数据显示，2019 年欧盟的外贸总额为 45 770.74 亿美元，其中，出口总额为 22 819.76 亿美元，进口总额为 22 950.98 亿美元，贸易逆差为 131.22 亿美元。从欧盟与其他国家的贸易规模来看，它在国际贸易上有着重大的影响力。建立欧盟的主要目标之一就是增强国际影响力，它使众多单一的国家集合成一个实体，能够与它们最大的贸易伙伴——美国——在公平竞争的环境下谈判。

除德国、爱尔兰（出口主要目标国为美国）、瑞典（主要目标国为挪威）、立陶宛（主要目标国为俄罗斯）外，几乎所有欧盟成员国 2019 年货物出口的主要目的地都是欧盟本地区的国家。总体来看，德国是欧盟成员国货物出口的主要目的地。

案例：意大利组阁失败如何影响欧元走势

从欧盟对外贸易数据来看，2019 年欧盟出口的 5 个主要目的地分别是美国、中国、瑞士、俄罗斯和土耳其，主要出口商品包括载人机动车辆、药品、石油及其制品、血制品及疫苗、航空航天器及运载工具。而进口来源地主要是中国、美国、俄罗斯、瑞士、土耳其等国家。欧盟排名前五位的进口产品分别是石油原油、数据通信设备、金、石油制品、载人机动车辆。

如今，欧洲联盟在国际贸易上的影响力不断增加，欧元作为一只储备货币在全球贸易中具有重要的意义。以传统观点看来，持有大量的储备货币对国家而言有助于减少汇率风险和交易成本。而大部分的国际贸易均涉及英镑、日元和美元。在欧元诞生前，大量持有各个欧洲国家的货币是不切实际的。因此，储备货币通常都是美元。19 世纪 90 年代末，全世界的储备货币中大约 65% 是美元。欧元推出后，一些国家的储备资产开始转向欧元。但 2009 年爆发的欧洲债务危机使得欧元在外汇储备中的比例显著下降。后来，欧盟建立了欧洲稳定机制（ESM）和银行业联盟，逐步恢复并提升了欧元的国际地位。IMF 发布的数据显示，截至 2019 年年末，欧元在全球已分配外汇储备中占比为 20.54%，位居世界第二，仅次于美元（60.89%）。

（二）货币政策和财政政策的制定者——欧洲中央银行

欧洲央行负责制定欧洲货币联盟的货币政策。欧洲货币联盟的主要目标是维持价格稳定和促进经济增长。货币政策和财政政策的调整都是为了确保达到这个目标。欧洲中央银行通常力图将消费者物价调和指数（HICP）的年度增长率维持在低于 2%，M3（货币供应）的年度增长率维持在 4.5% 左右。

欧洲央行没有制定汇率目标，但由于汇率会影响价格的稳定性，所以在制定货币政策时，也会考量汇率这一因素。因此，如果欧洲央行认为通货膨胀令人忧虑时，不排除它会出手干预外汇市场。另外，欧洲央行行长理事会成员的评论因受到外汇市场参与者广泛地关注，也经常引发欧元的波动。

欧洲央行每个月都会发布一份报告，详细分析经济的发展动向和它对经济状况认知的变化；对于外汇市场参与者而言，重要的是识别报告透露的货币政策偏向发生改变的信号。

拓展阅读 3-5

欧洲债务危机

欧洲主权债务危机（简称欧债危机），是指2008年金融危机之后欧洲部分国家因在国际借贷领域中大量负债并超过了其自身清偿能力，造成无力还债或者必须延期还债的现象。2009年12月，欧洲主权债务危机最早在希腊爆发。随即国际三大评级机构惠誉、标准普尔和穆迪相继下调希腊主权信用评级，并将其评级展望定位为负面，希腊乃至整个欧洲的债务危机由此拉开序幕。截至2010年4月末，欧债危机已经蔓延至欧元区内经济实力较强的葡萄牙、意大利、爱尔兰和西班牙（与希腊一起，被国际评级机构称为“PIIGS”）等国。此后，法国和德国两个欧元区的核心国家也受到此次危机的影响。2012年年初，标准普尔宣布将下调法国等9国的主权信用评级，法国主权信用被踢出AAA级。至此，由希腊开始的主权债务危机已演变成一场席卷整个欧洲的主权债务危机。欧洲债务危机进程如表3-4所示。

表3-4　　欧洲债务危机进程

开端	2009年12月，全球三大评级公司下调希腊主权信用评级，希腊的债务危机随即愈演愈烈。但金融界认为，希腊经济体系小，发生债务危机影响不会扩大	2009年12月8日，惠誉将希腊信贷评级由A-下调至BBB+，前景展望为负面；2009年12月15日，希腊发售20亿欧元国债；2009年12月16日，标准普尔将希腊的长期主权信用评级由A-下调为BBB+；2009年12月22日，穆迪宣布将希腊主权评级从A1下调至A2，评级展望为负面
发展	欧洲其他国家（包括外界认为较稳健的比利时以及欧元区内经济实力较强的西班牙）也开始陷入危机，均预测未来三年预算赤字居高不下。希腊已非危机主角，整个欧盟都受到债务危机困扰	2010年1月11日，穆迪警告葡萄牙若不采取有效措施控制赤字将调降该国债券信用评级；2010年2月4日，西班牙财政部指出，西班牙2010年整体公共预算赤字恐将占GDP的9.8%；2010年2月5日，债务危机引发市场惶恐，西班牙股市当天急跌6%，创下15个月以来最大跌幅
蔓延	德国等欧元区的龙头国家都开始感受到危机的影响。因为欧元大幅下跌，加上欧洲股市暴挫，整个欧元区正面临成立以来最严峻的考验，更有评论家推测，欧元区最终会以解体收场	2010年2月4日，德国预计2010年预算赤字占GDP的5.5%；2010年2月9日，欧元空头头寸已增至80亿美元，创历史最高纪录；2010年2月10日，巴克莱资本表示，美国银行业在希腊、爱尔兰、葡萄牙和西班牙的风险敞口达1 760亿美元

续表

升级	希腊财政部长称，希腊在2010年5月19日之前需要约90亿欧元以度过危机。欧盟成员国财政部长为避免危机蔓延，达成一项总额达7 500亿欧元的稳定机制。至此，危机得到暂时缓解	2010年4月23日，希腊正式向欧盟和IMF申请援助；2010年5月3日，德国内阁批准224亿欧元希腊援助计划；2010年5月10日，欧盟批准7 500亿欧元希腊援助计划

（三）欧元的重要特性

1. 欧元/美元是最具有流动性的货币对，所有欧元的交叉货币对都具有相当的流动性

1999年1月1日，欧元作为一只电子货币正式诞生。当时，除了希腊的货币外，欧元取代了欧洲货币联盟（EMU）12个成员国此前的所有货币。而希腊的货币在2001年1月也被欧元取代。现在，欧元/美元是世界上最具流动性的货币对，它的波动被视为欧洲经济和美国经济整体健康状况的衡量标准。

欧元/日元和欧元/瑞士法郎也是具有相当流动性的货币对，通常被用于衡量日本和瑞士整体经济的健康状况。交叉货币对（例如，欧元/美元和欧元/英镑）都是很好的交易货币，它们具有点差较小、波动有序和差距很小的特点。

2. 欧元有独特的风险

由于欧元是一只新的货币，对于其他货币而言不是风险的一些因素，却被视为欧元的风险。也就是说，由于欧洲中央银行成立的时间短，它经常被认为是未经考验的中央银行。短暂的历史令市场参与者不能较好地衡量它作为中央银行如何应对不同的经济和政治状况。2009年欧洲债务危机、2016年英国全民公投决定“脱欧”等事件都损害了公众对欧元和欧洲中央银行的信心。此外，因为欧元是19个成员国共同的货币，所以它对于任何一个成员国政治上或者经济上的不稳定都极为敏感。

3. 预测欧元区的资金流动

欧元区银行同业拆借利率（Euribor Rate）是大型银行之间互相提供的银行同业定期存款利率。交易者通常会比较欧元区银行同业拆借的远期利率（Euribor Futures Rate）和欧洲美元的远期利率（Eurodollar Futures Rate）。欧洲美元，是指在美国境外的银行和其他金融机构的美元存款。由于投资者喜欢高收益的资产，当欧元区银行同业拆借的远期利率和欧洲美元的远期利率之间的价差扩大，并对欧元区银行同业拆借利率有利时，欧洲的固定收益资产变得更有吸引力。如果两者的价差缩小，那么欧洲资产则变得没那么有吸引力，从而意味着流入欧元的资金可能会减少。

收购兼并活动对欧元/美元的波动也有重要的影响。多年来，在欧盟和美国跨国公司之间的收购兼并活动比较频繁。大宗交易，尤其是涉及现金交易

的，经常对欧元/美元的短期波动产生重大的影响。

（四）欧元重要的经济指标

以下所有的经济指标对欧元都相当重要。然而，由于欧元区目前包括19个成员国，所以了解所有成员国最新的政治和经济发展动向（例如，GDP增长、通货膨胀和失业状况）是相当重要的。在欧元区内，最主要的国家是德国、法国和意大利。因此，除了欧盟整体的经济数据外，这三个国家的经济数据最为重要。

1. 国内生产总值（GDP）

当欧洲统计局从足够多的成员国收集了数据并作出估计后，就公布GDP。欧洲联盟27国（EU－27）和欧元区19国（EMU－19）的国内生产总值（GDP）年度合计数，只是各国GDP的一个简单加总数。对于季度账目，统计过程更加复杂，原因在于，一些国家在数据收集阶段还未统计出季度国民账目的数据，具有相当严重的滞后。因此，EU－27和EMU－19的季度数据是基于一组国家的季度数据产生的估计值。这一组国家的GDP占了全部欧洲联盟国家GDP的95%以上。

2. 德国工业产值（German Industrial Production）

工业产值的数据经过季度调整，包括了4个主要的类别，即采矿业、制造业、能源业和建造业。制造业合计了4种主要的产品类别，即生产者的产品、资本投资的产品、消费者耐用品和消费者非耐用品。市场通常更关注年率的变化以及经过季度调整的月度数据。由于德国是欧元区成员国中最主要的国家之一，所以德国的数据最为重要。然而，市场偶尔也会对法国的工业产值作出反应。工业产值的初值是基于一个较小的样本数据，因此，在获取全部的样本后，会对数据作出一些调整。财政部长偶尔会指示数据修正值的预期方向。

3. 消费者物价调和指数（Harmonized Index of Consumer Prices）

欧洲联盟的消费者物价调和指数（HICP）是由欧洲统计局公布。制定这一指数的目的是按照欧洲联盟法律的要求，对物价水平进行国家之间的比较。当HICP公布时，部分的信息已经为市场所知，但是它是欧洲央行的通货膨胀参考指数，所以这个数据的公布仍然相当重要。欧洲央行的目标是使欧洲的通胀率维持在0—2%。

4. 德国的失业状况（German Unemployment）

德国联邦劳工和社会保障部（简称德国劳工部）公布的数据包括了经过季节调整和未经季节调整的失业人数以及与前一个月比较的变动数据，还提供未经季节调整的失业率，职位空缺数据、短期轮班工作安排和就业人数。在德国劳工部公布数据后的1小时内，德意志银行就将公布经过季节调整的失业率。在数据公布的前一天，经常会有来自工会的渠道泄露官方的数据。泄露的数据通常是未经季节调整的失业人数。当路透社报道出一个来自“消息渠道”的准确的失业人数时，该数据通常就反映了官方的数据。在官方公布数据的一个星期前，经常谣言满天飞，但是通常都是不准确的。此外，在以前也曾发生过德国官员的评论被国际新闻界错误地翻译的事件，所以要谨慎地诠译新闻报道的内容。

5. 各国的预算赤字

《稳定与增长公约》规定，预算赤字必须低于国内生产总值（GDP）的3%。同时，各国也设定了自己的预算赤字目标。如果哪个国家不能达到这些目标，将受到市场参与者的广泛关注。

6. 德国经济信息研究所（IFO）调查

德国至今仍是欧洲最主要的经济体，占欧盟GDP总和的超过20%。通过德国的经济状况可以洞察整个欧洲的经济状况。德国IFO经济景气指数由IFO依据每个月进行一次的调查编制而成。该调查向超过7 000家德国公司进行调查，询问它们对德国商业形势的评估和它们的短期计划。该指数典型的波动范围为80—120，较高的数值预示着市场对商业形势有较大的信心。虽然这个指标具有一定的价值，但它衡量的是过去的数据。

拓展阅读3-6

尽管德国经济景气指数表现超预期，欧元兑美元仍震荡走低

2021年11月9日，由于美元指数探底回升，给欧元施加了一定的下行压力，欧元兑美元在欧洲时段震荡走低（见图3-7）。与此同时，当日出炉的德国ZEW经济景气指数并未给欧元带来足够的支撑。

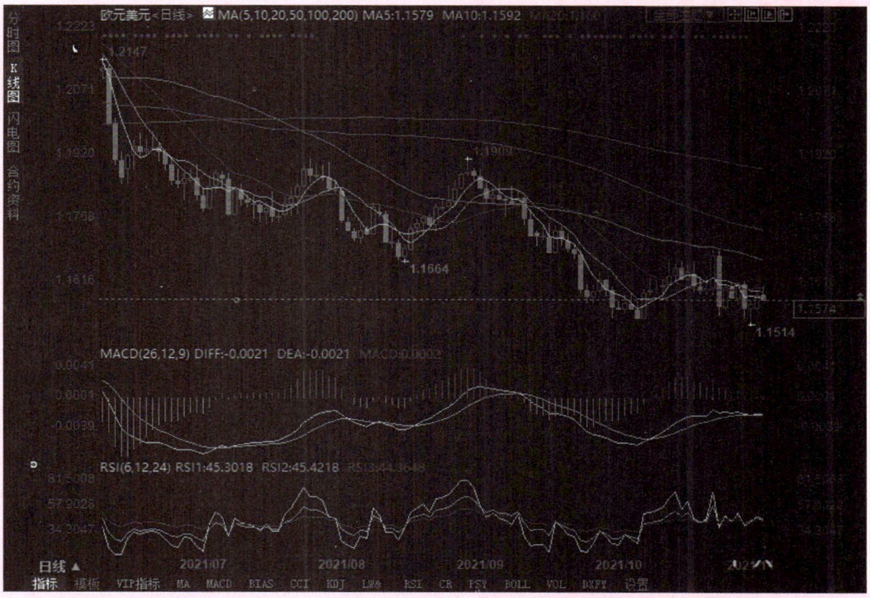

图3-7　欧元兑美元日线图

美联储在此前一周表示，政策制定者并不急于提高借贷成本。然而，投资者似乎确信，美国央行将被迫采取更积极的政策应对措施，以遏制居高不下的通胀。隔夜，联邦公开市场委员会（FOMC）多位成员发表强硬言论，暗示美国央行可能在2022年年末前加息，进一步加剧了投资者的猜测。再加上风险基调走软，帮助避险美元收复日内失地。

在经济数据方面，德国ZEW经济景气指数甚至超过了最乐观的估计。2021年11月，德国ZEW经济景气指数从10月的22.3升至31.7，德国投资者信心意外上升。因预期德国在2022年年初价格压力将会缓解，而且德国经济增长将会回升，ZEW院长王亚心（Achim Wambach）表示，“金融市场专家们对未来6个月的情况更加乐观，预计德国和欧元区2022年第一季度的经济增长将再次回升，通胀将下降”。

不过这些数据并没有给看涨交易者留下什么印象，也没有给欧元兑美元带来任何有意义的推动，欧元兑美元仍然受美元价格动态的影响。

（资料来源：https：//news. fx678. com/202111092055172534. shtml。）

微课：影响英镑的基本面因素

课件：影响英镑的基本面因素

二、英镑基本面

（一）宏观经济概况

英国是世界上第六大经济体，2020年的国内生产总值约为2.83万亿美元。英国的中央银行是世界上最有效的中央银行之一。英国的农业高度集中，高度机械化，并且效益很高：1%的劳动人口能够满足大约60%的农产品需要。英国还拥有大量的煤、天然气和石油储备。英国的主要能源生产大约占GDP的10%，是全球所有工业国中占比最高的国家。原因是能源价格（例如，原油价格）的上涨，会使众多的英国石油出口商从中受益。英国也是一个以服务业为导向的经济体，制造业占GDP的比重日益减少，目前大约占GDP的1/5。英国的资本市场是世界上最发达的市场之一，金融业成为英国GDP最大的贡献者。英国首都伦敦是全球数一数二的金融、航运和服务中心。

总体上，英国是商品的净进口国，其贸易收支持续呈现赤字。它最大的贸易伙伴是欧洲联盟，两者的贸易量占了其进出口总量的40%。以单个国家计算，美国仍然是英国最大的贸易伙伴。2019年统计数据显示，英国最重要的5个贸易伙伴分别是美国、德国、法国、荷兰和中国，出口商品主要为机械设备、汽车、贵金属、矿物燃料、电子设备、医药产品等。在进口方面，英国的主要进口对象分别为德国、美国、中国、荷兰、法国、比利时等，进口商品主要包括贵金属、机械设备、汽车、电子设备、矿物燃料等。

自1973年起，英国就加入了欧洲联盟的前身欧洲经济共同体。但由于历史与地理位置原因，自19世纪末以来，英国一直奉行不干预欧洲大陆事务政策，被称为“光荣的孤立”。英国虽然是欧盟成员国之一，但并非欧元区国家，独立发行货币。这有利于保持其出口竞争力，拥有自主的财政政策。但这也使英国很难真正地加入欧洲大陆的事务处理中。2009 年爆发的欧洲债务危机最终成为英国脱欧的导火索。

英国脱欧，指英国脱离欧洲联盟计划。2016 年 6 月，英国全民公投决定脱欧。2017 年 3 月 16 日，英国女王伊丽莎白二世批准“脱欧”法案，这标志着“脱欧”程序正式启动。根据英国与欧盟的协议，英国应在 2019 年 3 月 29 日正式脱欧。2018 年 11 月，欧盟除英国外的 27 国领导人一致通过英国“脱欧”协议草案。2020 年 1 月，欧盟正式批准英国脱欧。

拓展阅读 3-7

英国脱欧公投：英镑跌至 1985 年来最低点

在 2016 年英国的“脱欧”公投中，支持脱离欧盟的得票率达 52%，表明脱欧派获得了胜利。这意味着英国有可能成为欧盟成立以来第一个退出的国家。

据英国广播公司报道，此次公投的投票率高于 2015 年的英国大选，伦敦和苏格兰地区的选民支持英国留在欧盟的比例最高，然而威尔士地区和英格兰各郡的脱欧派显然占据了上风。

随着投票结果的逐步明朗，英镑兑美元的汇率跌至 1985 年以来的最低点，同时也创造了 30 年来一天内最大跌幅。

（资料来源：http：//world. people. com. cn/n1/2016/0624/c1002 - 28476473. html。）

（二）英镑的重要特性

1. 英镑/美元非常具有流动性

英镑/美元是世界上最具有流动性的货币对之一，它也是 4 对最有流动性的货币对之一（欧元/美元、英镑/美元、美元/日元和美元/瑞士法郎）。货币对具有流动性的一个原因是国家具有高度发达的资本市场。除了在美国寻求机会外，很多外国投资者还把资金投向英国。为了进行投资，外国投资者必须卖出他们的当地货币和买入英镑。

2. 英镑有 3 个名字

英国的货币有 3 个英文名称——British Pound、Sterling 和 Cable。这三个名称可以互换。

3. 欧洲英镑期货（Eurosterling futures）

由于英国的利率或者银行回购利率是货币政策的主要工具，所以必须不断了解可能出现的利率调整。留意政府官员的言论是衡量中央银行对潜在利率变动偏向的方法之一。英格兰银行是少数几个要求货币政策委员会的成员公布他们的投票记录的中央银行之一。但这种制度安排使得各个委员会成员的言论仅代表他们自己的意见，而不是英格兰银行的立场。因此，市场参与者有必要寻找其他指示央行利率发生潜在变动的迹象。3 个月的欧洲英镑期货反映了市场对3个月后欧洲英镑利率的预期。这些期货合约有助于预测英国利率的变动，而利率变动最终会影响英镑/美元的波动。因此，从某种意义上讲，欧洲英镑期货显露了利率波动的迹象。

4. 英镑和能源价格有正相关性

英国有一些世界上最大的能源公司，包括英国石油（British Petroleum）。英国能源产量占了国内生产总值的10%。因此，英镑倾向与能源价格有正相关性。更明确地说，由于欧洲联盟的很多成员国需要从英国进口石油，所以当石油价格上涨时，它们将不得不买入更多的英镑以支付能源采购合同。此外，较高的油价也使英国的能源出口商从中受益。

想一想 练一练

英国脱欧将对英国贸易造成怎样的影响？该影响会动摇英镑与能源价格之间的正相关关系吗？

（三）英国重要的经济指标

表3－5中列示的指标都是英国重要的经济指标。然而，由于英国主要是个以服务业为导向的经济体，所以投资者需要特别留意其服务行业的数据。

表3－5 英国重要的经济指标

经济指标	反映的经济因素	分析要点
就业数据	就业状况	统计局调查，包括受雇人口、失业人口和非劳动力人口
零售物价指数（CPI）	通货膨胀	被英国央行用以制定利率决定
国内生产总值（GDP）	经济周期	经济快速增长经常预示将出现通货膨胀，而低增长或者负增长则预示着衰退的或者疲软的经济
工业产值（Industrial Production）	经济状况	与季度的国内生产总值具有密切的关系
采购经理指数（Purchasing Managers Index）	行业发展状况	季节调整后的加权平均数。该指数超过50，预示着扩张的经济；该指数低于50，表示经济出现收缩的迹象
英国新屋动工（U. K. Housing Starts）数量	住房市场状况	房屋市场是维持英国经济表现的主要行业

拓展阅读3－8

日内两大经济数据表现亮眼，英镑多头站稳1.35关口

2021年11月19日公布的英国11月GfK消费者信心指数以及英国的零售销售数据表现均好于预期，英镑兑美元突破1.3500的阻力位置并试图进一步上行。

2021年10月，英国GfK消费者信心指数创2021年年初实行抗疫封锁以来的最低水平。分析师原本预计，2021年11月该指数会进一步恶化至-18。但该指数从2021年10月的-17升至11月的-14，为近4个月内首次上升。

GfK衡量消费者大宗采购意向的指标从-10升至-3，比2020年11月高出25个百分点。GfK的客户战略总监Joe Staton表示，尽管英国通胀上升且有可能加息，但对英国经济的看法已有所改善。不过，消费者对他们的个人财务状况仍不太乐观。Staton指出，“该数据很重要，因为它反映了日常的储蓄或者消费计划，这是英国整体经济增长的强大动力。然而，不管是实体零售还是线上零售，一个亮点是，大宗采购意向在‘黑色星期五’和圣诞节之前跃升了7个点”。

随后公布的英国零售销售数据显示，继2021年9月下降0.2%后，10月季节调整后零售销售月率升至（零售销售额环比增长）0.8%，高于预期值的0.5%，前值为-0.2%。而季节调整后核心零售销售月率更是涨至1.6%，远超预期值（0.6%）。

随着英镑兑美元突破阻力位1.3500，它将朝着下一个阻力位日移动均线附近的1.352520。移动到20日移动均线之上，将为测试阻力位1.3560打开道路（见图3-8）。

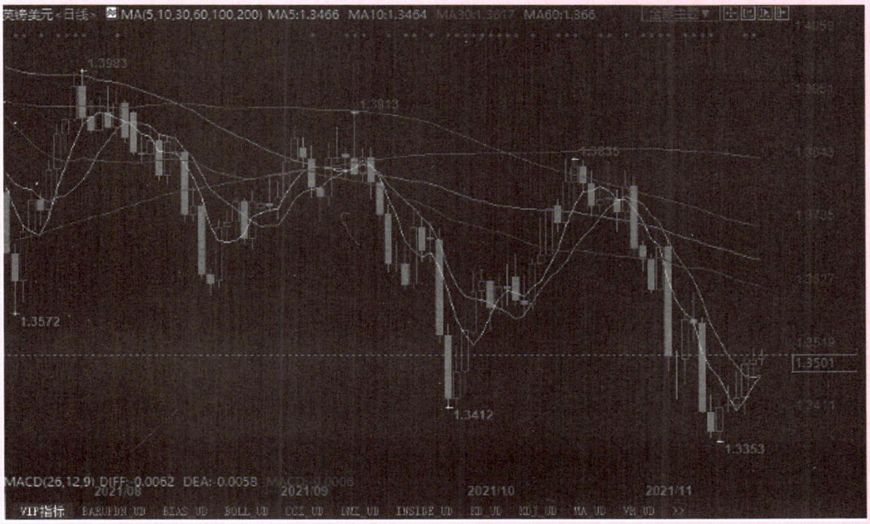

图3-8　英镑兑美元日线图

（资料来源：https：//news.fx678.com/202111192253132536.shtml。）

三、瑞士法郎基本面

（一）宏观经济概况

瑞士是全球第二十大经济体。2020年，瑞士的国内生产总值超过7 030

微课：影响瑞士法郎的基本面因素

亿美元。尽管经济体系相对较小，但是按人均国内生产总值计算，瑞士是世界上最富裕的国家之一。瑞士繁荣的经济和先进的技术可与很多更大的经济体比肩。瑞士的繁荣主要来源于其在制造业、旅游业和银行业的技术专业优势。更确切地说，瑞士闻名于世的产业包括化学和制药业，机器、精密仪器、手表制造业以及以保护投资者机密而闻名的金融业。再加上瑞士有政治中立的悠久历史，为国家和它的货币建立了安全避难所的美誉。因此，瑞士是世界上离岸资金（offshore capital）最多的目的地。瑞士银行业管理着超过 3 万亿美元的境外资产，经营着超过全球 1/4 的私人财富管理业务。瑞士建立了大型和高度发达的银行业和保险业，雇用超过 50% 的人口，构成了超过 70% 的国内生产总值。瑞士的金融业因它的安全性和保密性而兴旺发达。在全球厌恶风险的时期，瑞士通常以资本流动推动经济发展。而在追求风险的环境下，瑞士则以贸易流动推动经济发展。因此，贸易流动对于瑞士是十分重要的。在瑞士的所有国际贸易中，有近 2/3 是与欧洲国家进行的。

课件：影响瑞士法郎的基本面因素

视频：避险货币

瑞士的主要出口市场包括德国、美国、英国、中国、法国、印度等，主要出口产品为化工产品、贵（贱）金属及制品、光学钟表和医疗设备、机电产品、运输设备等。瑞士的主要进口国为德国、意大利、法国、美国、英国、中国等，主要进口产品为贵金属及制品、化工产品、机电产品、运输设备、贱金属及制品等。

一直以来，瑞士在商品与服务贸易中保持着经常项目顺差，每年顺差额超过 300 亿瑞士法郎。在所有工业化的国家中，这是少见的较大经常项目顺差。尽管瑞士提供的收益率较低，从 2014 年开始便出现负利率（现为 -0.75%），但是仍有大量为追求资本安全而投资瑞士的外国直接投资。

拓展阅读 3-9

2015 年第一只黑天鹅起飞：瑞郎事件的前因后果

案例：瑞士黑天鹅事件后续

2015 年 1 月 15 日，瑞士央行意外宣布降息，并放弃自 2011 年 9 月以来一直维持的欧元兑瑞郎 1.20 汇率下限，使瑞郎和欧元脱钩。瑞士央行将活期存款利率下调至 -0.75%，将 3 个月瑞郎 Libor 利率的目标区间进一步下移至 -1.25%—-0.25%。随后市场发生剧烈波动，欧元兑瑞郎暴跌 21.48% 至 0.9744（见图 3-9），创历史新低，美元兑瑞郎暴跌 27.1% 至近三年来低位（0.7426）。瑞士乃至欧洲地区的股市暴跌，导致欧洲外汇市场出现自 1970 年以来的最大震荡。瑞郎兑换 16 种主要货币涨幅均超 20%，Brent 原油重挫至 48 美元/桶以下。黄金价格逐步走高至 1 261 美元/盎司，白银及其他贵金属全线飘红。

这次黑天鹅事件的直接后果是巨大波动引起市场流动性缺失，导致众多外汇平台损失惨重。英国艾福瑞平台直接破产，美国福汇亏损 2.25 亿美元，股价下跌超过 80%。巴克莱银行损失近 1 亿美元，德意志银行损失

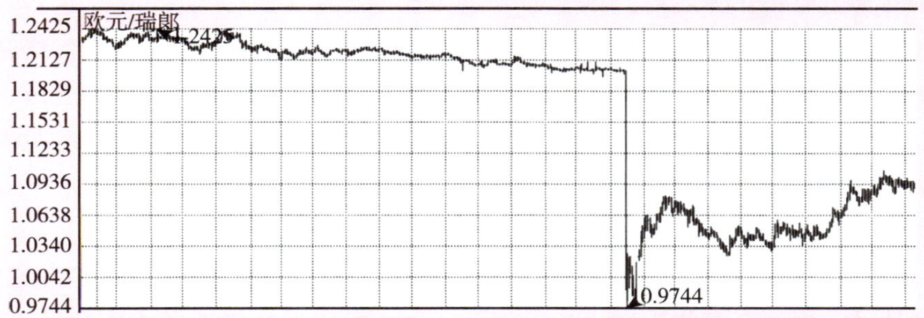

图 3－9　瑞士法郎黑天鹅事件

1.5 亿美元。很多散户爆仓，第一次出现账户为负余额。

对于瑞郎黑天鹅事件，瑞士央行的官方解释是瑞郎已不再被极度高估以及瑞士经济已具备应对新形势的能力，因此取消汇率下限。瑞士央行认为，执行和维护欧元兑瑞郎的最低汇率已没有必要。早在 2011 年，全球经济尚未从金融危机中走出，而欧债危机与美债危机又日益升温，市场避险情绪大幅上升。一向保持政治立场中立、经济发展稳健的瑞士吸引了大量投资者，使得瑞郎持续维持强势。为了防止瑞郎急速升值阻碍瑞士出口业务、导致经常项目失衡，瑞士央行将瑞郎与欧元绑定，保持两者的汇率不低于 1.20，并以央行购买欧元的方式缓解因瑞郎升值造成的负面影响。但随着瑞郎升值压力持续增大，瑞士央行多年来为维持汇率下限不断购买欧元，致使瑞士外汇储备中欧元占比持续上升。2015 年，瑞士央行已经累计持有价值 4 950 亿瑞郎的欧元外汇储备，相当于瑞士 GDP 的 80%。由于欧洲央行释放出 QE 的讯号，宽松的货币政策势必带来欧元的继续走弱，瑞士央行面对巨大压力，最终选择取消汇率下限。市场对瑞士央行的这一意外举动反应强烈，导致与欧元脱钩后的瑞郎大幅升值，从而引发了欧元兑瑞郎汇率的暴跌。

（资料来源：http：//www. waihuibang. com/fxschool/basic/66217. html。）

（二）瑞士法郎的重要特性

1. 瑞士法郎的避险特性

和美元不同，瑞士法郎的避险特性更多地体现在其永久中立国的地位，还有瑞士银行悠久的历史和高度的保密性让瑞士法郎的避险特性独具一格。瑞士法郎的波动主要源于外部事件，而不是其国内的经济状况。由于政治上的中立，瑞士法郎被视为世界上首要的安全避险货币。当全球处于不稳定或者不明朗的时期，投资者通常更关心资本的保全，而不是资本增值。这时，不论当时经济的增长状况是否良好，资金都将流入瑞士，引起瑞士法郎升值。

案例：瑞郎作为避险货币的“苦”

2. 瑞士法郎与黄金有密切的相互关系

瑞士是黄金的全球第七大官方持有国。瑞士宪法曾经规定，货币必须由

40%的黄金储备作为后盾。尽管如今这条法令已经取消，但是时至今日，黄金和瑞士法郎的联系仍然深入瑞士法郎投资者的脑海中。瑞士法郎和黄金的正相关系数接近0.8。如果黄金价格上涨，那么瑞士法郎很可能也会上涨。此外，由于黄金被视为货币的最终形式，当全球经济和地缘政治处于不明朗的时期，黄金和瑞士法郎都会从中受益。

3. 套息交易效应

过去十几年内，瑞士法郎是工业国家法定货币中利率最低的货币之一，它也是最常用的套息货币之一。近年来，由于投资者积极地寻找高收益资产，所以套息交易越来越普遍。一个套息交易涉及买入或者借出一只高息货币和卖出或者借入一只低息货币。因为瑞士法郎利率低，所以它是套息交易中被卖出或被借入的主要货币之一。这刺激了卖出瑞士法郎和买入更高息货币的需求。套息交易通常在交叉货币对（例如，英镑/瑞士法郎、澳大利亚元/瑞士法郎）之间进行。但是，这些交易会影响欧元/瑞士法郎和美元/瑞士法郎。投资者要了结套息交易，就有买入瑞士法郎的需要。

4. 密切关注欧洲瑞士法郎期货（Euro Swiss Futures）和外国利率期货之间的利率差异

由于3个月的欧洲瑞士法郎期货和欧洲美元期货之间的利率差异能够显示美国的固定收益资产比瑞士的固定收益资产提供多少收益率溢价，因而受到瑞士法郎的专业交易者的广泛关注。这些差异是反映潜在资本流动的良好指标。由于投资者总是寻找最高收益的资产，利率差异为交易者提供了货币发生潜在波动的迹象。这对套息交易者特别重要，它们建立头寸和平仓头寸都是基于全球固定收益资产之间正向的利率差异。

5. 银行制度发生变化

过去十几年内，美国以调查美国人借助海外秘密账户偷税为由对瑞士施加了相当大的压力，要求瑞士的银行披露美国账户持有人的客户信息。2013年，瑞士与美国签订协议，同意披露美国账户持有人在瑞士金融机构的更多信息，以帮助打击离岸逃税。这一协议的签订对瑞士来说是一个艰难的决定，原因在于，客户账户信息的保密性一直是瑞士银行体系的核心优势。

拓展阅读3-10

又一瑞士银行被罚！

“银行保密时代”终结背后，竟是美国金融霸权？

据英国《金融时报》2019年12月11日报道，作为与美国司法部延期起诉协议的一部分，汇丰银行（瑞士）私人银行部门将支付1.92亿美元罚款，并承认帮助美国客户向税务机关隐瞒超过10亿美元资产。这项协议的宣布，代表美国终结了多年来对该银行在2000—2010年活动的调查。

美国司法部表示，截至 2007 年，汇丰银行（瑞士）私人银行部门尚未向美国税务机关申报的美国客户资产高达 12.6 亿美元。此次罚款包括没收非法所得 7 200 万美元，归还国税局 6 100 万美元以及 6 000 万美元罚款。

美国司法部指控汇丰（瑞士）私人银行部门在 2000—2010 年的经营活动协助美国客户隐匿离岸资产和收入。该案件的检察官表示，即使美国司法部于 2008 年就开始就逃税问题对瑞银集团等众多瑞士银行展开调查，汇丰私人银行的一些银行家仍在继续协助美国居民开展跨境业务。

这项协议之所以被推迟了 3 年才宣布，是因为只有在银行证明自己改正了过往行为后才能结案。对此，汇丰银行表示，"我们很高兴（已经解决）司法部对过去近十年甚至更长时间里发生活动的长期调查。如今汇丰瑞士私人银行已在新的管理（制度）下运营，并增强了合规和控制"。

事实上，此项协议只是众多的瑞士银行与美国司法部的众多交易之一。2009 年，瑞银集团因帮助美国富人避税支付了 7.8 亿美元罚款、利息和赔偿金，瑞士瑞信银行在 2014 年支付了 26 亿美元罚款。此后，许多银行也纷纷效仿。

数百年来，瑞士银行都因严格的银行保密制度闻名于世，并因此成为巨额存款和洗钱的代名词。但在过去十年里，美国当局采取了十分强硬的态度向瑞士施加压力，要求其终止银行保密制度。2018 年 10 月，瑞士开始自动与数十个国家的税务机关共享客户数据。自此，瑞士"银行保密时代"就此结束。

德裕世家家族办公室执行总经理菊雷在接受《国际金融报》采访时表示，"'银行保密制度'并不是瑞士银行唯一的标签，它仍然有服务客户的多种功能和强大的服务能力。只不过，在目前经济合作和发展组织的 CRS 法案（共同申报准则）、美国的 FATCA 法案（海外账户税收合规法案）相继颁布的情况下，相关的银行、离岸公司领域以及全球化交易、资产配置，甚至用工，都在逐渐透明化"。

但瑞士 everiToken 项目联合创始人兼 CEO 罗骁指出，实际上，要求瑞士终结银行保密制度，也是美国国际金融霸权的一种体现。

（资料来源：https：//baijiahao. baidu. com/s? id = 1652631362737191442&wfr = spider&for = pc。）

6. 合并和收购活动

瑞士主要的产业是银行业和金融业。在这些行业中，兼并和收购活动非常普遍，这些兼并和收购行为对瑞士法郎有重大的影响。一方面，如果外国公司收购瑞士的银行或者保险公司，它们必须买入瑞士法郎和卖出它们当地的货币；另一方面，如果瑞士的银行收购外国的公司，它们就需要卖出瑞士法郎和买入外国的货币。对瑞士法郎的交易者来说，不论发生上述哪种情形，都必须经常留意涉及瑞士公司的兼并收购公告。

7. 交叉货币对的特性

对于想捕捉瑞士法郎价格波动的交易者来说，最常交易的货币对是欧元/瑞士法郎。由于美元/瑞士法郎具有较高的非流动性和波动性，它的交易反而不那么频繁。然而，因为美元/瑞士法郎更容易出现波动，所以即日交易者通常更喜欢交易美元/瑞士法郎，而不是欧元/瑞士法郎。事实上，美元/瑞士法郎只是来源于欧元/美元和欧元/瑞士法郎的一个合成货币对。做市商或者专业交易员通常使用这些交叉货币对作为美元/瑞士法郎的领先指标，或者当货币对缺乏流动性时，以此为美元/瑞士法郎定价。理论上，美元/瑞士法郎的汇率应该等于欧元/瑞士法郎除以欧元/美元的汇率。只有当全球处于极为厌恶风险的时期（例如，新冠疫情席卷全球），美元/瑞士法郎才会发展出自己的行情。这些汇率之间的微小差异会迅速地被市场参与者利用。

（三）瑞士重要的经济指标（见表3-6）

表3-6　　瑞士重要的经济指标

经济指标	反映的经济因素	分析要点
KOF领先指标（KOF Leading Indicators）	未来经济状况	预期未来经济发展的健康状况
零售物价指数（CPI）	通货膨胀	用以制定利率决定
国内生产总值（GDP）	经济周期	快速增长经常预示将出现通货膨胀，而低增长或者负增长预示着衰退的或者疲软的经济
国际收支（Balance of Payment）	贸易状况	瑞士总是保持强劲的经常项目盈余
工业产值或者工业生产指数（Production, Industrial Index）	工业产量（或者生产商实物产出量）的变化	季度指标
零售销售（Retail Sales）	消费者的消费习惯	月度报告在参考月份后的40日内公布，不经过季节调整

拓展阅读3-11

当前瑞士法郎的最佳交易策略是什么

2018年3月8日，法国农业信贷银行外汇策略研究团队撰文讨论了瑞士法郎的汇率前景，认为目前对瑞士法郎维持看跌偏好，并继续持有欧元/瑞郎和英镑/瑞郎多头头寸。

该行分析师预计，全球风险情绪将继续成为市场波动的主要驱动力。由于与美国相关的政治不确定性上升，投资者对风险资产的兴趣一直在减弱。然而，在一个以良好经济增长预期为特征的大环境中，避险情绪持续升温的概率较低。从这一角度来看，像瑞士法郎这样的低收益货币面临着汇率下行的风险，兑欧元和英镑均面临走软风险。

值得注意的是，瑞士央行（SNB）的激进政策组合在实施负利率的同时，称必要时将进行汇市干预，这也将持续冲击瑞士法郎的汇率，从而继续打压瑞士法郎的避险吸引力。

（资料来源：https：//www.163.com/money/article/DCCTJM4B002580S6.html#from = keyscan。）

模块三　亚洲国家货币分析

模块导入

亚洲国家的主要货币包括日元和人民币等。

日元，亚洲唯一 G7 国家的法定货币，币值较低。人民币，IMF 特别提款权参考的一篮子货币里的第五种货币。

这两大币种在全球外汇市场上都具有举足轻重的地位，本模块将一一介绍。

任务描述

掌握日元和人民币的基本面特征；掌握日元和人民币的基本面分析方法。

相关知识

一、日元基本面

（一）宏观经济概况

微课：影响日元的基本面因素

课件：影响日元的基本面因素

日本是全球第三大单一经济体，2020 年的国内生产总值超过了 5.08 万亿美元。日本也是世界上的出口大国之一，每年的出口额超过 7 000 亿美元。商品的制造和出口（例如，电子和汽车）是日本经济的主要驱动因素，占了其国内生产总值的约 15%。尽管存在严重的结构性缺陷，但出口贸易还是为日元创造了内在的需求。日本也是原材料的进口大国。日本以往存在贸易顺差，但从 2018 年开始，连续两年出现少额贸易逆差。

在进出口方面，日本主要的贸易伙伴是美国和中国。中国的廉价商品在日本进口市场中占据了最大的份额。日本前五大出口目的地分别是美国、中国、韩国以及中国台湾和中国香港，主要出口产品分别是载人机动车辆、机动车辆零附件、集成电路、制造半导体器件等的机器及零附件和船舶。在进口方面，日本的前五大进口来源国分别是中国、美国、澳大利亚、韩国和沙特阿拉伯，主要进口产品包括石油原油、石油气、数据通信设备、煤及固体燃料和集成电路。

（二）日本经济泡沫的破裂

要了解日本的经济，首先要了解是什么导致了日本的经济泡沫以及随后发生的泡沫破裂。

20 世纪 80 年代，对于在亚洲寻求投资机会的国际投资者来说，日本的金融市场是最具吸引力的市场之一。它有着亚洲地区最发达的资本市场，它的银行体系也被视为世界上最强大的银行体系之一。当时，日本经历着超乎寻常的经济增长和接近零的通货膨胀。这引起了对日本经济快速增长的预期，推高了资产价格，促使信用快速扩张，导致资产泡沫的发展。1991—1997 年，日本的资产泡沫破裂，资产价格下跌了近 10 万亿美元。其中，房地产价格的跌幅占了全部跌幅的近 65%，这相当于日本两年的国内生产总值。资产价格的下跌触发了日本银行业的危机。危机从 20 世纪 90 年代初开始，到 1997 年发展成一个完全破裂的系统危机。紧接着，日本大批金融机构倒闭。20 世纪 80 年代，在资本泡沫累积到峰值时，日本的很多金融机构以土地作为抵押物向建筑商和房地产发展商发放了贷款。在资产泡沫破裂后，许多发展商违约，令这些银行不得不承担坏账损失，有些抵押物的价格比发放贷款时的价格下跌了 60%—80%。由于这些金融机构的规模较大以及它们在企业融资中扮演的角色，银行危机对日本经济和全球经济都产生了深远的影响。大量的坏账、下跌的股价和崩溃的房地产行业，使日本的经济倒退了将近二十年。

除了银行业的危机外，在所有工业国中，日本还有最高的债务水平。债务水平最高时已超过其国内生产总值的 140%。由于国内不断恶化的财政状况和增发的国债，日本经历了超过 10 年的经济停滞。沉重的债务负担使日本还必须承受出现流动性危机的风险。日本银行业变得高度依赖政府的拯救行动。因此，日元对政治的发展动向异常敏感。任何政府官员的言论都可能预示货币政策和财政政策发生的潜在变化、紧急融资计划和其他的变数。

（三）日本的量化宽松政策

受经济泡沫破灭的冲击以及产业转移和人口老龄化等结构性影响，20 世纪 90 年代中期前，日本经济呈现相对低迷的状态。在亚洲金融危机的冲击下，自 1998 年下半年开始，日本物价开始持续缓慢下跌，宏观经济处于长期缓慢的通货紧缩状态。为了使经济走出发展停滞的困境，摆脱通货紧缩成为当时日本政府重要的宏观调控目标之一。

货币政策调整是日本致力于摆脱通货紧缩的基本工具之一，量化宽松政策成为日本货币当局的重大政策“创新”。日本自 1998 年下半年开始将名义利率降低至 0.25%，并在 1999 年将基准利率降低至零，日本货币政策面临“零约束”。但是，日本经济在地区经济低迷和内部结构问题的约束下，并没有在零利率的宽松货币政策中实现实质性复苏和摆脱通货紧缩的压力，日本央行不得不考虑新的政策工具，量化宽松政策因此应运而生。日本央行在

2001—2006年3月实行了量化宽松政策。得益于全球经济繁荣和国内政策效率，2006年日本经济通缩压力有了明显的缓解。但是，在2008年全球金融危机的冲击下，日本经济再度陷入负增长以及通缩的压力之中。全球金融危机以后，日本货币当局在基准利率、量化和质化宽松货币政策（QQE）甚至负利率层面相继推出了一系列政策措施。

为帮助日本经济摆脱长达15年的通货紧缩，2013年，时任日本首相的安倍晋三以灵活的财政政策、激进的货币政策、深化结构性改革作为刺激经济的“三支箭”，被称为“安倍经济学”。“安倍经济学”成功制造了日元大幅贬值和日本股市高涨。弱势日元一度被视为对日本以出口为重点的经济有利，但由于弱势日元推高了进口商品价格，对依赖原材料进口的公司的利润和家庭购买力造成压力，当下日本货币当局更加关注弱势货币的弊端。

拓展阅读3-12

日本量化宽松政策进程

量化宽松（Quantitative Easing，QE）主要是指中央银行在实行零利率或者近似零利率政策后，通过购买国债等中长期债券，增加基础货币供给，以向市场注入大量流动性资金的干预方式，鼓励消费和借贷。2001年实施负利率政策，以量化宽松政策为主导的非常规货币政策一直是日本央行重要的政策选择。2001年3月，日本首度推出QE政策，将商业银行在日本央行的存款余额作为货币政策操作目标，扩大长期国债购买规模，且规定新增长期国债购买规模不能超过纸币发行量上限。

2006年，日本经济短暂摆脱长达十余年的通缩状态。但是，2008年美国次贷危机引发的全球金融危机使日本经济再次面临衰退和通缩压力。在全球金融危机之后，日本央行在量化宽松以及非常规货币政策探索中缔造出货币政策新的政策实践。

首先，QE政策对日本银行的资产负债表进行扩张，而QQE则同时对日本银行资产负债表的结构进行调整。自1998年9月以来，日本量化宽松政策的实行大致可以分为4个阶段，如表3-7所示。

表3-7　日本量化宽松政策

时期		量化宽松政策
	1999年2月—2001年2月	零利率
QE1时期	2001年3月—2006年3月	零利率与QE并行
QE1时期	2006年3月—2008年12月	零利率与QE暂退
QE2时期	2009年1月—2013年3月	零利率与QE加码
QQE时期	2013年4月—2016年1月	QQE
QQE和负利率时期	2016年1月至今	负利率与QQE并行

第一阶段：QE1 时期（2001 年 3 月—2006 年 3 月，共 61 个月），资产规模温和增长，基础货币投放处于正常的增速范围。随后，在 QE 退出期间，日本央行回笼市场上的多余资金，长期国债和短期国库券偿还规模增加。

第二阶段：QE2 时期（2009 年 1 月—2013 年 3 月，共 51 个月）。日本央行开启资产购买计划和贷款支持计划，加强国债和资产（商业票据、公司债、ETF、J - REITs）的购买额度。

第三阶段：QQE 时期（2013 年 4 月—2016 年 1 月，共 33 个月）。日本央行大量购买长期国债、ETF 和 J - REITs，同时大幅扩张对商业银行的低息贷款，以此支撑资产负债表的扩张和基础货币的投放。

第四阶段：QQE 和负利率时期（2016 年 1 月至今）。2016 年 1 月 29 日，日本央行宣布采取负利率政策，通过利率、量化和质化 3 个维度施行宽松货币政策，以尽快达到 2% 的通胀目标。

（资料来源：国家金融与发展实验室。）

（四）日元的重要特性

1. 日本央行干预外汇市场

日本央行是外汇市场中非常积极的参与者。它在不满意日元汇率时入市干预外汇汇率已有漫长的历史。由于日本央行是一个活跃的外汇市场参与者，它与外汇市场的其他参与者已经非常默契。日本央行会定期从各家银行获取大型对冲基金的头寸信息，当掌握投机者都站在市场同一边的信息时，日本央行就可能出手干预，令自己获得最多的利润。

拓展阅读 3 - 13

日本中央银行经常干预外汇市场

20 世纪 80 年代以来，日本对美国的贸易顺差每年均保持在一个天文数字的水平，1991 年为 500 亿美元，已成为美日关系之间的一个政治问题。1992 年是美国大选年，美国国内针对日本的贸易保护主义情绪十分强烈，美国国会议员不断抨击日本对美国的市场封闭。日本央行为了缓和美国国内的反日情绪，经常发表讲话，要求日元走强，还不时地查询汇率情况，以表明自己的态度。1992 年 1 月 17 日，日本央行在美元走强的趋势形成时，突然抛售日元买入美元，使美元兑日元瞬间从 1∶128.35 涨至 1∶124.05。当时，日本利率较高，日本政府并无减息意图。对于这次外汇干预的理由，日本央行只表示希望日元走强。在此后 3 个星期内，日本央行又以同样的方式多次干预外汇市场，抛售日元买入美元。但除了 1992 年 2 月 7 日的市场干预行为在外汇走势图上较为明显外，其余几次的干预行为都不十分有效。

（资料来源：https：//www.sdzhuoyuan.cn/dyzx/71659.html。）

2. 套息交易效应

通货紧缩时代日元长期的超低利率，使得日元与其他高息货币之间的利差始终维持在一个相对较高的水平，这成为推动日元套息交易大规模展开的重要因素。低利率导致日元融资成本极低，加上日元可自由兑换，投资者选择借入低息的日元资产，用以购买高收益的资产，而在汇率相对稳定的情况下，投资者的收益即为两者的息差。当风险事件发生时，全球避险情绪升温，投资者卖出高收益资产，然后买入日元偿还贷款，从而导致日元需求在短时间内上升，推升日元汇率。最常见的套息货币对包括英镑/日元、澳大利亚元/日元、新西兰元/日元和美元/日元。

3. 日元成为避险货币

低利率环境除了导致日元成为国际套息交易中的主要融资货币外，还限制了日本央行继续降息的空间，令日元突发贬值的概率变小。当全球性的风险事件爆发时，世界经济面临下行风险加剧，高利率国家的中央银行倾向于实施宽松的货币政策以促进经济复苏，而日本已处于负利率区间，进一步放宽的空间很小。此外，当避险情绪升温、风险偏好恶化时，被看作“无风险资产”的美国10年期国债将受到市场青睐，从而令美国国债收益率下行、美日国债利差缩窄。而根据利率平价理论，美日利差缩窄会使日元升值。以上原因都使得日元成为继瑞士法郎和美元之后的又一种避险货币。

（五）日本重要的经济指标

表3－8中列示的经济指标对日本都相当重要。然而，从日本是一个以制造业为导向的经济体来看，其制造业的数据格外值得关注。

表3－8　日本重要的经济指标

经济指标	反映的经济因素	分析要点
国内生产总值（GDP）	经济周期	初值报告最为重要
短观调查（Tankan Survey）	日本商业气候的一个总体印象	短期经济调查，每年公布4次
国际收支（Balance of Payments）	贸易状况	每个月和每半年公布
就业状况（Employment）	整个国家工作岗位的数据和失业率	数据的及时性，且作为经济活动的领先指标
工业产值（Industrial Production）	日本制造业、采矿业和公用事业公司的产量趋势	工业产值和累计存货与总产量有很强的相关性，能够相当好地反映经济的现状

拓展阅读3－14

经济数据差别大，日元兑美元跌至4年来低点

2021年10月美国强劲的零售销售和工厂产出数据支撑美元兑其他主要货币全线上扬。同时，美国国债收益率也出现上扬。2021年11月16日，

日元兑美元跌至逾四年低点。

美元兑日元汇率上涨 0.6% 至 114.84，为 2017 年 3 月以来的最高水平，突破了 2020 年 10 月创下的水平。2 年期美国国债收益率与日本可比债券之间的利差扩大至 2020 年 3 月以来的最大水平。

受新冠肺炎疫情影响，消费者外出减少以及工厂减产，2021 年第三季度日本经济萎缩幅度超出预期。2021 年 11 月 15 日，日本内阁府（Cabinet Office）公布 2021 年第三季度日本经济折合年率环比萎缩 3%。经济学家们此前预测的数据为下降 0.7%。

在各国央行中，日本央行一直是保持最鸽派货币政策立场的央行之一，而美联储已经开始逐渐减少其资产购买计划。同时，越来越多的人猜测，美联储可能需要采取更激进的政策以应对消费者价格指数飙升。

道明证券资深外汇策略师 Mazen Issa 表示，“强劲的数据似乎帮助巩固了对 2022 年收紧政策的预期。同时，我们处于 114.80/115.50 的关键技术点位”。

在十国集团的货币中，日元是自 2021 年至今表现最差的币种，日元兑美元已下跌约 10%。

（资料来源：https：//m.zhitongcaijing.com/article/share.html？content_id＝603682。）

微课：人民币基本面分析

课件：人民币基本面分析

二、人民币基本面

（一）宏观经济概况

中国是全球第二大单一经济体，2020 年的国内生产总值超过了 14.34 万亿美元（仅次于美国和欧盟地区）。其中，第一产业占国内生产总值的比重为 7.7%；第二产业占国内生产总值的比重为 37.8%；第三产业占比为 54.5%，以信息传输、软件和信息技术服务业，租赁和商务服务业，金融业，交通运输、仓储和邮政业增长较快。

中国海关总署发布的数据显示，2019 年，中国外贸总额达 4.5 万亿美元。中国的国际收支常年呈现贸易顺差。2019 年，中国贸易顺差额超过 4 000 亿美元。中国的主要出口目的地包括美国、德国、日本、韩国、越南等，出口产品前五位分别为数据通信设备、自动数据处理设备及其部件、集成电路、石油制品和半导体器件。中国的主要进口来源地包括韩国、日本、美国、澳大利亚、德国以及中国台湾，进口产品前五位分别为集成电路、石油原油、铁矿砂及其精矿、石油气、载人机动车辆。

（二）货币政策和财政政策

中国主张稳健的货币政策。这是具有中国特色的一种提法，强调的是制定货币政策的指导思想和方针。这种政策主张不同于一般关于货币政策操作层面的提法（例如，“宽松的”“中性的”或“紧缩的”货币政策）。稳健的货币政策与稳定币值目标相联系，包含既防止通货紧缩又防止通货膨胀两个方面的要求。它不妨碍根据经济形势需要对货币政策实行或扩张、或紧缩的操作。

中国目前实行的财政政策是积极的财政政策，也就是通过财政投融资进行国家基本建设与基础设施建设，调整经济结构，引导、推动、扶持产业升级，形成新的经济增长点，促进投资，增加就业，扩大内需，使本国经济平衡可持续发展。积极的财政政策是经济稳定发展、人民生活水平稳步提高的必要前提，是社会主义市场经济的重要特征。

自 2005 年 7 月 21 日起，中国开始实行以市场供求为基础、参考一篮子货币进行调节、有管理的浮动汇率制度。2016 年 10 月 1 日，人民币正式加入国际货币基金组织（IMF）特别提款权（SDR）货币篮子，成为国际储备货币，人民币由此成为有史以来第一个新增的 SDR 篮子货币。人民币“入篮”后，SDR 货币篮子将包括美元、欧元、人民币、日元和英镑 5 种货币，其权重将分别为 41.73%、30.93%、10.92%、8.33% 和 8.09%。

想一想　练一练

请思考，人民币加入 SDR 货币篮子对中国经济发展有哪些机遇与挑战？

2015 年，为进一步整合人民币跨境清算渠道，提高人民币跨境支付结算效率，中国人民银行决定组织建设人民币跨境支付系统（CIPS）。CIPS 先后在 2015 年和 2018 年顺利投产，重点建立符合国际标准和通行做法的整体制度框架和基础性安排，采用实时全额结算模式，支持客户汇款和金融机构汇款等支付业务，较好地满足了全球各主要时区跨境人民币贸易、投融资业务等结算要求，便利了人民币在全球的使用。CIPS 上线运行后，大大提高了跨境清算效率，标志着人民币国内支付和国际支付统筹兼顾的现代化支付体系取得重要进展。

视频：大国崛起－人民币加入 SDR 货币篮子

视频：人民币跨境支付系统

（三）人民币的重要特性

1. 非自由兑换货币

虽然人民币于 2016 年正式加入国际货币基金组织特别提款权货币篮子，成为国际储备货币，但是人民币却不是自由兑换货币。根据《国际货币基金协定》的规定，自由兑换是指对国际经常往来的付款和资金转移不得施加限制。也就是说，这种货币在国际经常往来中随时可以无条件地作为支付手段使用，对方亦应无条件接受并承认其法定价值。货币兑换可划分为三个层次：一是不可兑换；二是国际收支经常项目下可兑换；三是完全可自由兑换，即在经常项目和资本项目下均可以自由兑换。1996 年，人民币实现了国际收支经常项目下的可兑换，但资本项目至今仍未开放，尚处于货币兑换的第二个层次。因此，人民币依旧是非自由兑换货币。

《国际货币基金协定》第八条中规定了经常项目下货币可兑换应承担的具体义务，归纳如下：第一，各成员国（或地区）未经国际货币基金组织同意，不可对国际经常往来的付款和资金转移施加限定；第二，不允许实行歧视性货币措施和多种汇率措施；第三，任何一个成员国均有义务赎回其他成员国持有的经常项目下本国货币的结存，即兑换外国持有的本国货币。资本项目下的可兑换要求取消对短期金融资本、直接投资和证券投资引起的外汇收支的各种兑换限制，使资本能够自由出入境。

过去几年，中国在人民币汇率形成机制、利率市场化和人民币国际化等方面不断进行深化改革，人民币在国际金融市场中的地位和作用明显提升，人民币已经成为全球第二大贸易融资货币、第四大支付货币和第六大外汇交易货币。实现人民币自由兑换是中国外汇体制改革的最终目标。

2. 在岸人民币和离岸人民币

由于人民币目前仍是非自由兑换货币，未实现资本项目下可兑换，因此通过贸易流出境外的人民币不能够再次进入国内资本市场。在这种情况下，发展人民币贸易结算，就需要解决流出境外的人民币的流通和交易问题。为了保证和促进人民币贸易结算的发展，由中国人民银行主导在中国香港建立了人民币离岸市场。

视频：大国担当——坚挺的人民币

人民币离岸市场，是指在中国大陆境外经营人民币存放款业务的市场。交易的双方都是非居民。与离岸市场相对应的，是人民币在岸市场，也就是我国境内的人民币交易市场，交易的双方是中国人民银行和各大商业银行（见表 3-9）。

表 3-9　在岸人民币与离岸人民币的区别

	在岸人民币	离岸人民币
符号	CNY	CNH
发展时间	长	短
规模	大	小
管制	较多	较少
参与者	央行和各大商业银行	非居民
影响因素	中国人民银行相关政策	国际因素

离岸汇率更多的是由市场决定，而市场决定离岸人民币升值还是贬值的主要因素是中国的经济数据。在岸汇率则较大程度上受到中国人民银行货币政策的影响，而非市场预期。这样一来，就会形成离岸汇率和在岸汇率不一致的情况，从而出现套利机会。

案例：大国崛起——中国率先领跑数字货币

3. 数字人民币

数字人民币，字母缩写按照国际惯例暂定为“e-CNY”，是由中国人民银行发行的数字形式的法定货币，由指定运营机构参与运营并向公众兑换，以广义账户体系为基础，支持银行账户松耦合功能，与纸钞硬币等价，具有价值特征和法偿性，支持可控匿名。

数字人民币的概念有两个重点：一是数字人民币是数字形式的法定货币；

二是数字人民币和纸钞、硬币等价。数字人民币主要定位于现金类支付凭证（M0），也就是流通中的现钞和硬币，将与实物人民币长期并存。数字人民币主要用于满足公众对数字形态现金的需求，助力普惠金融。目前，数字人民币已在中国多个城市和场景进行内部封闭试点测试，以不断优化和完善其功能。

（四）中国重要的经济指标

1. 国内生产总值（Gross Domestic Product）

中国是全球第二大单一经济体。国内生产总值作为体现经济发展情况的重要经济指标，将直接影响投资者对人民币汇率走势的心理预期，从而影响市场需求。

2. 贸易收支（Balance of Goods and Services）

中国的贸易收支呈现持续顺差态势，持续高额的贸易顺差是当前人民币汇率稳定的重要基础，更是外汇储备稳定的一道防线。贸易顺差持续稳定有助于中国人民银行维持人民币汇率的稳定。因此，投资者有必要关注中国的贸易收支状况。

3. 消费者物价指数（Consumer Price Index）

消费者物价指数是反映通货膨胀的关键经济指标，是决定央行货币政策的主要因素之一。若通货膨胀率高企，中国人民银行的货币政策偏紧缩，将不利于中国的经济发展。货币政策的调整基于该指数的变化，所以必须关注这一指标。

拓展阅读：我国的外汇储备

拓展阅读 3－15

人民币汇率飙涨：套利资本"兴风作浪"

2021 年 10 月 19 日，境内外人民币兑美元汇率双双大幅跳涨逾 0.75%，分别创下 2021 年 7 月以来最高值 6.3818 与 6.3636。

"这波人民币上涨行情显得毫无征兆。"一位华尔街对冲基金经理向记者直言。当时整个金融市场仍在密切关注美联储即将缩减 QE 带动美元重回涨势，根本没想到人民币汇率会突然大幅飙涨。

一位美国外汇经纪商表示，不少华尔街投资机构认为人民币突然飙涨是套利资本的"杰作"。一是 2021 年第三季度中国贸易顺差达到 1 815 亿美元，较 2020 年同期增长约 19%，表明中国外贸景气度仍在延续，令套利资本敢于押注人民币汇率持续升值；二是近期中国十年期国债收益率重回 3% 上方，令中美两国利差再度走高至 139 个点，也提振人民币汇率走强。

目前市场还认为，量化投资基金在其中扮演着推波助澜的作用。由于 2021 年 10 月月末中国国债正式纳入富时罗素指数，量化投资基金普遍预期这将吸引众多全球资本跟随加仓中国国债，令它们有底气提前押注人民币汇率上涨套利。

“此外，随着中美经济此消彼长（即美国经济正陷入滞胀风险，但中国经济基本面仍稳健增长），越来越多的宏观经济型对冲基金悄悄将人民币兑美元的汇率均衡汇率从6.5调高至6.4附近，也带动外汇市场突然掀起一波人民币买涨潮。”这位外汇经纪商分析说。突如其来的人民币汇率买涨潮，使人民币空头措手不及。2021年10月19日，当人民币汇率上涨突破6.4整数关口后，大量执行价在6.4的人民币沽空期权期货头寸纷纷止损离场，无形间放大了人民币汇率涨幅。

（资料来源：https：//m.21jingji.com/article/20211021/82df4caa6d6d0c36e67281b0b6e51531.html。）

知识链接

港元

港元（HKD），长期作为十大国际支付货币之一。其发行地中国香港是主要的国际金融中心，拥有世界上最大规模之一的金融业。中国香港的银行体系中的资产相当于本地生产总值的约9.5倍，并且是多家具有全球系统重要性银行的盈利及总资产的主要来源地。中国香港作为全球资产及财富管理中心，2019年的管理资产额相当于本地生产总值的10倍，同时拥有全球最大股票交易所之一。中国香港的人寿保险业规模位居全球前列，中国香港也是亚洲地区最大的外汇掉期市场。

如此重要的币种，外汇投资者却对它“视而不见”，这是为什么呢？这是因为中国香港实行的是联系汇率制度。从1983年10月17日起，中国香港发钞银行一律以1美元兑换7.8港元的比价，事先向外汇基金缴纳美元，换取等值的港元“负债证明书”后，才增发港元现钞。同时，当地政府也承诺港元现钞从流通中回流后，发钞银行同样可以用该比价兑回美元。也就是说，美元兑港元的汇率基本上“固定”在1:7.8。

香港金融管理局（金管局）以联系汇率制度为首要的货币政策目标，在联系汇率制度的架构内，通过稳健的外汇基金管理、货币操作及其他适当的措施维持汇率稳定。但同时，联系汇率制度使中国香港的货币当局丧失了调整经济的灵活性。在联系汇率制度下，货币管理当局不能推行独立的货币政策，须跟随美国的货币政策。之所以会出现港元利率比美元利率高的情况，是因为公众认为港元的风险高，联系汇率有可能失守，港元与美元的利差就是对港元的风险补偿。可见，如果两者利差过大，港元利率偏高不但不能稳定港元，反而会动摇公众对港元的信心。

模块四　大洋洲国家货币分析

模块导入

大洋洲的主流货币包括澳大利亚元和新西兰元。作为南半球的两大主流货币，它们各自有哪些基本面特征？投资者在分析时要尤其注意哪些方面呢？本模块将简要分析。

任务描述

掌握澳大利亚元和新西兰元的基本面特征；掌握澳大利亚元和新西兰元的基本面分析方法。

相关知识

一、澳大利亚元基本面

（一）宏观经济概况

微课：影响澳元的基本面因素

课件：影响澳元的基本面因素

按照国内生产总值（GDP）计算，澳大利亚是全球第十三大经济体。2020年，澳大利亚的国内生产总值达1.33万亿美元。尽管经济体量相对较小，但按人均水平计算，它可以与西欧地区的很多工业国家比肩。澳大利亚是以服务业为导向的经济体，将近79%的GDP来自金融业、房地产业和商业服务业等行业。然而，澳大利亚也存在贸易赤字，制造业在澳大利亚的出口贸易中占了首要的地位。农产品和矿物的出口在所有制造业出口中占比超过60%。由此可见，澳大利亚的经济对商品价格的变化高度敏感。因此，澳元也被称为商品货币。

澳大利亚常年呈现贸易顺差。2019年，澳大利亚的贸易顺差超过500亿美元。澳大利亚的主要出口目的地分别是中国、日本、韩国、英国、美国和印度，出口产品前五位分别为铁矿砂、煤、石油气、金、石油原油。澳大利亚的主要进口目的地分别为中国、美国、日本、泰国、德国和韩国，进口产品前五位分别为石油制品、载人机动车辆、石油原油、数据通信设备、自动数据处理设备及其部件。

（二）澳大利亚元的重要特性

1. 与商品相联系的货币

历史上，澳大利亚元和商品价格——更确切地说，与黄金价格——有着非常强的相关性（接近80%）。这种相关性源自这样一个事实：澳大利亚是全球第三大黄金生产国，在其每年的出口额中，黄金出口额达近50亿美元。

因此，当商品价格上涨时，澳大利亚元会从中受益；反之，当商品价格下跌时，澳大利亚元也随之下跌。如果商品价格上涨强劲，市场就会出现对通货膨胀的担忧，澳大利亚储备银行将倾向于提高利率以压抑通货膨胀。然而，这是一个敏感的话题，原因是黄金价格通常在全球经济（或者政治）不明朗的时期上涨。如果澳大利亚储备银行在这种情形下提高利率，会令澳大利亚更容易受到溢出效应的影响。

2. 套息交易的效应

澳大利亚是发达国家中提供高利率的国家之一。作为一种具有较强流动性的货币，澳大利亚元是套息交易中最常用的货币之一。一个套息交易涉及买入或者卖出一种高息货币和卖出或者买入一种低息货币。例如，2010 年 9 月澳元利率为 4.5%，是主要货币中利率最高的币种，众多的交易者选择进行澳元/日元套息交易，这也是造成澳元/美元处于稳定上升态势的原因之一。2009—2010 年，澳元/日元自 55.50 升至 88.00，升幅达 3 250 个基点。当股票投资只能提供很少回报的时候，很多投资者都在寻找高收益的投资。然而，经济和政治因素每天都在改变，货币之间的利差也瞬息万变，这就有可能导致盛行的套息交易不再受宠。

3. 干旱效应

由于澳大利亚绝大部分的出口都是商品，恶劣的天气状况会损害国家的农业活动，所以澳大利亚的国内生产总值对恶劣的天气状况高度敏感。例如，2018 年对澳大利亚是特别艰难的一年，澳大利亚经历了严重的旱灾。由于农业占了澳大利亚 GDP 的 3%，所以旱灾令澳大利亚的农业遭受了极为重大的损失。除了出口贸易外，旱灾对澳大利亚经济的其他方面也有间接影响。供应和服务于农业的其他行业（例如，批发业和交通运输业以及农业和畜牧业的零售业）也受到旱灾的消极影响。然而，近年来澳大利亚经济成功实现增长驱动因素的轮换，从矿业投资热潮到房地产建设的强劲增长，直至其他建设活动的增长，干旱效应对澳大利亚经济的影响已经有所降低。

4. 利率差异

澳大利亚元的专业交易者密切关注澳大利亚的现金利率和其他工业国家的短期利率之间的差异。由于该数据能够显示澳大利亚的短期固定收益资产与其他国家的短期固定收益资产相比较的收益率溢价，所以，该差异是反映潜在资本流动的良好指标。由于投资者总是寻找最高收益的资产，该利率差异为交易者提供了货币发生潜在波动的迹象。这对套息交易者尤为重要。它们建立头寸和了结头寸都是基于全球的固定收益资产之间正向的利率差异。

（三）澳大利亚重要的经济指标（见表 3－10）

表 3－10　澳大利亚重要的经济指标

经济指标	反映的经济因素	分析要点
国内生产总值（GDP）	经济周期	初值报告最为重要
消费者物价指数（CPI）	通货膨胀	货币政策的调整基于此经济指标
贸易收支（Balance of Goods and Services）	商品和服务的国际贸易	此指标对于出口贸易大国尤为重要
私人消费（Private Consumption）	家庭/个人支出状况	私人消费或者消费者支出是澳大利亚经济的基石
生产者物价指数（PPI）	所有生产行业的价格变化	关注季节调整后的产成品 PPI 以及每次公布的变动情况

拓展阅读 3－16

大宗商品全线大跌，拖累澳元日内重挫

2021 年 11 月 9 日，澳元兑美元大跌逾 0.6%。尽管亚洲时段公布的澳大利亚国民银行（NAB）商业信心指数表现强劲，但受大宗商品全线大跌等因素影响，澳元持续承压下行。

NAB 商业信心指数月率从 2021 年 9 月的 13 升至 10 月的 21，而 NAB 月度商业景气指数从 2021 年 9 月的 5 升至 10 月的 11。当地经济学家表示，商业信心的改善主要是由于封锁限制的放松，预示着 2022 年前景乐观。但该数据未能提振澳元日内的走势，多头表现仍然疲软。与此同时，美元也承压下行，日内出炉的美国 PPI 数据同比上涨 8.6%，与前一个月持平，略低于 8.7% 的预期。

澳大利亚联邦银行策略师表示，澳大利亚储备银行（简称澳联储）的加息预期可能调整得更低。澳联储预计最早要到 2023 年年末，通胀和薪资增长才会提高到足以加息的程度，不过市场预计澳联储从 2022 年开始将有一连串加息动作。

另外，夜盘黑色系大宗商品全线暴跌，铁矿石跌幅逾 6%，创 2019 年 1 月以来新低，令澳元日内跌幅进一步扩大。如果看跌势头确立，澳元兑美元跌破 2021 年 11 月 5 日低位（0.7360），可能引发澳元汇价跌向更低的 0.7324 甚至 0.7300（见图 3－10）。

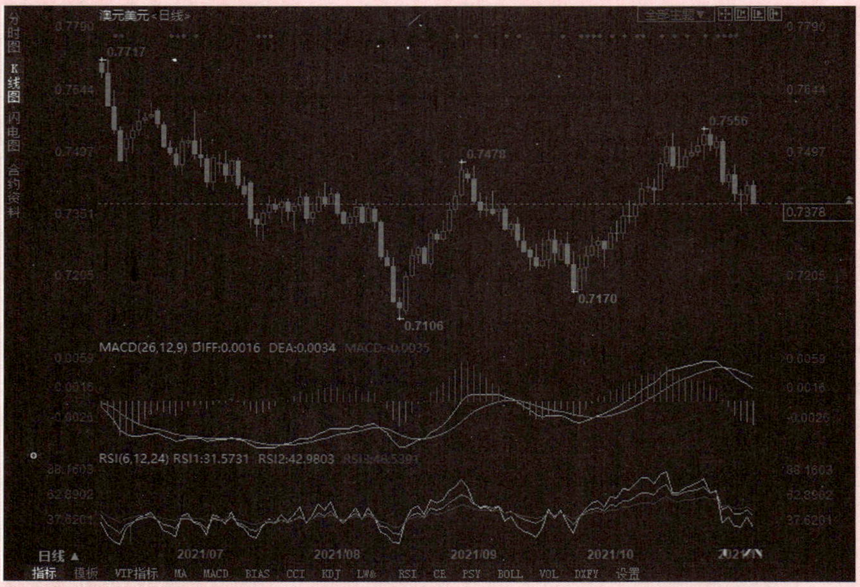

图 3-10 澳元兑美元日线图

（资料来源：https：//news. fx678. com/202111092316372538. shtml。）

课件：影响纽元的基本面因素

二、新西兰元基本面

（一）宏观经济概况

新西兰是一个经济体量非常小的经济体，2020 年的国内生产总值约为 2 100 亿美元。但新西兰是一个高度发达的资本主义国家。世界银行将新西兰列为世界上最方便营商的国家之一。1994 年，新西兰通过了《财政责任法》，从一个以农业和畜牧业为主的国家向一个知识型的经济体转变，追求高技能、高就业和高附加值的生产。该法案使新西兰经济成功地从以农业为主，转型为具有国际竞争力的工业化市场经济。

新西兰拥有高度发达的制造业和服务业，农产品的出口占了该国出口总额的大部分。新西兰的经济主要以贸易为导向，鹿茸、羊肉、奶制品和粗羊毛的出口额皆为世界第一，商品和服务的出口额占其国内生产总值的近 1/3。由于经济规模小和大量的贸易活动，新西兰对全球的经济表现高度敏感。2013 年，中国就成为新西兰第二大贸易伙伴。随着近年来中新两国贸易活动的不断发展，自 2017 年以来，中国成为新西兰最大的贸易伙伴。

2019 年，新西兰商品和服务出口总额中的 23% 出口至中国，进口总额中的 16% 来自中国。2019 年，中新两国商品和服务贸易额（双边贸易额）达 334 亿纽元（即新西兰元）。其中，出口额达 201 亿纽元，进口额达 133 亿纽元。

新西兰统计局公布的数据显示，2019 年新西兰的主要出口国为中国、澳大利亚、美国、日本、韩国和英国，出口产品主要包括乳制品（奶粉、黄油和奶酪）、木材（原木、木材和木制品）、肉类（肉类和食用内脏）、水果和预处理食品（包括奶粉、谷物、面粉和淀粉）。新西兰的主要进口国为中国、澳大利亚、美国、日本、德国和韩国，主要进口商品为机械设备、汽车和零件、石油及其制品、电器机械设备和纺织品。2019 年，新西兰从中国进口商品的前三类分别是电子机器和设备（包括手机）、机械机器和设备（包括电脑）、纺织品类产品。这些进口商品占新西兰进口总额的 7%，贸易额达 62 亿纽元。

（二）新西兰元的重要特性

1. 和澳大利亚元有很强的相关性

长期以来，澳大利亚是新西兰的主要贸易伙伴。两国毗邻，加上新西兰又是以贸易为导向的经济体，两国建立了紧密的联系。当澳大利亚的经济表现良好时，澳大利亚的公司会增加它们的进口业务。新西兰就是第一个受益者。图 3－11 显示了澳元/美元与新西兰元/美元两个货币对近乎完美的镜像关系。2017—2021 年，这两个货币对之间有接近 97% 的正相关性。

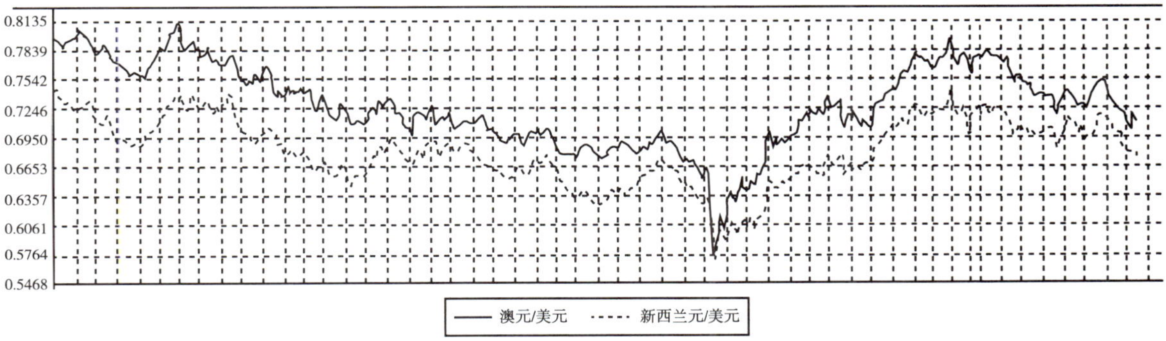

图 3－11　2017—2021 年澳元/美元和新西兰元/美元的汇率走势图

2. 与商品相联系的货币

新西兰是一个出口型的经济体，商品的出口总额占该国出口总额的比率超过 40%。这使得新西兰元和商品价格之间形成了近 50% 的正相关性。当商品价格上涨时，新西兰元也倾向于上涨。而澳大利亚元和新西兰元之间的相关性，一部分源于紧密的贸易关系，另一部分源于它们都是与商品价格相联系的货币。也就是说，当商品价格上涨时，澳大利亚的经济从中受益，国家经济的各个方面都有所增加，包括与新西兰的贸易。

3. 套息交易

新西兰元是工业国家中利率较高的货币之一，也是套息交易中最常使用的货币之一。由于投资者总是寻找最高收益的资产，利率差异又能为交易者提供货币发生潜在波动的迹象，所以套息交易的盛行有利于新西兰元的上涨。然而，这也令新西兰元对利率的变化特别敏感。当美国开始提高利率，而新西兰维持利率不变或者降低利率时，新西兰元的息差优势就会缩小。在这种情况下，若出现投机者大量平仓套息交易头寸，新西兰元就会承受下行压力。

4. 移民

新西兰的人口很少。2021 年，新西兰人口总数只有约 508 万人。因此，移民的增加对新西兰经济有重大的影响。新西兰统计局公布的数据显示，在 2017 年 6 月的前 12 个月内，新西兰移民净流入数量达 7.23 万人，是这一时期该国人口增长的主要构成部分。同期，新西兰人口自然增长数量为 2.81 万人，约为移民净流入数量的 1/3。新西兰移民人口数量的增长，对新西兰经济表现有相当大的贡献。人口增加使得家庭用品的需求增加，由此提高了新西兰社会整体的消费水平。

5. 干旱的影响

由于新西兰大部分的出口商品都是农产品，恶劣的天气状况会使国家的农业产出遭受损失，所以新西兰的国内生产总值对气象状况高度敏感。2013 年的旱灾使新西兰损失超过 10 亿新西兰元，约为该国当年经济增长率的 1%。此外，新西兰最大的贸易伙伴——澳大利亚也经常发生旱灾。旱灾使澳大利亚遭受经济损失的同时，也对新西兰的经济产生负面的影响。

（三）新西兰重要的经济指标

新西兰不经常公布经济数据，但表 3－11 中的经济数据都对其十分重要。

表 3－11　新西兰重要的经济指标

经济指标	反映的经济因素	分析要点
国内生产总值（GDP）	经济周期	初值报告最为重要
消费者物价指数（CPI）	通货膨胀	货币政策的调整基于此经济指标
国际收支	商品服务和资本的国际收支状况	此指标对于贸易大国尤为重要
私人消费（Private Consumption）	家庭/个人支出状况	私人消费或者消费者支出是新西兰经济的基础
生产者物价指数（PPI）	所有生产行业的价格变化	关注季节调整后的产成品 PPI 以及数据的变动情况

拓展阅读 3－17

新西兰元兑美元日内大涨，未来一年通胀预期飙升至 3.7%

2021 年 11 月 11 日—18 日，由于美元持续走强，新西兰元承受了巨大的下行压力，但 18 日的涨势改变了新西兰元的疲软走势。2021 年 11 月 18 日，新西兰元兑美元一路上涨，创下两个交易日内新高（见图 3－12）。新西兰联储的季度预期调查显示，企业经理预测未来一年的年均通胀率为 3.7%，而 2021 年 8 月该调查数据为 3.02%。两年通胀率预期也从 2.27%

升至2.96%。外界认为，新西兰联储的政策措施渗透至物价层面的时间约为两年。新西兰联储于2021年10月月初进行了七年来的首次加息，将官方现金利率（OCR）上调25个基点至0.5%，并发出了进一步收紧的信号，以抑制通胀压力，为火热的楼市降温。市场普遍预期新西兰联储在未来一个星期内会再次加息，预计将升息至0.75%，并暗示约有1/3的几率升息0.5个百分点至1.0%。新西兰联储的政策目标是将新西兰的通胀率控制在1%—3%。

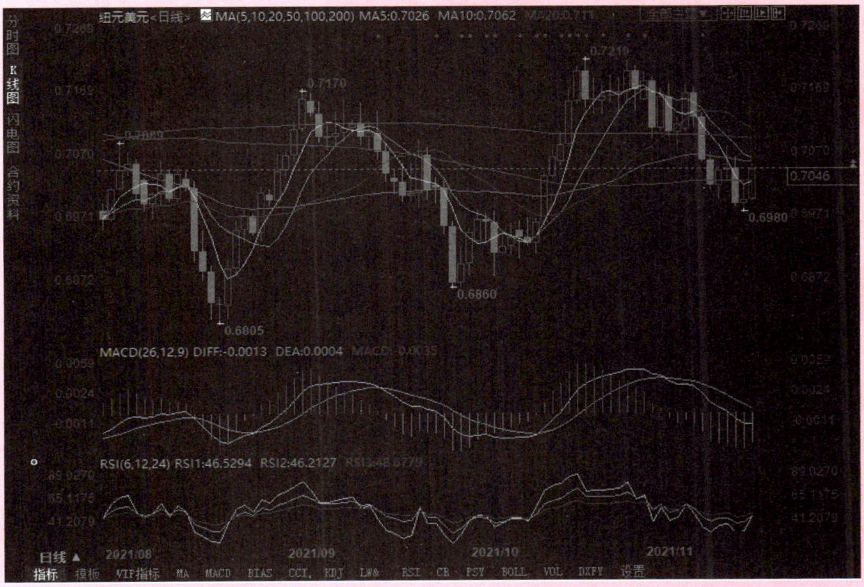

图3-12　新西兰元兑美元日线图

西太平洋银行分析师Michael Gordon在一份研究报告中指出，“即使有最近的防疫限制，新西兰经济需求依然火热，通胀压力不断增加”。他预测未来一周新西兰联储会升息25个基点，但同时警告升息50个基点的风险很大。

随着新西兰联储加息概率上升，新西兰元也得到支撑。高盛分析师表示，新西兰元兑美元将更加坚挺。

（资料来源：https：//news.fx678.com/202111182026192539.shtml。）

操作要点

√　根据各国的经济发展优势，尤其关注该国相关的经济指标变动情况。

√　根据重要经济指标的变动和重大事件的推进情况，分析其对汇率的影响，预测汇率变动走向。

知识要点

√ 关注每个主流货币的经济发展优势，这使得某些行业发展会突出影响该国汇率变动。

√ 关注每个主流货币的货币特征，这关系到特殊事件对该国货币汇率的影响。

问题讨论

请说说外汇交易中“买谣言，卖事实”的交易模式是如何实现的。

推荐阅读

1. 新浪财经——外汇 https：//finance. sina. com. cn/forex/。
2. 和讯外汇 http：//forex. hexun. com/。
3. 汇通网 https：//www. fx678. com. cn/。

思考与练习

课后练习

美国至今仍是全球第一大经济体，其一举一动都可能产生“蝴蝶效应”，影响各个国家的经济。外汇投资者须密切关注美联储的利率决议，无论美国加息或者降息都可能大大影响汇率走势，甚至可能影响他国乃至全球经济。试举例说明美国利率如何影响全球经济。

项目四
外汇市场技术分析

学习目标

1. 掌握技术分析的概念、作用及方法。
2. 运用切线法、形态法和指标法分析并预测汇率走势。
3. 具备爱岗敬业、严谨细致的职业素养。

项目任务

1. 运用切线法进行外汇技术分析。
2. 运用形态法进行外汇技术分析。
3. 运用指标法进行外汇技术分析。

标志成果

☑ 撰写外汇技术分析报告。

内容导图

项目四的内容导图见图 4－1。

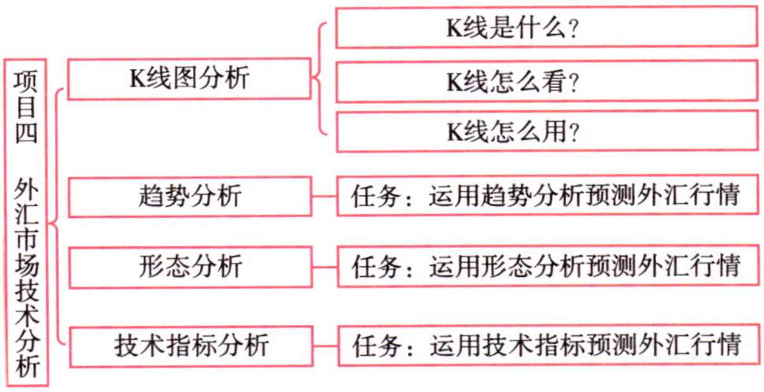

图 4－1　项目四的内容导图

导入案例

张果彤：汇市预测

2021 年 10 月最后一周，欧元如预期在 1.1660—1.1680 承压下行，周线图收阴柱。从图 4－2 来看，可延用前期研判思路，本月继续关注 1.1680 强阻力。在没有向上突破前，欧元继续向下运行的概率较大。前期 1.1660 区域的空单止损价从 1.1710 下移至 1.1660，继续持有即可。本周操作建议：于 1.1590—1.1615 附近做空，止损价建议为 1.1670，目标看向 1.1520、1.1470 和 1.1410 附近。若能到达 1.1410，建议全部平掉空单，离场观望。控制仓量，严格止损。

图 4－2　欧元兑美元日线图

美元指数走势正如预期回踩至 93.35 后向上运行，周线图收阳柱。从图 4－3来看，可延用前期对美元指数的研判思路，在没有成功跌破 93.30 前，向上测试 95.30 和 95.60 的概率较大。本周操作建议：于 93.80—93.70 区域做多，于 93.20 止损，目标看向 94.60、95.30 和 95.60 区域。若能到达 95.60，多单切记全部离场观望。控制仓量，严格止损。

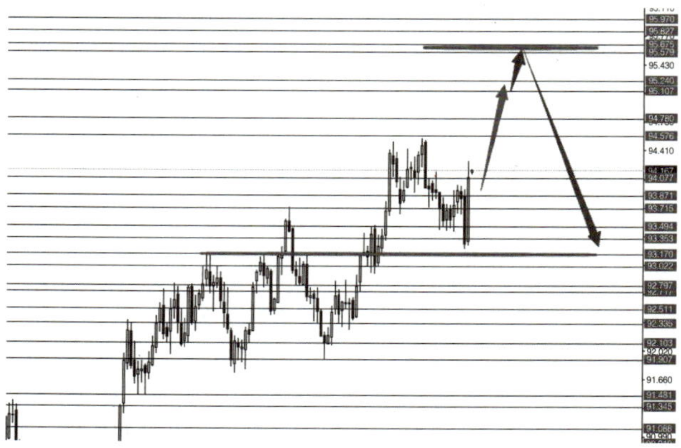

图 4－3　美元指数日线图

（资料来源：http：//finance. sina. com. cn/money/forex/forexanaly/2021 － 11 － 01/doc － iktzqtyu4771083. shtml。）

模块一　K 线图分析

模块导入

K 线图是技术分析的基础。该怎么解读那一根根长长短短、实心空心的柱子呢？本模块将详细解读 K 线图。

任务描述

区分基本面分析与技术分析；掌握 K 线的不同形态；理解 K 线的应用。

相关知识

技术分析，是指以预测外汇价格未来走势为目的，以图表形态技术指标等为手段，对市场展开包括归纳、分析、排除、确认、比较、决策、验证等一系列的思维和研究。技术分析的基本观点是：所有汇价的实际供需量及其背后起引导作用的种种因素，包括外汇市场上每个人对未来的希望、担心、恐惧、猜测等，都集中反映在外汇的价格和成交量上，因而研究它们是最直接有效的。

技术分析是相对基本面分析而言的。基本面分析着重对政局政策、经济情况、市场动态等因素进行分析，以此研究外汇的价格是否合理。而技术分析则是通过图表或者技术指标的记录，研究市场过去和现在的行为反应，以推测未来价格的变动趋势，其依据的技术指标是由汇价涨跌或者成交量等数据计算出来的。技术分析只关心外汇市场本身的变化，不考虑对其产生影响的经济、政治等外部因素。

微课：技术分析概述

课件：技术分析概述

知识链接

技术分析的前提条件

外汇交易的技术分析是基于三大假设形成的。这三大假设分别是：市场行为能反映一切信息；价格以趋势方式演变；历史会重演。

“市场行为能反映一切信息”是构成技术分析的基础。也就是说，经济、政治、心理预期等影响汇率的所有因素的变化都会真实而充分地反映在汇率价格上。这一假设的实质含义其实就是价格变化必定反映供求关系，而技术分析不过是通过价格的变化间接地研究基本面。图表本身并不能导致市场价格的涨跌，只是简明地显示出市场中的乐观或者悲观的心态。实际上，技术分析只不过是通过研究价格图表以及大量的辅助技术指标，由市场自己揭示其最可能的走势，而并不是分析师凭借个人的精明“征服”了市场。所有技术分析工具都只是市场分析的辅助手段。

“价格以趋势方式演变”是技术分析的核心。研究价格图表的全部意义就是要在一个趋势产生的早期，及时准确地把它揭示出来，从而达到顺应趋势进行交易的目的。其实，技术分析在本质上就是顺应趋势，即以判定和追随既成趋势为目的。也就是说，要坚定不移地顺应一个既成趋势，直至有反向的征兆为止。

“历史会重演”是技术分析中市场行为与市场心理的双重结果，它揭示了市场具有记忆特性。具体来说就是将来是过去的翻版。这种重演可以用数学模型、图表以及依据数学模型做出的指标图形表达。常见的KDJ、RSI、SAR、MACD、ROC、PSY等指标就是图形表达的典型。但必须指出的是，由于市场的变动（市场规模的变化、主导行情因素的变化等），技术分析赖以存在的“历史重演”并不是简单的重复或者拷贝，重复出现的只是某些重要的和标志性的特征，只有这些特征，才具有对行情方向的指示作用。技术分析的复杂性也正是由于这种非完全拷贝的重复而产生的。

在外汇报价软件中打开某个货币对的K线分析图。页面右上方是实时报价板，右下方是分时走势图；页面左侧是技术指标窗口，共分三个子窗口，分别列示K线、MACD和KDJ等指标（见图4－4）。

图4－4　英镑兑美元的K线分析图

一、K线是什么

K线分析是技术分析的最基本也是最常用的工具。K线又称阴阳线、棒线、红黑线或者蜡烛线。外汇 K 线图，就是将各种货币对每日、每周、每月的开盘价、收盘价、最高价、最低价等涨跌变化状况用图形的方式表现出来。根据计算单位不同 K 线可划分为分钟 K 线、日 K 线、周 K 线与月 K 线。交易者可以根据自身交易习惯选取不同周期级别的 K 线进行分析。

K 线呈柱状，由每个分析周期的开盘价、最高价、最低价和收盘价相结合绘制而成（见图 4－5）。每根 K 线由实体和影线两个部分组成，并且有阴阳之分。在 K 线实体上方的影线称上影线，在 K 线实体下方的影线称下影线。收盘价高于开盘价的 K 线称为阳 K 线。通常，阳 K 线的实体部分用白色或者红色表示；收盘价低于开盘价的 K 线称阴 K 线。通常，阴 K 线的实体部分用黑色或者蓝色表示。

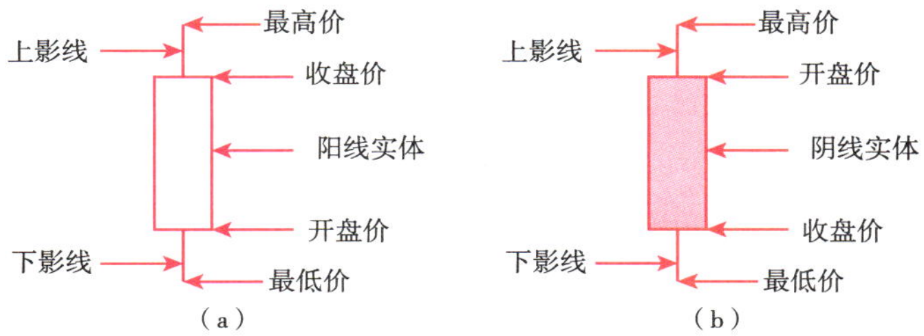

图 4－5　K 线图解示意图

传统意义上的开盘价是由金融产品第一笔交易的价格确定的。但是在国际外汇市场上，可以每天 24 个小时连续交易，而且各个国家的交易时段有所不同，所以没有严格意义上的开盘价。最高价和最低价，是指在分析周期内的两个极端价格。若这两个价格相差极大，说明市场交易活跃，买卖双方争夺激烈。收盘价格是多空双方激烈争夺后的结果，是买卖双方供需的平衡点。相对于其他价格，收盘价更为重要。严格意义上讲，在外汇市场上只有每星期交易结束时的价格才可以定义为收盘价。

微课：技术分析基本工具－K 线

二、K 线怎么看

不同的 K 线形态代表外汇市场上买卖双方当日交易的结果。投资者要想根据已发生的交易分析未来交易时机，必须掌握日 K 线基本形态蕴涵的实际意义。K 线图的独到之处在于，利用单日 K 线形态即可初步判断市场的强弱。以下介绍几种基本的 K 线形态。

（一）阳线基本形态分析（见表 4－1）

课件：技术分析基本工具－K 线

表 4－1　阳线基本形态分析

基本形态	名称	形态说明及含义
	大（全）阳线	（1）开盘价与最低价相同，收盘价与最高价相同；（2）没有下影线；（3）表示市场内多方占据绝对主力，涨势强烈，气势如虹

续表

基本形态	名称	形态说明及含义
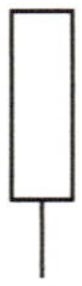	大阳下影线	(1) 收盘价与最高价相同，下段下影线；(2) 汇价稍作下探即被拉回，表示多方力量占优，下档买盘强劲；(3) 下影线的长度越长，表示多方力量越强
	大阳上影线	(1) 开盘价与最低价相同，小段上影线；(2) 汇价试图创下高点，但上方卖出压力沉重，汇价回落；(3) 表示多方占优，但上方价位卖压很大，有反转的迹象，应引起警觉；(4) 上影线越长，表示卖压越大，反转意味越大
	小阳线	(1) 上下影线长度基本相同；(2) 表示多空双方争夺激烈，多方仍占据一定优势，但空方的力量不可小视
	上影阳线 (顶部：射击之星或者流星形态) (底部：倒锤线形态)	(1) 上影线很长，至少是阳线实体长度的2—3倍；(2) 表示多方仍处于优势，但已是强弩之末，是强烈的反转形态；(3) 如果此形态出现在近期汇价的顶部，反转意义更强
	下影阳线 (顶部：上吊线形态) (底部：锤子线形态)	(1) 下影线很长，至少是阳线实体长度的2—3倍；(2) 表示多方处于优势，并且有多方买盘不断加入，推高汇价；(3) 此形态如出现在近期汇价底部，是强烈的反转信号，应引起注意

视频：K线图形

(二) 阴线基本形态分析（见表4－2）

表4－2　　阴线基本形态分析

基本形态	名称	形态说明及含义
	大（全）阴线	(1) 开盘价与最高价相同，收盘价与最低价相同；(2) 没有下影线；(3) 表示市场内空方占据绝对主力，汇价持续走跌
	大阴下影线	(1) 开盘价与最高价相同，小段下影线；(2) 汇价试图创出低点，但下方买盘压力沉重，汇价回升；(3) 表示空方占优，但下方价位买压很大，有反转迹象，应引起警觉；(4) 下影线越长，说明买压越大，反转意味越强
	大阴上影线	(1) 收盘价与最低价相同，上段上影线；(2) 汇价稍作上扬即被拉回，表示空方力量占优，上档卖盘强劲；(3) 下影线的长度越长，表示空方力量越强

续表

基本形态	名称	形态说明及含义
	小阴线	(1) 上下影线长度基本相同；(2) 表示多空双方争夺激烈，空方仍占据一定优势，但多方的力量不可小视
	上影阴线 （顶部：射击之星或者流星形态） （底部：倒锤线形态）	(1) 上影线很长，至少是阴线实体长度的2—3倍；(2) 表示空方处于优势，并且有空方买盘不断加入，推低汇价；(3) 此形态如出现在近期汇价顶部，是强烈的反转信号，应引起注意
	下影阴线 （顶部：上吊线形态） （底部：锥子线形态）	(1) 下影线很长，至少是阴线实体长度的2—3倍；(2) 表示空方仍处于优势，但已是强弩之末，是强烈的反转形态；(3) 此形态如出现在近期汇价的底部，反转意味更强

（三）十字线基本形态分析（见表4－3）

表4－3　十字线基本形态分析

基本形态	名称	形态说明及含义
	十字线	(1) 开盘价和收盘价相同；(2) 多空势均力敌；(3) 若此形态出现在顶部或者底部，是强烈的反转信号；若出现在长期整盘时期，是强烈的突破信号
	T字线	(1) 开盘价和收盘价相同；(2) 收盘价下方多方买盘积极，此价位多方有很强的支撑；(3) 底部出现此形态为强烈反转信号
	倒T字线	(1) 开盘价和收盘价相同；(2) 收盘价上方卖盘积极，空方有很强的支撑；(3) 顶部出现此形态为强烈反转信号
	一字线	(1) 开盘价、收盘价、最高价、最低价均相同；(2) 此形态极少出现，若出现就是暴涨暴跌的前兆

想一想　练一练

试从图4－6中找出阳线和阴线的各种形态。

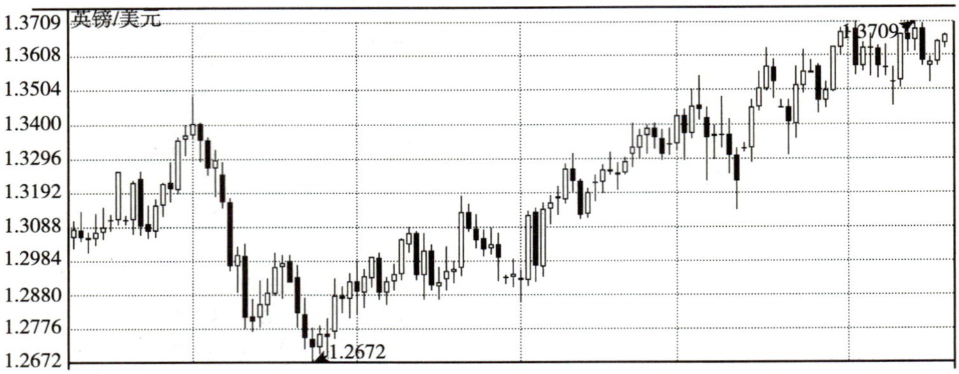

图 4－6 英镑兑美元 K 线图

三、K 线怎么用

（一）分析实体的长短

K 线实体越长，代表的力量越强：阳线实体越长，买方力量越强；阴线实体越长，卖方力量越强。两根或者三根 K 线组合在一起时，如果同是阳线，而且一根比一根长，表示买方占绝对优势，汇价涨势还将持续；如果阳线一根比一根短，表示买方气势已开始减弱，汇价涨幅有限。如果两根或者三根阴线的组合，后面的比前面的长，表示卖方势强，还会进一步打压汇价；如果阴线渐次缩短，表示卖方力量开始衰退，汇价下跌势头趋缓。

（二）分析上影线和下影线的长短

上影线长，说明买方将汇价推高后遇空方打压。上影线越长，空方阻力越大。下影线长，说明买方在低价位有强力支撑。下影线越长，支撑力越强。

（三）两根、三根 K 线的相互关系

如果相邻的两根或者三根 K 线分别为阳线和阴线，则要注意分析它们之间的关系，着重比较收盘价。以两根 K 线为例，如果第一根 K 线是阴线，第二根 K 线为阳线，要看阳线的收盘价是否超过阴线实体的 50%，是否高于阴线的开盘价，即是否将前一日的阴线全部包入。阳线收盘价越高，表示买方力量越强。如果第一根 K 线是阳线，第二根 K 线是阴线，则要看阴线的收盘价是否低于阳线实体的 50%，是否低于阳线的开盘价，即是否将前一日的阳线全部包入。阴线收盘价越低，卖方力量越强。三根或者多根 K 线组合也可依上述方法分析。

（四）分析 K 线是否组成某一形态

分析多根 K 线组合时，需注意 K 线组合是否已组成某一反转或者整理形态。若已组成某一形态，则应按形态特点分析，而不必拘泥于 K 线之间的关系。投资者需要特别注意实破形态的 K 线。例如，大阳线向上突破或者大阴线向下跌破，加上成交量的配合，是明确的买卖信号。

（五）分析 K 线在一个较大行情中的位置

分析 K 线也要胸有全局，不能只见树木不见森林。特别需注意，当高价

圈或者低价圈中出现大阳线、大阴线或者十字转机线时，需将K线放在整个行情走势中分析判断。

无论是一根K线，还是两根、三根以至更多根K线，都是对多空双方角力的描述，由K线组合得出的结论都是相对的，不是绝对的。对外汇投资者而言，由K线分析得出的结论只能起到辅助作用。K线组合形态有着极其丰富的变化，投资者应当在进一步学习的基础上，在实践中不断探索，总结规律，才能熟能生巧，运用自如。

模块二　趋势分析

模块任务

在图4-7上画出一条趋势线，即可根据趋势，预测汇率走势。趋势线该怎么画呢？都有哪些趋势线呢？

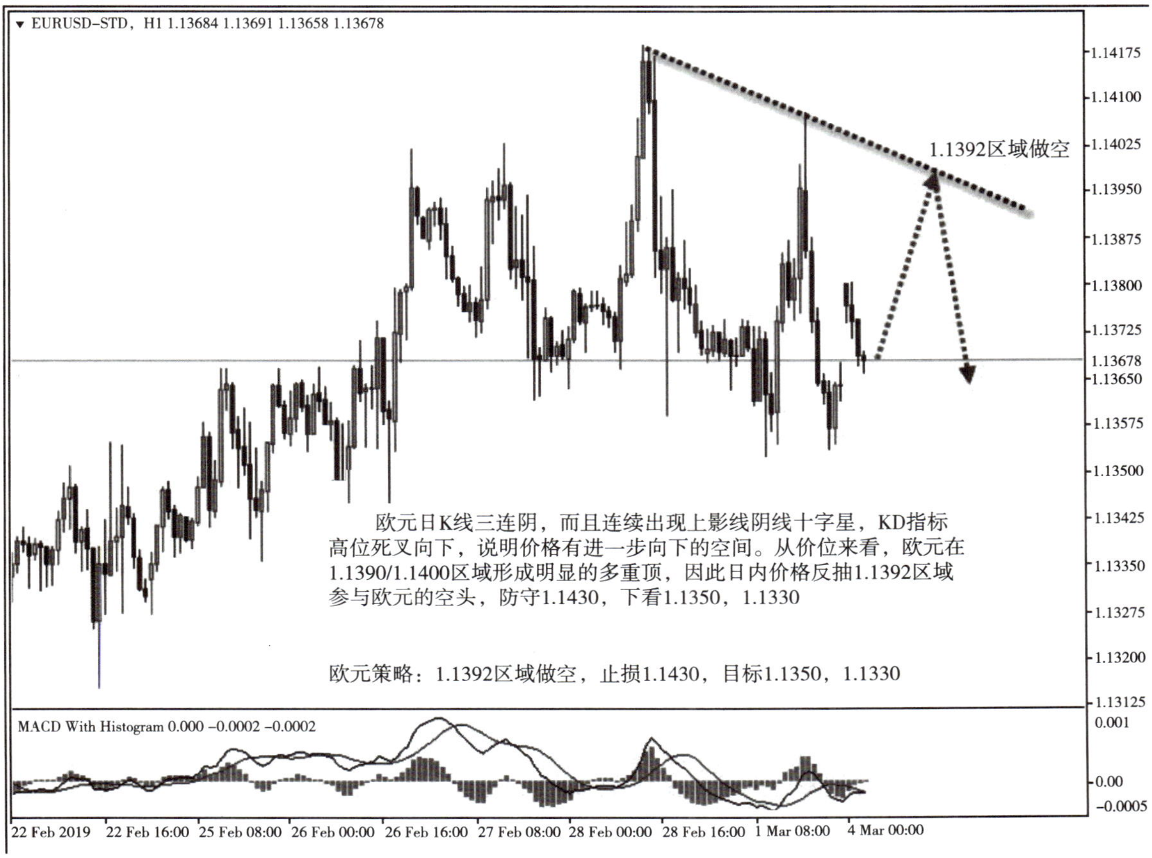

图4-7　欧元兑美元1小时K线图

任务描述

运用趋势分析预测外汇行情。

微课：趋势分析

课件：趋势分析

相关知识

从统计的数据来看，K 线图的形态大致可以预测未来 1—3 天的趋势。纯粹的 K 线分析只适合短线交易者。而对于中线交易者来说，单独的分析手段不足以充分地提炼信息，必须同时掌握中长期的技术分析手段和其他辅助分析手段。交易者唯有掌握多种分析手段，才能获得市场从各个方面发出的信号，预知市场的脉动和规律。

西方技术分析把趋势分析放在首位。当 K 线图日复一日地顺序排列时，形成了其连贯的运动轨迹，也就形成了形态、趋势、周期等要素。在掌握上述短期形态的基础上，投资者还需了解趋势和周期。事实上，部分西方技术分析者将他们所有的注意力都集中在以下的理论中，而对上述知识并不关注。

随着时间的推移，外汇价格会在图表上留下轨迹。这一轨迹呈现出一定的方向性，而这种方向性反映了价格的波动情况。即趋势就是价格波动的方向，也是外汇市场运动的方向。

在外汇市场中，如果一段上升或者下降的趋势被确认，则汇价的波动必然朝着这个方向运动，直到有外力改变它的方向为止。上升的行情里虽然也会有下降，但不影响上升的大方向；下降行情里即使有反弹，也不改变其最终的下降趋势。

一、趋势是什么

在外汇市场中，趋势的概念是汇率运行的方向，它是汇率波动有序性特征的体现，也是汇率随机波动中偏向性特征的主要表现。趋势实际上是物理学中最著名的运动学定律——牛顿惯性定律——在外汇市场中的再现，是技术分析中最根本、最核心的因素。即便是宏观经济，也存在处于不同发展阶段的趋势，各个行业在不同的阶段更是存在明显的发展趋势。

投资者最重要的投资原则就是顺势而为，即顺从汇率沿最小阻力运行的趋势方向开展操作，与汇率波动趋势达到“天人合一”。

投资者首先需认识到，随着时间的推移，汇率在图表上留下的运行轨迹呈现出方向性，而这种方向性也反映了汇率的波动情况。简单地说，趋势就是价格波动的方向，或者说是外汇市场运行的方向。趋势的方向有三种，即上升、水平、下降。投资者若确定了汇率当前趋势的方向，则可以判断其波动必然朝着这个方向运动。

在趋势向上的行情中，虽然有时候也会出现短暂的调整，但不影响上升的大方向。不断出现的新高使得偶尔出现的小幅调整黯然失色。下降行情里的情况正好相反，不断出现的新低使投资者情绪悲观失望，甚至造成人心涣散。

技术分析三大假设中第二条假设的内涵为价格的变化是有趋势的。在没有特殊情况发生时，价格将沿着这个趋势继续运动下去。这足以说明趋势这个概念在技术分析中的重要性。

操作流程

步骤一：在 K 线分析图中画切线

以欧元兑美元（EUR/USD）的 K 线分析图（见图 4－8）为例，选择工具栏功能，即出现画线工具板“”。

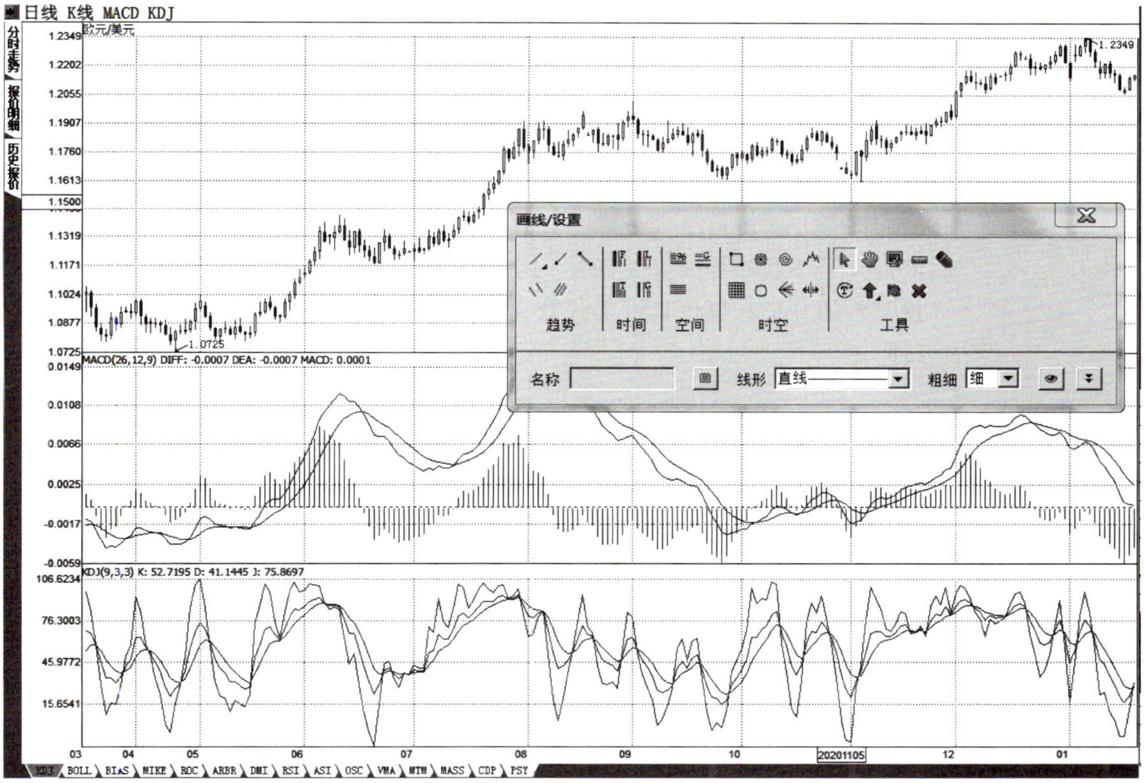

图 4－8　画线工具板

画线工具板中有绘制直线、射线、线段、回归线、黄金分割线、斐波那契周期线、调整百分比线等辅助线的画线工具。

（1）在 K 线图中绘制直线。点击直线形态的画线按钮，用鼠标在 K 线图上先点击一点，然后再点击 K 线图中需要画线的另一点，即可画出这两点之间的直线。在 K 线图一段上升趋势中，可以连接两个低点画一条直线。例如，图 4－9 中的直线 AB 就是上升趋势线。可以看出，上升趋势线 AB 对汇价具有支撑作用，当汇价接近直线 AB 时，汇价得到强力支撑。反之，若汇率跌破上升趋势线 AB，则上升趋势线就起到了压制作用。这为投资者分析和操作提供了很好的参考。投资者可以据此考虑将买点设置在直线 AB 附近。

图 4-9　欧元兑美元 K 线图中的上升趋势线

同理，在价格呈现下跌趋势时，将下跌过程中的两个高点连成一条直线，就得到了下跌趋势线（见图 4-10）。下跌趋势线对汇价具有抑制作用。这对投资者的分析和操作具有实践意义。投资者可以据此将卖点设置在下跌趋势线附近。

图 4-10　美元指数 K 线图中的下跌趋势线

（2）在 K 线图中绘制回归线。在画线工具板中选择回归线画线按钮，连接汇价波动中的低点 E、F，得到直线 EF。而后，拖动鼠标，点击该段内汇价高点，画一条与 EF 平行的线，得到直线 GH（见图 4-11）。这两条回归线形成该汇价一段时间内的上升通道，直线 EF 形成支撑位。直线 GH 形成压力位。投资者可以考虑在 EF 线附近设置买点，在 GH 线附近设置卖点。

图 4－11　英镑兑美元 K 线图中的回归线

（3）在 K 线图中绘制黄金分割线。在画线工具板中选择绘制水平黄金分割线的画线按钮，顺次点击某段时期内汇价的相对高点和相对低点，画线工具会自动按照黄金分割比率形成这两点之间的黄金分割线（见图 4－12）。

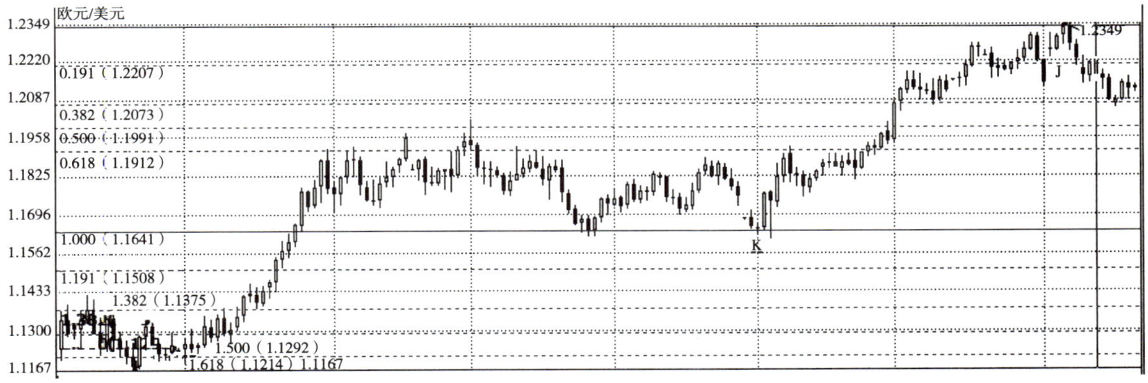

图 4－12　欧元兑美元 K 线图中的黄金分割线

步骤二：运用切线预测外汇行情走势

切线主要起支撑和压力的作用。支撑线和压力线向后延伸的位置对价格趋势起到一定制约作用。利用切线预测外汇走势在上述步骤一中已经提及，以下重点介绍运用黄金分割线预测外汇行情。

知识链接

斐波那契策略

斐波那契（Fibonacci）是著名的意大利数学家，他发现了一组在整个自然界无处不在的数字序列。人们将这一几乎在所有领域都存在的数字序列称为斐波那契数列，又称黄金分割数列。

斐波那契比率（61.8%和38.2%以及它们的中点50%）被认为是重要的支撑水平和阻力水平。推崇斐波那契策略的交易者认为，在一次显著的单边波动后，汇率会发生一次幅度等于斐波那契比率的回撤，通常该比率为38.2%、50%或者61.8%。虽然这种方法较少用于股票和商品交易中，但却是外汇交易不可或缺的一部分，并被银行、机构投资者、对冲基金以及个人交易者广泛采用。由于在外汇市场受到普遍欢迎，斐波那契策略创造了一种自我实现的预言。

汇价连续上涨或者连续下跌后，当在一定区域遇到压力或者支撑时，汇价方向可能发生改变。此时，黄金分割线提供了支撑线或者压力线所在的可能价位。黄金分割线的实际作用主要体现在两个方面：一是利用行情回调和反弹的幅度预测价格运行趋势；二是判断行情的回调支撑区和反弹压力区。这是投资者在成熟市场中经过大量实践总结的经验，可供广大投资者参考。

在图4－13中，J点价位为1.2340，K点价位为1.1641，汇价从J点开始回调，那么这波回调会下降至哪个价位呢？或者回调的目标价位是多少呢？使用黄金分割线可以帮助投资者回答这个问题。黄金分割线根据黄金分割点设定。几个重要的黄金分割点为0.191，0.382，0.500，0.618。这几个点极易产生支撑和压力。其中，以0.382和0.618最为重要。

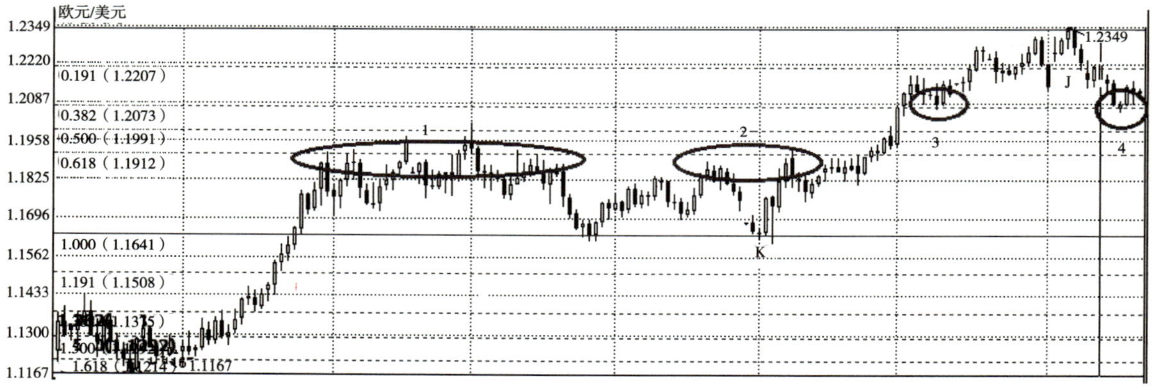

图4－13 黄金分割线的强弱位

在J、K两点之间做黄金分割，则黄金分割线的0.382线对应的价位为1.2073，0.618线对应的价位为1.1912。根据黄金分割线判断，在上升趋势中，J点遭遇回调，回调的目标价位为1.2073和1.1912。也就是说，该汇价此波回调很可能到达的价位是1.2073，即0.382线附近，称其为强势位。图4－13中4区汇价在触碰0.382线后反弹。可见，此波回调有强支撑，后市反弹至1.2340的概率较大，不容易跌破1.2073。

前期汇价在上升过程中多次冲击0.618线（图4－13的1区与2区位

置），但同样遭受压力回调，说明 0.618 线为强压力线，难以突破，故 0.618 线称为强势位；但汇价一旦突破 0.618 线，向上突破 0.382 线（弱势位）的概率就较大。而且 0.382 线一旦被突破，就成为汇价回调的强支撑线。图 4－13 中 3 区和 4 区就是有力的说明。

综上所述，黄金分割比率中最常用的比率为 0.382 和 0.618。在一轮中级行情结束后，汇价会向与此前相反的方向运动。这时，无论是由跌势转为升势还是由升势转为跌势，都可以以最近一次趋势行情中的重要高点和低点之间的涨跌幅作为分析的范围，将原涨跌幅按 0.191、0.382、0.5、0.618 划分为 4 个黄金分割区域，汇价在行情反转后将可能在这些黄金分割点上遇到暂时的阻力或者支撑。

视频：支撑位与压力位

步骤三：确认切线的作用

切线对汇价的运行有支撑或者压力作用，不过，这种作用有强弱之分。投资者可以从以下两个方面判断切线的作用：

（1）汇价在区域内停留时间的长短。

（2）这个支撑或者压力区域所处时间与当前时间距离的远近。汇价停留时间越长，离当前时间越近，则支撑区域或者压力区域越可以确认，对当前的影响越大。反之就越小。

视频：趋势分析

步骤四：辨别切线突破的有效性

汇价在很多情况下可以突破切线的支撑或者压力。在图 4－14（a）中，汇价在 A 点向下跌破了支撑线。图 4－14（b）在 B 点向上突破了压力线。

视频：黄金分割线

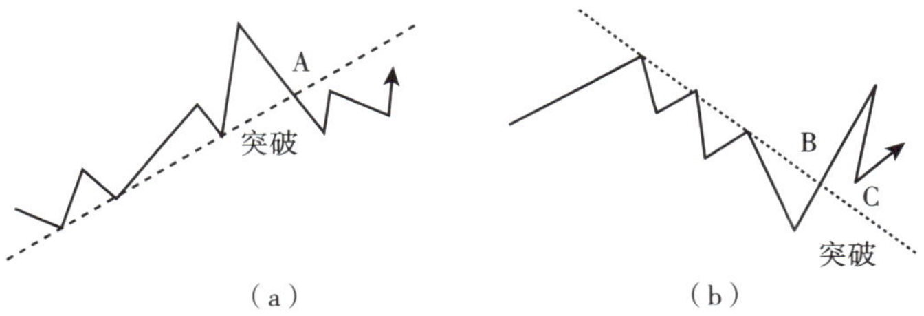

图 4－14　切线突破

什么是有效突破？简言之，汇价突破切线后，将在切线的另一侧运行，不再返回原来一侧，这种突破称为有效突破。判断突破的有效性有以下几个标准：

（1）收盘价突破，即依据收盘价判断突破比较有效。

（2）突破的幅度达到 3%，即收盘价突破切线的幅度达到 3% 以上才算有效，且突破的幅度越远离切线有效性越强。

（3）反抽确认。汇价突破切线后，一般还会折返回头，有再次穿越切线返回原来一侧的趋势，称为反抽。如果反抽没有成功穿越切线返回原来一侧，而会受切线的支撑或者压制再次沿原突破方向运行，说明此次突破是有效的（见图 4－14（b））。

（4）突破的时间须超过 3 个交易日。突破后，汇价停留在切线另一侧的时间越长，突破越有效。

温馨提示

汇价一旦有效突破切线，则该切线的性质将发生改变。突破前是支撑线，突破后则变成阻力线。反之亦然。

步骤五：观察切线的两个实际应用

（1）轨道线在外汇行情分析中的应用。轨道线又称通道线或者管道线，是基于趋势线的一种 K 线分析方法。在已经得到趋势线后，可以通过第一个“峰”或者“谷”做出这条趋势线的平行线。这两条平行线就是轨道线（见图 4－15）。

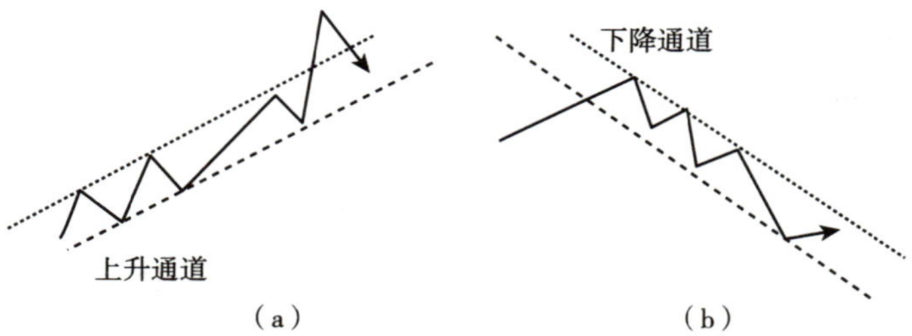

图 4－15 轨道线

轨道线可能限制汇价变动的范围。通常情况下，轨道线一经确认，价格将在这一通道内变动。K 线如果突破轨道线上方或者下方的切线，意味着行情将出现重大变化。

轨道线可以用于观察汇价的运行。图 4－16 显示了 2020 年 4 月 1 日—2020 年 12 月 31 日美元兑日元的 K 线运行情况。

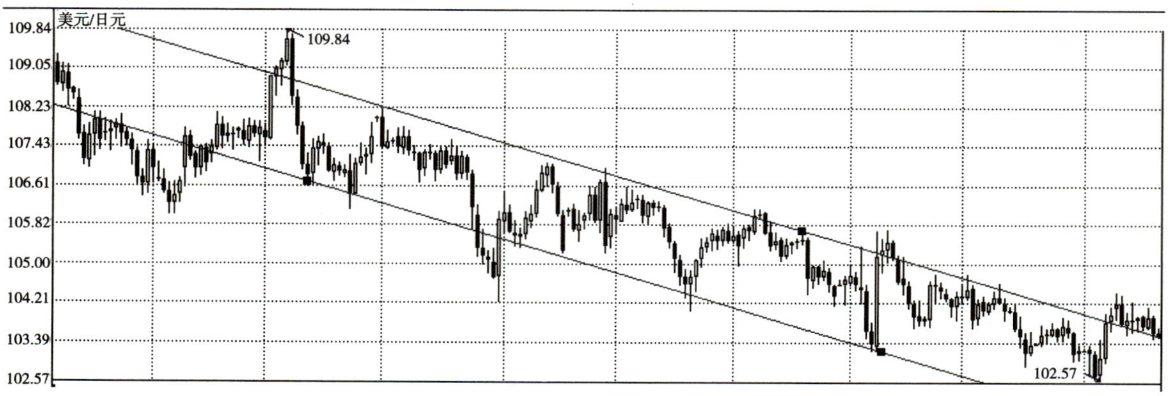

图 4－16 2020 年 4 月 1 日—2020 年 12 月 31 日美元兑日元 K 线图

（2）黄金分割线在外汇行情走势分析中的应用。工作实例分析 4－1 节选了一段 2020 年 1 月 6 日发表于和讯外汇的外汇评论。该评论用黄金分割线分析了 2019 年 12 月 29 日—2020 年 1 月 4 日欧元/美元的行情走势。

工作实例分析 4-1

2020 年 1 月 6 日嘉盛集团发布的每周市场回顾与展望内容如下：

上周突发的巴格达机场袭击事件，使欧元形成了一轮回调走势。由于地缘关系，中东地区的乱局会给欧洲造成难民危机等社会性矛盾，利空欧元。但上周的欧元回调仍在斐波拉契回调位的 61.8% 附近受到支撑，多头势力仍较为顽强（见图 4-17）。

图 4-17　欧元兑美元 4 小时 K 线图

我们认为，上周欧元的下跌不足以改变趋势，欧元在 61.8% 回调位（对应价格 1.1130）附近整固后，仍有望进一步上行。

分析：后来的事实证明，嘉盛集团的此次预测是彻底错误的。随后 40 天，欧元兑美元一路下跌 3.6%。摘引以上内容有三点想法：第一，说明切线分析在实际中的应用是很普遍的；第二，说明技术分析的准确性受到各种因素的影响，投资者需谨慎运用。在运用技术分析时，除了需严格遵守判定规则外，还需结合自身的经验以及其他方法（包括其他技术分析方法和基本面分析方法）相互印证、综合判断，这样才能提高准确率；第三，说明市场上的信息和分析很多，投资者在分析和决策时可以参考他人的信息和分析，但一定要有自己的判断，完全听信他人的判断，有时会酿成巨大风险。

模块三　形态分析

模块任务

“双底”“双顶”“头肩顶”都是 K 线长期波动形成的形态。读懂这些形态的意义对预测汇率走势大有裨益。

在图 4-17 中画出一条趋势线，形成双底形态，后市上涨趋势明显。

图 4-18　美元指数 1 小时 K 线图

任务描述

运用形态分析预测外汇行情。

相关知识

形态分析法是根据形态学分析事物的方法，是研究结构或者形状的，指的是对一个问题的每一部分所有可能的选择方案进行精确的分析和评价，其目的在于根据分析和评价每种可能性得出最佳结果。这种分析提供了一种逻辑结构，它可以代替随机的想法，其内容广泛而全面，有助于确保顾及所有可选方案，并有可能通过综合分析这些选择方案提出未曾涉及的新的过程综合。

外汇形态分析是通过总结和归纳 K 线图上以往价格的演化形态预测未来价格走势的一种分析方法。

操作流程

步骤一：研究分析典型的反转形态

当汇价走势呈现为某种图形（例如，M 头形）时，对于投资者预测未来汇价走势具有特殊意义。其中，有些形态表明汇价走势可能反转，即原来是上升走势，走出此类形态后汇价可能下跌。反之亦然。这类形态被称为反转形态。人们在实践中总结出了一些典型的反转形态（见图 4－19）。

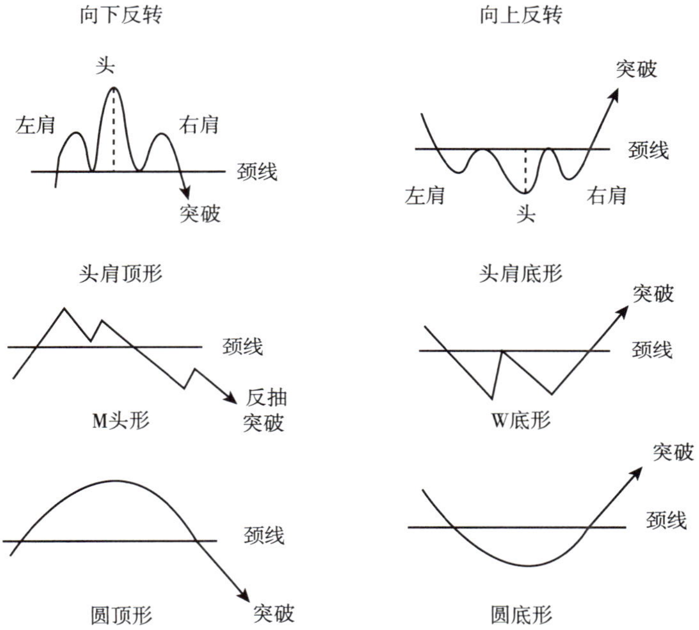

图 4－19　典型的反转形态

步骤二：运用“头肩形”预测外汇行情

头肩形，是中间一个高“头”，两边两个稍低的“肩膀”的形态，包括头肩顶和头肩底两种形态（见图 4－19 中的头肩顶形和头肩底形）。头肩形是最可靠的反转形态。在头肩形中，左肩位置成交量最大，头部附近交投也很活跃，右肩位置成交量较小。值得注意的是，在头肩底发生反转突破时，须有放大的成交量加以确认，而头肩顶向下突破则无此要求。头肩形有效突破确认的标准为收盘价突破颈线幅度达 3% 以上，并且突破幅度从突破点算起至少达到形态高度。头肩形突破后常常会出现反抽。

工作实例分析 4－2

2021 年 1 月 4 日：亨达外汇技术分析周评：新西兰元兑美元日线图呈现“头肩底”利好形态（见图 4－20），后市仍有上升空间，建议买入新西兰元，目标价位为 0.75，以 0.71 为止损价位。

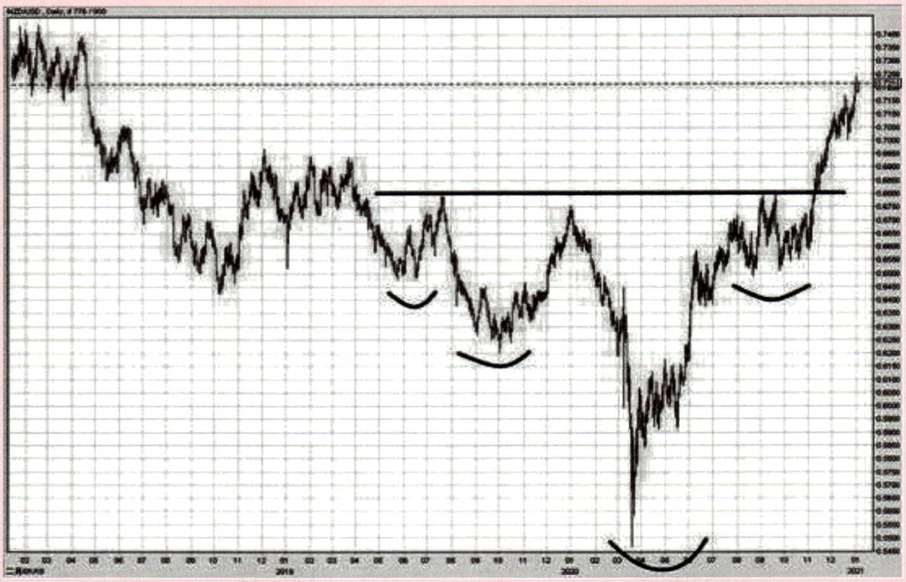

图 4－20 新西兰元兑美元日线图

分析：上述周评预测新西兰元兑美元有上升趋势。周评后半个月，尽管该突破偶有反抽，但该预测仍被验证为正确的。

投资者在使用形态分析法对汇价进行分析时，务必注意汇价反转的高度。各种反转形态均有颈线，汇价反转后波动的幅度至少与头或者底到颈线的垂直距离相同。例如，图 4－19 头肩顶（底）形中的虚线。

步骤三：运用“双重形”预测外汇行情

图 4－19 中的 M 头形和 W 底形统称为双重形。其中，“M 头”又称“双重顶”，“W 底”又称“双重底”。双重形，是指当价格在某时段内连续两次上升（或者下跌）至相约高度时形成的价位走势图形。双重形的确认和运用与头肩形相似。例如，当价格自“M 头”的第一个顶部反转后，成交量通常会萎缩。再者，若“M 头”形成后价格跌破先前的支撑线（即颈线），便会较急速地下跌，支撑线自此转变为阻力线。“W 底”同理。

在图 4－21 中，美元兑加元汇价由 A 点到 B 点呈现上升趋势，当汇价到达阻力位时随即回落。在低位 C 点停留 3 个交易日后，汇价再次上升至另一高位 D 点，但后市迅速下滑形成双重顶形态。投资者可以据此判断趋势已经发生逆转。如果汇价跌破 A 点价位，则是一个汇价穿破支撑位的市场信号。

步骤四：了解圆形形态

圆形形态包括圆形顶和圆形底两种（见图 4－22）。圆形形态在形态分析实际中出现较少，一旦出现，就是绝佳交易机会，其反转深度和高度不可预测。此类形态大多数出现在一个由牛市转为熊市或者熊市转为牛市的长时间整固期。在出现圆形形态后，市场成交量呈现“两头多，中间少，突破后的

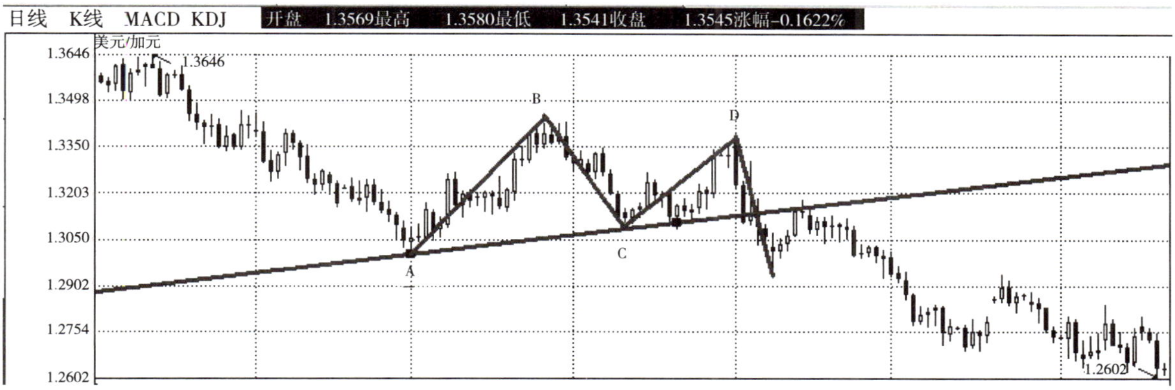

图 4-21 "M 头"形态

一段时间有相当大成交量"的现象。形成圆形形态花费的时间越长，后市反转的力度就越强。例如，英镑兑美元自 2018 年 2 月开始下跌，经过两年时间整固，2020 年 3 月触及"碗底"，后市由熊市转为牛市，一路上扬。

图 4-22 英镑兑美元日线图

步骤五：运用持续整理形态预测行情

汇价在一定范围内持续波动的形态称为持续整理形态。汇价在走出此类形态后，后续走势会延续形态出现前的走势。例如，前期为下跌趋势，此类形态形成后，汇价会继续下跌。反之亦然。典型的持续整理形态包括三角形形态、旗形形态、楔形形态、菱形形态（见图4－23）。

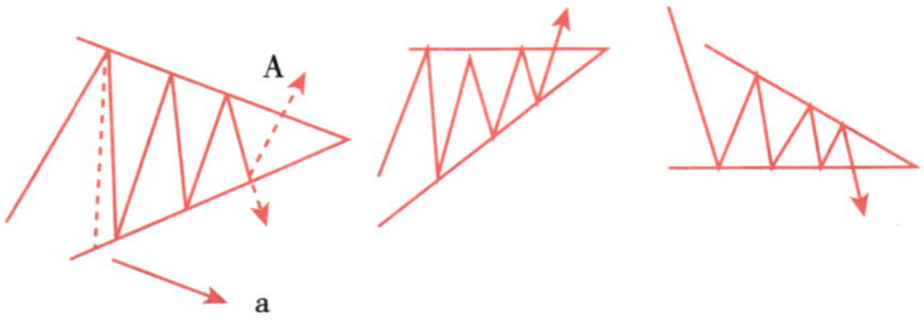

图4－23　三角形

三角形上方的直线起压力作用，下方的直线起支撑作用。一般情况下，三角形形态有4—6个转折点，突破位置在底边（或者顶边）的1/2—3/4处（例如，图4－23中的A点附近）最为可靠。突破后从突破点（A点）算起，价格变动幅度至少为三角形底边（或者顶边）的距离（即图中a线的距离）。对称三角形形态的突破方向可上可下，一般保持原趋势。上升三角形形态趋向向上突破，下降三角形形态趋向向下突破。

想一想　练一练

图4－24是美元兑加元的日线图。请用形态法分析汇价走势。

图4－24　美元兑加元日线图

模块四　技术指标分析

微课：技术分析指标（一）

模块任务

外汇技术分析有多种常用指标，如MACD、KDJ、MA等。请根据图4－25中技术指标分析英镑兑美元未来的汇率走势。

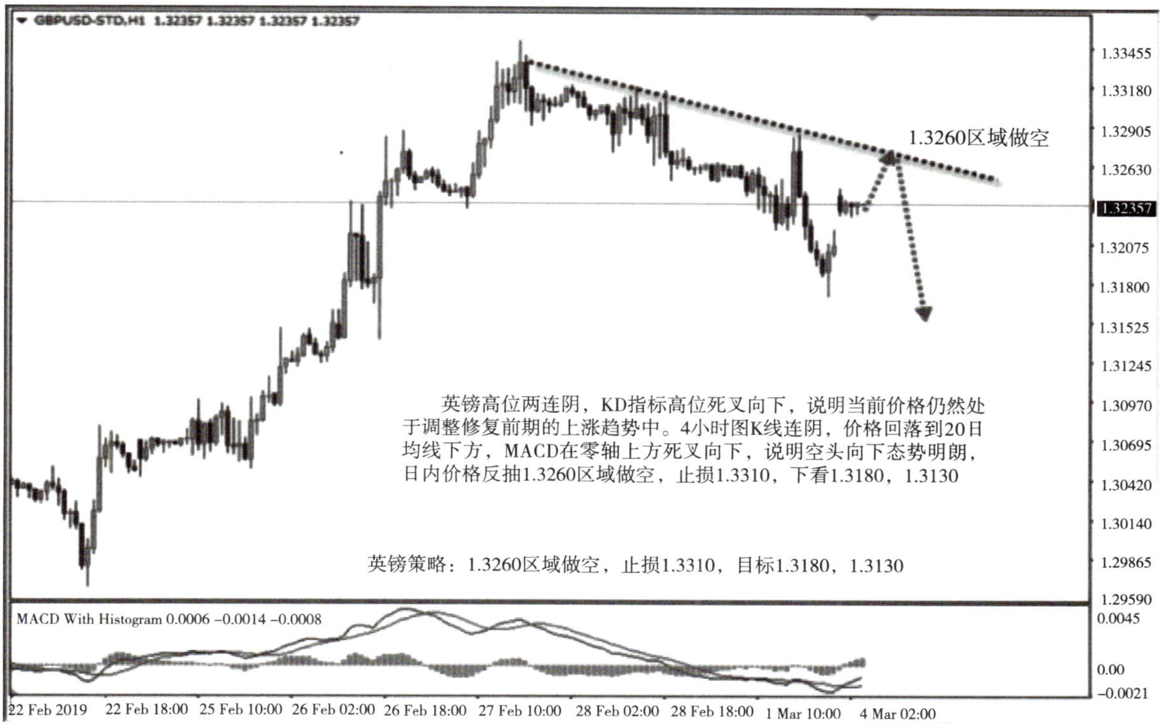

图 4－25　英镑兑美元 1 小时 K 线图

任务描述

运用技术指标预测外汇行情。

相关知识

课件：技术分析指标（一）

技术指标分析法是依据一定的统计方法，运用复杂的数学计算公式或者数量模型，通过计算机系统生成的某种指标值或者形态曲线，依据技术指标判断汇价未来走势的分析方法。

按照明确的数学公式对原始数据进行处理，进而产生新的数据，是技术指标较为常见的一类生成方法。著名的 KDJ 指标、RSI 指标、MA 指标都是这样生成的。技术指标的原始数据包括开盘价、最高价、最低价、收盘价、成交量、成交金额和成交笔数等。对原始数据进行处理，指的是将这些数据的部分或者全部进行加工整理，使之成为一些数值信号。对原始数据采用不同的处理方法，将产生不同的技术指标。

每一个技术指标都是从一个特定的方面对外汇市场进行考察。基于一定的数学公式产生的技术指标，反映着汇市某一方面的深层次内涵。这些内涵仅仅通过原始数据很难被发现。有些基本的分析思路早已为人所知，但却只停留在定性分析层面而没有进行定量分析。而投资者利用技术指标则可以进行定量的分析，使操作精确度大大提高。但是，由于技术指标毕竟属于统计学范畴，它只能对行情的大致趋势加以方向性的判断，并且总是滞后于行情。

目前较常用于外汇分析的指标见表 4－4。当市场行情呈现出明显趋势时，采用趋向指标（例如，MA）最有效果，因为它们能够始终追逐趋势前行。当市场行情处于盘整、极端高位或者极端低位时，反趋向指标（例如，KDJ）往往能够指出行情的转折时机。但是，它在行情开始启动时往往失灵，而当行情再次处于高风险区或者严重超卖区时，又开始发挥作用。反趋向指标本质上属于摆动指标，只能在有限的区间紧密跟踪价格的变化。

视频：MACD 线

表 4－4　外汇分析指标分类

趋向指标类	移动平均线（MA）	平滑异同移动平均线（MACD）	动向指标（DMI）	抛物转向（SAR）
反趋向指标类	随机指标（KDJ）	相对强弱指标（RSI）	威廉指标（W%R）	
压力支撑指标类	布林线（BOLL）			

操作流程

步骤一：运用移动平均线预测外汇行情

首先，认识一下移动平均线。

在图 4－26 中，有四条自左至右的水平线条，这些线条就是移动平均线。移动平均线简称均线、MA（Moving Average），是一类非常重要的指标分析工具。

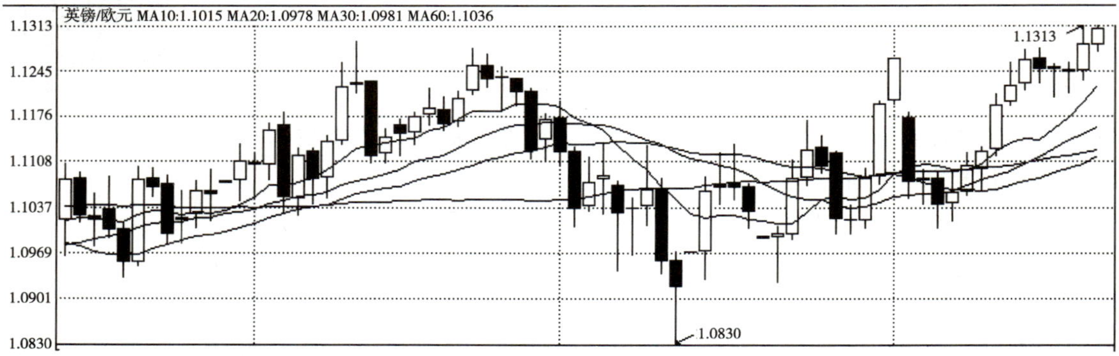

图 4－26　2020 年 10 月 14 日—2021 年 1 月 21 日英镑兑欧元行情图

均线究竟是什么呢？它们是怎么出现的？均线是平均价格线，是指包括某一时点向前 N 个交易日的收盘价的平均价格。均线反映了某一时点某个货币对前 N 个交易日的平均成本，所以又称“成本线”。反映前 5 日平均价格（交易成本）的均线称为“5 日均线”“5 日线”“MA5”。以此类推，有“MA10”“MA20”“MA30”“MA60”“MA120”“MA250”等，分别代表前

10日、20日、30日、60日、120日、250日的平均收盘价格。其中，120日线称“半年线”，250日线称“年线”。图4－26中的4条水平线分别代表不同时间周期的均线（交易系统中一般用不同颜色的线代表不同的时间周期）。图4－26中K线图上方区域有一行字符说明。其中，“MA10：1.1015”中“MA10”代表10日均线，后面的数值“1.1015”代表鼠标放在K线不同时点上MA10的具体数值，即从鼠标指向的K线时点往前10个交易日，该货币对汇率收盘价的平均值（或者平均交易成本）为1.1015。其他均线同理。

图4－26中起伏最大、紧紧跟随汇价波动的均线是10日均线。时间周期越长，波动幅度越平缓。通常，人们称时间周期相对短的均线为“快线”，称时间周期相对长的均线为“慢线”。上述的快和慢是相对的。例如，MA30相对于MA10是慢线，相对于MA60则是快线。

想一想　练一练

请指出图4－26中10日均线、20日均线、30日均线和60日均线的位置。

均线在汇价技术分析中有十分重要的应用，它对于研究汇价的支撑位和阻力位，判断买入点、卖出点、预测汇价走势很有帮助（见表4－5）。

表4－5　均线的应用法则——葛兰威尔法则

买进信号	当MA的下跌趋于平缓，汇价自下而上突破MA时	当汇价持续上涨远离MA，然后突然下跌，但在MA附近再度上涨时	当汇价已经位于MA下方，但MA仍然保持上升趋势，不久汇价又向上突破MA时	当汇价跌破MA，并持续暴跌远离MA时
卖出信号	当MA的上升趋于平缓，汇价自上而下穿透MA时	当汇价持续下跌远离MA，然后突然上涨，但是在MA附近再度下跌时	当汇价已经位于MA上方，但MA仍然保持下降趋势，不久汇价又向下穿透MA时	当汇价上穿MA，并持续暴涨远离MA时
“黄金交叉”和“死亡交叉”	“黄金交叉”：快线和慢线都向上，快线自下而上突破慢线	“死亡交叉”：快线和慢线都向下，快线自上而下穿透慢线	金叉死叉法则：出现“黄金交叉”即为买进信号，出现“死亡交叉”即为卖出信号；出现“黄金交叉”（或者“死亡交叉”）的两条MA时间参数越大，有效性越强，波动幅度越大；当MA10、MA20、MA30同时出现“黄金交叉”（或者“死亡交叉”）时，有效性较强，波动幅度较大	

工作实例分析4－3

英镑兑澳元在2020年8月—10月先后出现金叉和死叉（见图4－27）。

图 4－27　英镑兑澳元均线出现的金叉和死叉

步骤二：运用平滑异同移动平均线预测外汇行情

平滑异同移动平均线又称 MACD 线，包括三种类型，即离差值 DIF 线、DEA 线（又称 MACD 线）、BAR 线（柱状线 = DIF－DEA）。图 4－28 为澳元兑美元 MACD 技术指标分析区域。

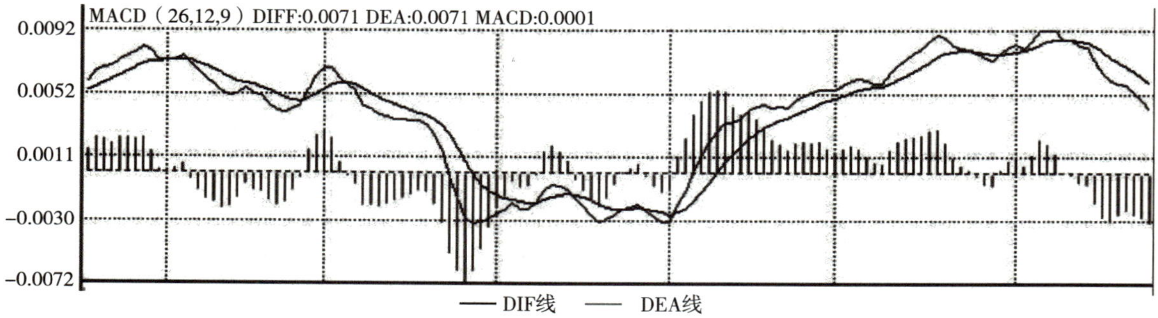

图 4－28　澳元兑美元的 MACD 线

MACD 的运用法则如下：

微课：技术分析指标（二）

课件：技术分析指标（二）

（1）如果 DIF 线和 DEA 线都为正值或者在 0 轴线上方，则市场为多头行情。在多头行情下，当 DIF 线向上突破 DEA 线时，是买进信号；当 DIF 线向下穿透 DEA 线时，仅视为回档，可以暂时卖出获利。

（2）如果 DIF 线和 DEA 线都为负值或者在 0 轴线下方，情形和（1）中情形相反。

（3）背离法则。如果汇价连续两次或者三次创出新低，但 DIF 线并未配合创新低时，行情可能由此企稳而筑底。这种形态被称为“正背离”或者“牛背离”，可逢低买进；如果汇价连续两次或者三次创出新高，但 DIF 线并未配合创新高时，行情可能至此为止形成头部。这种形态被称为“负背离”或者“熊背离”，可逢高卖出。

（4）当 DIF 线在 0 轴线上方连续两次向下跌破 DEA 线时，行情可能出现大跌，投资者应及早卖出；当 DIF 线在 0 轴线下方连续两次向上突破 DEA 线时，行情可能出现大涨，投资者可以伺机买进。

（5）柱状线法则。当红色 BAR 柱状线越来越长时，表示买盘越来越大，汇价上攻力道越来越强。反之，当红色 BAR 柱状线越来越短时，表示买盘越来越弱。当绿色 BAR 柱状线越来越长时，表示卖盘越来越大，汇价下探力道越来越强。反之，当绿色 BAR 柱状线越来越短时，表示卖盘越来越弱。

（6）MACD 线适合于中长期行情的预测，对于短线行情或者盘整行情缺乏技术指导意义。

工作实例分析 4－4

MACD 的应用见图 4－29。2020 年 9 月 4 日，DIF 线下穿 DEA 线，BAR 柱由正转负，为卖出信号。随后 2 个月内，在 0 轴线以下，DIF 线多次向上突破 DEA 线，最终在买入点（出现在 2020 年 11 月 2 日）确认上涨行情。

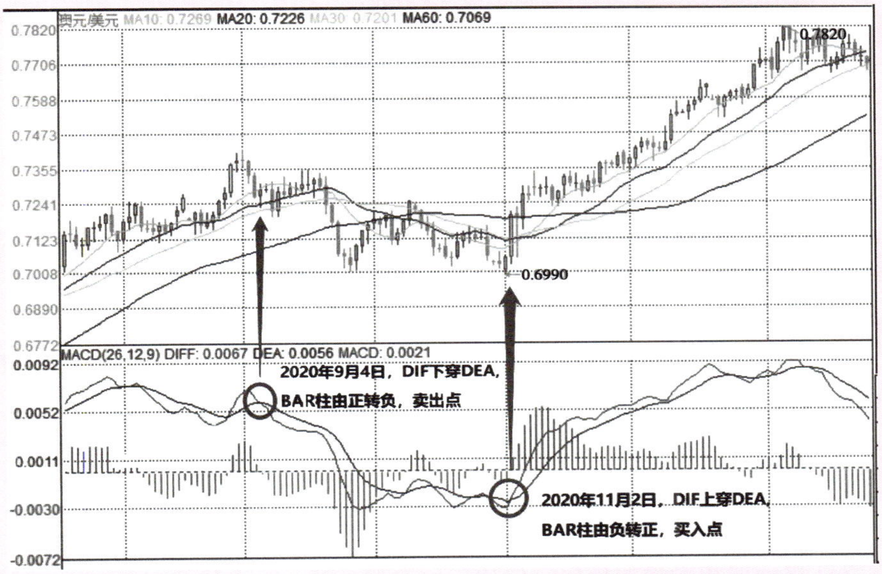

图 4－29 澳元兑美元 MACD 指标分析图

步骤三：运用 KDJ 指标预测外汇行情

KDJ 指标又称随机指标，包括三种类型，即快速移动线值（K 线）、慢速移动线值（D 线）、辅助线值（J 线）。以下以图 4－30 显示的英镑兑美元的 KDJ 指标图为例。

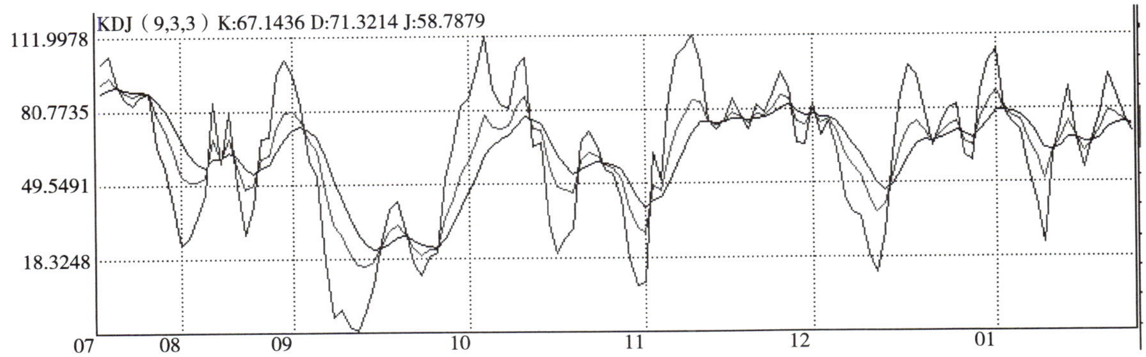

图 4－30 英镑兑美元的 KDJ 线

图 4－30 中间波动的线为 K 线，当前指标值为 67.1436；波动最平缓的线为 D 线，当前指标值为 71.3214；波动最剧烈的线为 J 线，当前指标值为 58.7879。

KDJ 指标包括三条曲线。投资者在应用 KDJ 线时主要从五个方面考虑：①取值的绝对数值；②曲线的形态；③标的交叉；④标的背离；⑤标的取值大小。

第一，从 K、D 的取值方面考虑。K、D 的取值范围均是 0—100。K、D 的取值范围被划分为几个区域：80 以上为超买区，20 以下为超卖区，其余为徘徊区。基于这种划分，投资策略为 K、D 取值高于 80 卖出，低于 20 买入。

视频：正确使用交易指标

第二，从 KD 指标的曲线形态方面考虑。当 KD 指标在较高或者较低的位置形成了头肩形或者多重顶（或者多重底）时，是采取行动的信号。特别需要注意的是，这些形态一定要出现在较高位置或者较低位置。位置越偏离，结论越可靠。

第三，当 K 值在 20 左右，并从 D 线右侧自下而上突破 D 线时，被称为“侧金叉”，是短线买进信号。此时，K、D 两条线相交次数越多，或者金叉位置越低，买进信号越有效；当 K 值在 80 左右，并从 D 线左侧自上而下跌破 D 线时，被称为“左侧死叉”，是短线卖出信号。此时，K、D 两条线相交次数越多，或者死叉位置越高，卖出信号越准确。

拓展阅读：技术指标分析建议

第四，从 KD 指标的背离方面考虑。当 KD 指标处于相对高位或者相对低位时，如果出现与汇价走向的背离，就是采取行动的信号。

第五，J 指标取值超过 100 和低于 0，都属于价格的非正常区域，大于 100 为超买，小于 0 为超卖。

步骤四：运用 RSI 指标预测外汇行情

RSI 指标即相对强弱指标，包括三种类型，即 6 日 RSI 线（快线）、12 日 RSI 线（中线）和 24 日 RSI 线（慢线）（见图 4－31）。

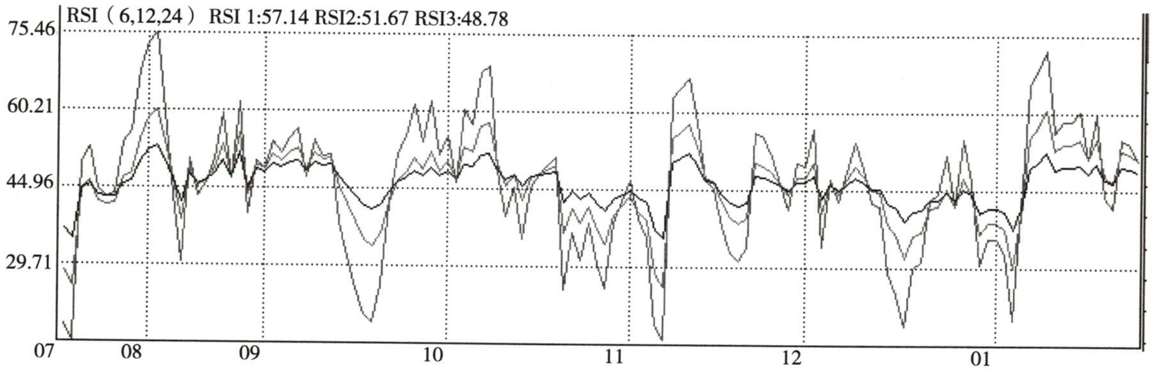

图 4－31　美元兑日元的 RSI 线

RSI 的计算公式如下：

N 日的 RSI = N 日内收盘涨幅的平均值 ÷（N 日内收盘涨幅均值 + N 日内收盘跌幅均值）× 100%

RSI 指标根据供求平衡的原理，通过测量某一个期间汇价上涨总幅度占汇价变化总幅度平均值的百分比，评估多空力量的强弱程度，进而提示具体操作。

RSI 的取值范围为 0—100。RSI 的应用法则如下：

工作实例分析 4－5

KDJ 指标应用见图 4－32。

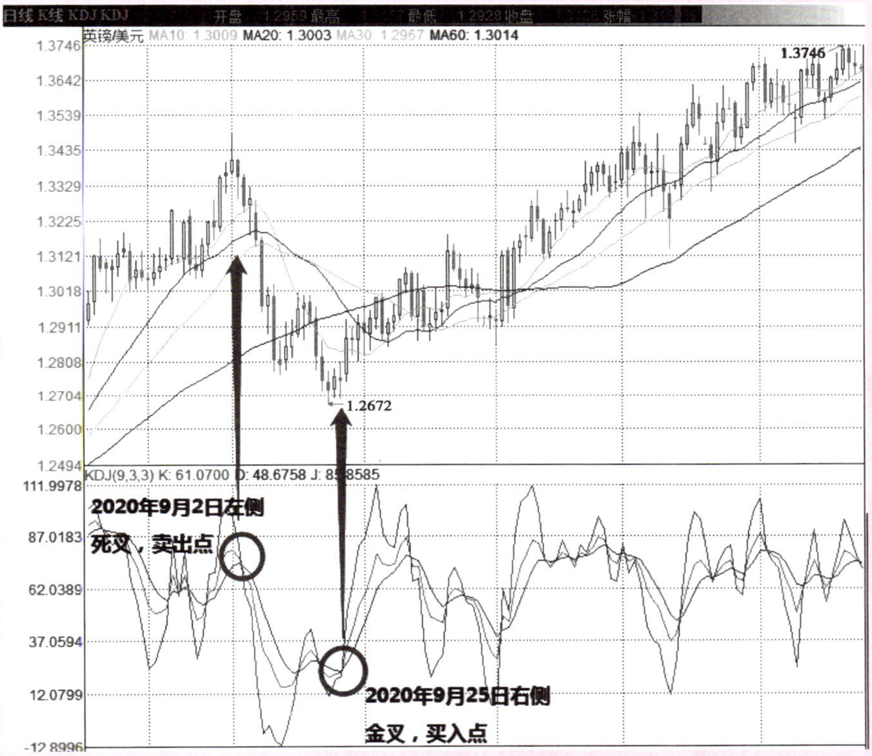

图 4－32　英镑兑美元的 KDJ 指标分析图

（1）RSI 等于 50 为强势市场与弱势市场分界点。通常情况下，RSI > 80 为超买区，汇价回档的机会增加；RSI < 20 为超卖区，汇价反弹的机会增加。

（2）一般而言，RSI 掉头向下为卖出讯号，RSI 掉头向上为买入信号。但应用时宜从整体态势判断。

（3）RSI 线的“M 形”形态是超买区常见的见顶形态；RSI 线的“W 形”形态是超卖区常见的见底形态。这时，往往可见 RSI 走向与价格走向发生背离。所以，背离现象也是一种买卖讯号。

（4）RSI 线由下往上走，一个波谷比一个波谷高，构成上升支撑线；RSI 由上往下走，一个波顶比一个波顶低，构成下降压力线。跌破支撑线为卖出信号，升穿压力线为买入信号。

（5）RSI 上穿 50（强弱分界线）为买入信号，下破 50（强弱分界线）为卖出信号。

（6）N 日 RSI 的 N 值越大，趋势越明显，但有反应滞后倾向。N 值较大的 RSI 线称为慢速线。N 值越小对变化越敏感，不确定性越强。N 值较小的 RSI 线称为快速线。投资者可比较观察慢速线、中速线和快速线。若这三线同时向上，市场升势较强；若这三线同时向下，市场跌势较强；若快速线上穿慢速线，为买入信号；若快速线下穿慢速线，为卖出信号。

（7）当短期 RSI > 长期 RSI 时，市场属于多头市场；当短期 RSI < 长期 RSI 时，市场属于空头市场。

工作实例分析 4-6

RSI 指标的应用见图 4-33。

图 4-33　美元兑日元 RSI 指标分析图

步骤五：运用布林线（BOLL）指标预测外汇行情

布林线指标是一种非常简单实用的技术分析指标。一般而言，汇价的运动总是围绕某一价值中枢（例如，均线、成本线等）在一定范围内变动。布林线指标是在上述基础上，引进“汇价通道”概念，认为汇价通道的宽窄随着汇价波动幅度的大小而变化，并且汇价通道具有变异性，会随着汇价的变化而自动调整。正是由于布林线指标灵活性、直观性和趋势性的特点，它渐渐成为投资者广为应用的技术分析指标。

以图 4-35 显示的英镑兑欧元的布林线指标为例。布林线指标共有三条曲线：上中下三条线分别是上轨线、中轨线和下轨线（见图 4-34）。

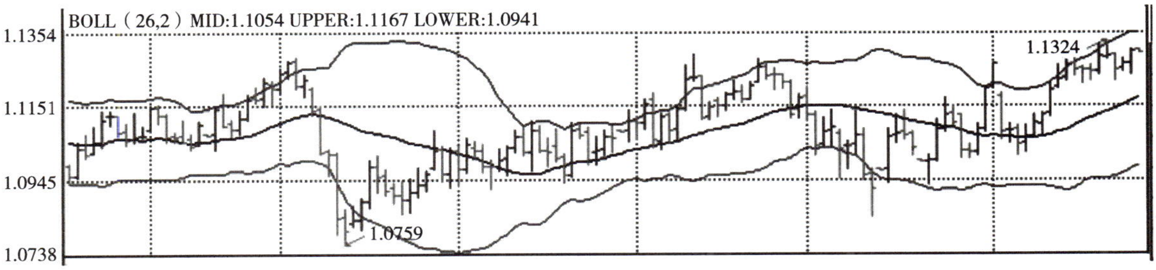

图 4-34　英镑兑欧元布林线指标分析图

汇价通道的上下轨线显示了汇价安全运行的最高价位和最低价位。上轨线、中轨线和下轨线都可以对汇价的运行起到支撑作用，而上轨线和中轨线有时则会对汇价的运行起到压力作用。一般而言，当汇价在布林线的中轨线上方运行时，表示汇价处于强趋势中；当汇价在布林线的中轨线下方运行时，表示汇价处于弱趋势中。

布林线的运用法则如下：

（1）当布林线的上轨线、中轨线和下轨线同时向上运行时，表示汇价的强势特征非常明显，汇价在短期内将继续上涨，投资者应坚决持有待涨或者逢低买入。

（2）当布林线的上轨线、中轨线和下轨线同时向下运行时，表示汇价的弱势特征非常明显，汇价在短期内将继续下跌，投资者应坚决持币观望或者逢高卖出。

（3）当布林线的上轨线向下运行，而中轨线和下轨线却向上运行时，表示汇价处于整理态势之中。如果此时汇价处于长期上升趋势，则表示汇价正处于上涨途中的强势整理阶段，投资者可以持有并观望或者逢低短线买入；如果此时汇价处于长期下跌趋势，则表示汇价正处于下跌途中的弱势整理阶段，投资者应以持币观望或者逢高减仓为主。

（4）布林线的上轨线向上运行，而中轨线和下轨线却向下运行的可能性非常小，这里不作说明。

（5）当布林线的上轨线、中轨线和下轨线几乎同时处于水平方向横向运行时，投资者需依据汇价的走势做出判断。

想一想　练一练

分别运用 MACD 指标、KDJ 指标、RSI 指标和 BOLL 指标分析当前汇价走势。

知识链接

外汇技术分析的优缺点

外汇技术分析具有简单性、客观性、明确性和灵活性的优点。

1. 简单性。一张价格走势图把各种变量之间的关系及其相互作用的结果清晰地表现出来，把复杂的因果关系变成简单的价格历史地图。投资者以图看势，很容易把握价格的变化趋势。而且利用计算机制图、示图、读图十分方便，把各种图表程序编成软件，只要按照程序输入数据，图形就马上可见。

2. 客观性。基本面分析的材料和数据虽然是客观的，但投资者在进行价格走势预测时往往掺杂了个人的主观感情。而技术分析则不同，不管图表显示的是买入信号还是卖出信号，都是客观的，不以交易者的意志为转移。

3. 明确性。图表上出现的一些较为明显的双底形态、头肩顶形态等，表明外汇走势可能在此转势，能够提示投资者做好交易的准备。同样，一些主要的支撑位或者均线位被突破，往往意味着巨大的机会和风险。这就是技术分析的明确性。但是，明确性不等于准确性。

4. 灵活性。技术分析可以适用于任何交易媒介和任何时间尺度。不论投资者进行的是外汇交易、股票交易还是期货交易，不论是分析上百年的走势还是几个小时的走势，其基本的技术分析原理都是相同的。只需调出任何一个交易产品的走势图，就可以获取有关价格的信息并进行预测。

外汇技术分析的缺点主要体现在分析的短期性和操作信号的不确定性。

1. 分析的短期性。技术分析只适用于分析外汇走势的短期价格变化，决定汇价长期走势的还是国家政策、经济运行环境、资本市场动态等因素。因此，投资者单纯运用技术分析法预测长期价格走势，准确性较难保证。

2. 操作信号的不确定性。在技术分析中，买卖的信号，最高价或者最低价以及涨跌的持续时间等都不可能单凭技术分析得出。这种操作信号的不确定性，往往使投资者不敢贸然行事，否则就可能做出错误的决策。

总体来说，技术分析是由人做出的，其理论基础是人们的心理预期形成的约定俗成的规则。而这种规则是可以不断变化的，具有诸多的变异性。所以在一个不确定性较强的市场中，保持正确的投资理念和良好的操作心态比技术分析更为重要。

外汇基本面分析和外汇技术分析的比较见表 4 -6。

表 4 -6　　外汇基本面分析和外汇技术分析的比较

	外汇基本面分析	外汇技术分析
目的	判断汇价现行的价位是否合理并描绘其长远的发展空间	预测汇价涨跌的短期趋势
分析依据	根据对影响供需关系的种种因素的分析预测汇价走势	根据汇价本身的变化预测汇价走势
研究原理	研究市场运动的原因	研究市场运动的效果
应用	选择买卖何种外汇	把握具体交易时机
作用时间	长期趋势	短期趋势

想一想　练一练

请比较外汇基本面分析和技术分析的优缺点，用表格形式体现。

操作要点

√　趋势线：在价格上升过程中，连接两个低点画一条直线，就可得到上升趋势线；在价格下跌过程中，将两个高点连成一条直线，就可得到下跌趋势线。

√　黄金分割率中最常用的比率为0.382和0.618。

√　三角形形态的运用：三角形形态上方直线起压力作用，下方直线起支撑作用。

√　黄金交叉：快线和慢线都向上，快线自下而上突破慢线。

√　死亡交叉：快线和慢线都向下，快线自上而下穿透慢线。

√　出现黄金交叉即为买进信号，出现死亡交叉即为卖出信号。

知识要点

√　技术分析是透过图表或者技术指标的记录，研究市场过去及现在的行为反应，用以推测未来价格的变动趋势的理论和方法的总称。

√　技术分析的三大假设：市场行为能反映一切信息；价格以趋势方式演变；历史会重演。

√　趋势就是价格波动的方向，或者说是外汇市场运行的方向。趋势方向有三种，即上升、水平、下降。若确定了当前趋势的变动方向，则汇率的波动必然朝着这个方向运动。

√　形态分析是通过总结和归纳价格图上以往价格的演化形态预测未来价格走势的一种分析方法。

问题讨论

外汇市场技术分析是综合运用各种技术分析工具的一种分析方法。请问，你会将哪几种技术分析工具搭配运用进行外汇市场分析呢？为什么？

推荐阅读

1. 英为财情 https://cn.investing.com/。
2. 和讯外汇 http://forex.hexun.com/。
3. 外汇通 https://www.forex.com.cn/。

思考与练习

1. 请解读以下短线操作指南

田洪良：11月5日主要货币短线操作指南

从技术上来看，本周四美元指数上涨至94.50遇阻，随后下跌至93.80受到支持，意味着美元短线下跌后有可能延续上涨的走势。如果今日美元指数在93.95上方受到支持，后市上涨的目标将会指向94.65—94.85。今日美元指数短线阻力位在94.60—94.65，短线重要阻力位在94.80—94.85。今日美元指数短线支撑位在94.20—94.25，短线重要支撑位在93.95—94.00。本周四，欧元兑美元在1.1525之上受到支持，上涨至1.1620附近遇阻，意味着欧元兑美元短线上涨后有可能保持下跌的走势。如果今日欧元兑美元的上涨在1.1605之下遇阻，后市下跌的目标将会指向1.1515—1.1475。今日欧元兑美元短线阻力位在1.1565—1.1570，短线重要阻力位在1.1600—1.1605。今日欧元兑美元短线支撑位在1.1515—1.1520，短线重要支撑位在1.1475—1.1480。

今日美元短线操作策略以逢低做多为主，破位止损，盈利30个点以上就应设为止赢，在美国开市前撤回所有没有成交的挂单。本策略适合保证金交易，实盘交易也可作为参考。

美元指数可以在94.65—93.95区间的下限买入，有效破位30个点止损，目标在区间的上限。

欧元/美元可以在1.1605—1.1515区间上限卖出，有效破位40个点止损，目标在区间的下限。

英镑/美元可以在1.3555—1.3410区间上限卖出，有效破位40个点止损，目标在区间的下限。

美元/瑞郎可以在0.9145—0.9105区间上限卖出，有效破位20个点止损，目标在区间的下限。

澳元/美元可以在0.7455—0.7365区间下限买入，有效破位40个点止损，目标在区间的上限。

课后练习

2. 请在图4－35中画出上升趋势线和下降趋势线

图4－35　欧元兑美元日线图

项目五
外汇衍生工具交易

学习目标

1. 理解外汇远期、外汇掉期、外汇期货和外汇期权的联系和区别。
2. 掌握以上四种衍生工具的特点。
3. 能够计算远期汇率。
4. 能够运用衍生工具进行套期保值和投机盈利。
5. 具备外汇风险防范意识。
6. 养成精益求精的职业素养和爱岗敬业的劳动态度。

项目任务

1. 利用外汇衍生工具为企业制定外汇风险规避方案。
2. 利用外汇衍生工具设计外汇投机盈利方案。

标志成果

☑ 企业外汇风险规避方案。

☑ 外汇投机盈利方案。

内容导图

项目五的内容导图见图 5－1。

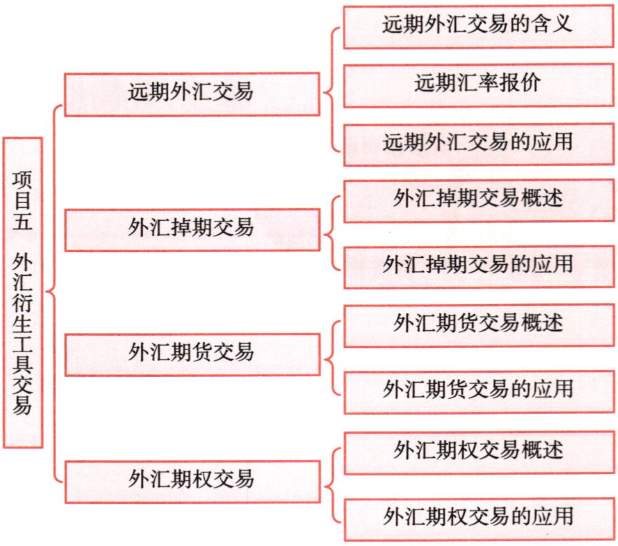

图 5－1 项目五的内容导图

导入案例

进出口商的外汇风险

某日本进口商从美国进口一批商品，合同约定需在 3 个月后支付 100 万美元货款。签约时，美元兑日元的即期汇率为 118. 20/50，付款日的市场即期汇率为 120. 10/30。

假定日本进口商在签约时未采取任何保值措施，而是到约定付款日在即期外汇市场买入美元支付货款，那么日本进口商需要支付 12 030 万日元（120. 30 × 100），比双方签约时购买 100 万美元多支付 180 万日元（12 030 − 118. 50 × 100）。也就是说，这会给日本进口商带来 180 万日元的损失。原因是计价货币美元升值，日本进口商需支付更多的日元才能买到用以支付进口货款的 100 万美元。由此，该日本进口商遭受了汇率变动的损失，增加了进口成本。

那么，外汇市场上有没有可使进口商预先锁定进口成本，避免因汇率变动遭受损失的外汇交易工具呢？本项目就将介绍几种可以帮助进出口企业套期保值，进而规避外汇风险的外汇衍生工具。

微课：远期外汇交易

模块一 远期外汇交易

模块导入

截至目前，本书已经介绍了外汇交易的操作、外汇基本面分析和技术分析。投资者可以利用模拟外汇交易平台练习外汇实盘交易和外汇保证金交易。然而，外汇交易除了有实盘交易和保证金交易以外，还有其他衍生交易方式。例如，远期、掉期、期货和期权。本模块将介绍几种常见的远期外汇交易，并探讨它们与即期交易的区别。

课件：远期外汇交易

任务描述

掌握远期外汇交易的概念与报价；能够计算远期汇率；能够利用远期外汇交易实现套期保值或者投机盈利。

视频：远期外汇的应用

相关知识

远期外汇交易（Forward Exchange Transaction）又称期汇交易，是指买卖双方先行签订合同，约定买卖外汇的币种、数额、汇率和未来的交割时间，在约定的交割日，按合同约定卖方交汇、买方收汇的外汇交易。

视频：抛补套利

知识链接

远期外汇交易的注意事项

第一，与即期外汇交易的区别。首先，交割日不同。即期外汇交易是在成交后的2个营业日内进行交割；远期外汇交易是在约定的未来日期办理交割，即交割日与成交日间隔超过2个营业日。其次，汇率不同。即期外汇交易采用的是成交当日的即期汇率；远期外汇交易采用的是远期汇率。

第二，签订远期合约。远期合约是远期交易中买卖双方达成的交易协议，是一种非标准化的协议，但协议必须约定交易币种、交易金额、成交汇率、远期期限等内容。

第三，远期期限。远期期限即远期合约到期的期限。远期期限有长有短，常见的有1个星期、1个月、2个月、3个月、6个月、9个月、12个月等。期限超过1年的远期交易外汇称为超远期外汇交易。在实务中，超远期外汇交易比较少见。

第四，保证金。远期外汇交易中客户需向外汇银行缴存一定数量的押金或者抵押品。当汇率变化不大时，银行可用押金或者抵押品抵补应负担的损失；当汇率变化使客户的损失超过押金或者抵押品价值时，银行将通知客户增加押金或者抵押品，否则，合同就将失效。银行可视该类押金为存款予以计息。

一、远期汇率报价

（一）远期汇率报价方法

在实际外汇交易中，银行对于远期汇率采取双向报价法。按照国际惯例，通常有两种远期汇率的报价方法，即完整汇率报价方法和远期差价报价方法。

拓展阅读：外汇衍生产品备受青睐

1. 完整汇率报价方法

完整汇率（Outright Rate）报价方法又称全额报价法，是银行直接报出各种不同期限的外汇汇率的买入价（见表5－1）。完整汇率报价方法通常用于银行对客户的报价中，在银行同业间往往采用另一种方法，即远期差价报价方法。

表5－1　2021年11月25日中国银行远期结售汇牌价

项目		美元	欧元	英镑	日元	港元	瑞士法郎	澳元	加元
7日	买入	637.85	714.28	850.21	5.5309	81.65	680.50	458.16	501.17
	卖出	640.97	722.73	859.13	5.5938	82.42	686.92	464.52	506.53
1个月	买入	638.78	715.62	851.40	5.5389	81.78	681.76	458.87	501.86
	卖出	642.07	724.37	860.67	5.6057	82.58	688.68	465.50	507.62
3个月	买入	642.02	720.76	855.51	5.5735	82.19	686.77	461.31	504.52
	卖出	645.36	729.60	864.88	5.6408	82.99	693.75	467.98	510.39
6个月	买入	645.88	726.54	859.41	5.6139	82.69	692.71	464.14	507.20
	卖出	649.22	735.49	868.88	5.6813	83.49	699.75	470.86	512.99
9个月	买入	649.74	732.81	863.08	5.6584	83.19	698.47	466.86	50.54
	卖出	653.28	742.04	872.83	5.7278	84.03	707.02	473.80	515.51
1年	买入	653.68	739.35	866.45	5.7049	83.71	705.15	469.32	511.51
	卖出	657.32	748.74	876.44	5.7758	84.56	713.83	476.38	517.63

资料来源：中国银行官网。

2. 远期差价报价方法

远期差价报价方法又称掉期率（Swap Rate）报价法或者点数汇率（Points Rate）报价法，是指不直接公布远期汇率，而只报出远期汇率与即期汇率的差价，然后根据差价计算远期汇率。

某一时点远期汇率与即期汇率的差价称为掉期率或者远期差价，通常表现为升水、贴水和平价，升贴水的幅度一般用点数表示。

（1）升水（At Premium）：远期汇率 > 即期汇率。

（2）贴水（At Discount）：远期汇率 < 即期汇率。

（3）平价（At Par）：远期汇率 = 即期汇率。

想一想　练一练

在纽约外汇市场上，欧元兑美元的即期汇率为EUR1 = USD1.1220/25，1个月远期汇率为EUR1 = USD1.1230/40。

请问，上述货币对中哪种货币贴水？哪种货币升水？

工作实例分析 5－1

假设 USD/JPY 的 3 个月远期汇率报价为 20/30；USD/CHF 的 3 个月远期汇率报价为 25/15。

分析：该报价为差价报价。其中，20/30 代表 3 个月远期汇率与即期汇率的买入价相差 20 个点，卖出价相差 30 个点；25/15 代表 3 个月远期汇率与即期汇率的买入价与卖出价分别相差 25 个点和 15 个点。

（二）远期汇率的计算

1. 计算完整的远期汇率

在远期差价报价方法下，已知即期汇率和远期差价，如何计算完整的远期汇率呢？为了计算简便，不论是以直接标价法还是间接标价法标价，均使用“前小后大相加，前大后小相减”法则计算。

所谓“前小后大相加”，是指当远期差价的点数由小到大（例如，20/30）时，远期汇率等于即期汇率加上点数。所谓“前大后小相减”，是指当远期差价的点数由大到小（例如，40/30）时，远期汇率等于即期汇率减去点数。由此可见，当报出的掉期率为前小后大时，意味着远期汇率升水；相反，当掉期率为前大后小时，意味着远期汇率贴水。

［例 5－1］

已知：即期汇率为 USD/HKD = 7.7970/80，1 个月远期汇率报价为 20/30。

求：USD/HKD 完整的远期汇率。

解： 因为 $20 < 30$，根据“前小后大相加”法则，应该用加法计算远期汇率，所以：

$$USD/HKD(远期) = (7.7970 + 0.0020)/(7.7980 + 0.0030) = 7.7990/7.8010$$

［例 5－2］

已知：即期汇率为 GBP1 = USD1.3340/60，3 个月远期报价为 40/30。

求：GBP/USD 完整的远期汇率。

解： 因为 $40 > 30$，根据“前大后小相减”法则，应该用减法计算远期汇率，所以：

$$GBP/USD(远期) = (1.3340 - 0.0040)/(1.3360 - 0.0030) = 1.3300/1.3330$$

2. 远期交叉汇率的计算

远期交叉汇率的计算与即期交叉汇率的计算方法相似，可分为两个步骤：第一步，根据即期汇率和远期差价求完整的远期汇率；第二步，仿照即期交叉汇率的计算方法计算远期交叉汇率。

工作实例分析 5－2

某外汇市场报价如下：USD/CHF 的即期汇率为 0.9350/60，3 个月远期差价为 152/155；USD/JPY 的即期汇率为 115.20/30，3 个月远期差价为 15/17。

求：CHF/JPY 的 3 个月远期汇率。

分析：第一步，分别计算 USD/CHF 和 USD/JPY 的 3 个月远期汇率。

USD/CHF 的 3 个月远期汇率为：

(0.9350＋0.0152)/(0.9360＋0.0155)＝0.9502/0.9515

USD/JPY 的 3 个月远期汇率为：

(115.20＋0.15)/(115.30＋0.17)＝115.35/115.47

第二步，计算 CHF/JPY 的 3 个月远期交叉汇率。

根据"基准货币相同，报价货币不同，求报价货币的比价"的计算法则，计算方法是"交叉相除"。

3 个月 USD/JPY＝115.35/115.47

3 个月 USD/CHF＝0.9502/0.9515

则，

3 个月 CHF/JPY ＝(115.35÷0.9515)/(115.47÷0.9502)

≈121.23/121.52

工作实例分析 5－3

某外汇市场报价如下：GBP/USD 的即期汇率为 1.3330/40，6 个月远期差价为 318/315；USD/JPY 的即期汇率为 115.10/20，6 个月远期差价为 157/154。

求：GBP/JPY 的 6 个月远期汇率。

分析：第一步，分别计算 GBP/USD 和 USD/JPY 的 6 个月远期汇率。

GBP/USD 的 6 个月远期汇率为：

(1.3330－0.0318)/(1.3340－0.0315)＝1.3012/1.3025

USD/JPY 的 6 个月远期汇率为：

(115.10－1.57)/(115.20－1.54)＝113.53/113.66

第二步，计算 GBP/AUD 的 6 个月远期交叉汇率。

根据"某种货币分别为不同货币对中的基准货币和标价货币，求这个货币对中另一基准货币和标价货币的比价"的计算法则，计算方法是"同边相乘"。

6 个月 GBP/USD＝1.3012＝1.3025

6 个月 USD/JPY＝113.53－113.66

则，

$$6个月\ GBP/JPY = (1.3012\times113.53)/(1.3025\times113.66) \approx 147.73/148.04$$

知识链接

远期外汇交易的交割日

1. 固定交割日

固定交割日即标准期限的远期交割日（Standard Forward Dates），是在即期交割日（Spot Date）的基础上推算的整数日。

标准期限远期外汇交割日的决定法则如下：

法则一：在对应即期交易交割日的基础上向后推算。

法则二：假日顺延。

法则三：如果即期交割日是月份的最后营业日，则远期交割日是到期月的最后一日，非营业日则前推。

2. 非固定交割日

非固定交割日即在约定的期限内任意选择一个营业日作为交割日，即择期外汇交易。择期外汇交易可分为以下两种：

（1）部分择期，是指确定交割月份但未确定交割日。例如，一笔3个月远期交易，约定从成交后第二个月开始到第三个月选择交割日。

（2）完全择期，即客户可以选择自成交日后的第三天起至合约到期日之前的任何一天为交割日。

[例5－3]

已知：张先生6月13日买入1个月期的远期外汇。

求：根据固定交割日计算，求出该远期外汇的交割日。

分析：6月13日购入1个月期的远期外汇，先算出对应的即期交割日为6月15日，则远期交割日是1个月后，即7月15日。

想一想　练一练

如果7月15日是国家法定假日，例5－3中远期外汇的交割日应为哪一天？

[例5－4]

已知：3月29日买入1个月期的远期外汇。

求：根据固定交割日计算，求出该远期外汇的交割日。

分析：3月29日购入1个月期的远期外汇，先算出对应的即期交割日为3月31日（当月最后一天），则远期交割日是4月的最后一天，即4月30日。

想一想 练一练

如果4月30日是假日，则例5-4中1个月远期外汇的交割日为哪一天？（注：月末往前推，不能跨月。）

工作实例分析5-4

5月20日A公司与B银行达成一笔3个月的择期外汇交易，约定同年8月进行交割。

思考：以下两种情况分别属于哪种择期交易？①A公司可以在8月1日—22日的任一个营业日向B银行提出交割；②A公司可以选择5月23日—8月22日的任意一个营业日向B银行提出交割。

分析：根据部分择期和完全择期的定义可以判断出：第一种情况为部分择期；第二种情况为完全择期。

3. 择期交易的远期汇率计算

在择期交易中，由于交割日是由询价方选择，报价方处于被动地位，报价方需承担较大的风险。因此，报价方往往会采用有利于自己的价格规避风险。报价方选用择期交易远期汇率的一般原则如下。

当远期外汇升水时，报价方买入择期外汇选用接近择期起始的远期汇率的买价；报价方卖出择期外汇选用接近择期到期的远期汇率的卖价。

当远期外汇贴水时，报价方买入择期外汇选用接近择期到期的远期汇率的买价；报价方卖出择期外汇选用接近择期起始的远期汇率的卖价。

工作实例分析5-5

某银行接到一位客户询价GBP/USD择期交易，起息时间为成交后1—3个月。此时的即期汇率报价为1.3420/30，1个月远期差价为10/15，3个月远期差价为35/40。

请问：该银行会如何报价？

分析：①由于远期差价表现为前小后大，因此可以判断远期英镑为升水。

②根据报价方报价的原则可知，该银行会选择择期起始时的买价买入远期英镑，即1个月的远期汇率买价，会选择择期结束时的卖价卖出远期英镑，即3个月的远期汇率卖价。

③计算远期汇率：

$$1\text{个月的远期汇率买价} = 1.3420 + 0.0010 = 1.3430$$

$$3\text{个月的远期汇率卖价} = 1.3430 + 0.0040 = 1.3470$$

即该银行在该笔择期交易中的报价是1.3430/70。

二、远期外汇交易的运用

远期外汇交易实际上是买卖未来收付的外汇。远期外汇交易可以先将汇率固定下来，避免外汇资产或者债务因汇率的变动面临风险，具有保值的作用。另外，由于在远期外汇交易中，成交与交割存在时间差，而这两个时点上的汇率常常不一致，这就为投机者提供了获利的机会。因此，远期外汇交易的运用主要表现在两个方面：一是保值；二是投机。

（一）保值性远期外汇交易

远期外汇买卖是国际上发展最早、应用最规范的外汇保值方式。

所谓保值性远期交易又称远期套期保值（Forward Hedge），是指卖出（或者买入）持有（或者承担）的一笔外币资产（或者负债）的远期外汇，交割日期与持有外币资产变现（或者负债偿付）的日期相匹配，使这笔资产（或者负债）免受汇率变动的影响，从而达到保值的目的。客户在对外贸易结算、境外投资、外汇借贷和偿付过程中都会面临外汇汇率变动的风险，这就要求对外汇进行保值。通过远期外汇买卖，客户可事先将某一项目的外汇成本固定，或者锁定远期外汇收付的换汇成本，避免汇率波动可能带来的损失。

1. 出口收汇保值——卖出远期外汇

对于未来有外汇收入的出口商来说，如果外汇汇率下跌，收到外汇货款时兑换的本币收入就会减少，导致其出口利润下降。因此，为了规避由于外汇汇率下跌导致的本币收入的减少，当预计外汇汇率将下跌时，出口商可进行一笔远期外汇交易，即卖出远期外汇，以锁定本币收入。

工作实例分析 5－6

假设一家中国企业在 2021 年 3 月月末与一家美国企业签订出口贸易合同，贸易合同约定在 2021 年 12 月月末结算货款 1 000 万美元。目前，中国银行 USD/CNY 的报价为即期汇率 6.3815/25，9 个月的远期差价为 70/50。由于该中国企业预计 2021 年 12 月月末美元汇率可能下跌，于是就与中国银行签订了期限为 9 个月的美元结汇合同。

请问：①9 个月后该中国企业的出口收入是多少人民币？②假设 12 月月末的即期汇率果真如该中国企业预期的那样下降，跌至 6.3715/25，该中国企业通过远期交易规避了多少损失？

分析：①9 个月后不论市场汇率如何变动，该中国企业都可以按照远期合同卖出 1 000 万美元。9 个月的远期汇率为 USD/CNY＝6.3745/75。因此，该中国企业的出口收入为：

$$10\ 000\ 000 \times 6.3745 = 63\ 745\ 000\ （元）$$

②如果该中国企业没有进行远期交易，在 12 月月末收到 1 000 万美元货款时就只能按照市场即期汇率结汇，出口收入为：

10 000 000 × 6. 3715 = 63 715 000 （元）

因此，该中国企业通过远期交易规避的损失为：

63 745 000 − 63 715 000 = 30 000 （元）

2. 进口付汇保值——买入远期外汇

对于未来有外汇支出的进口商来说，如果外汇汇率上升，进口商为了支付外汇货款将以更多的本币购买外汇，导致其进口成本上升。因此，为了规避由于外汇汇率上升而导致的进口支出增加，当预计外汇汇率将上升时，进口商可进行一笔远期外汇交易，即买入远期外汇，以锁定购汇成本。

工作实例分析 5 − 7

假设一家美国企业在 2021 年 5 月月末与一家日本企业签订进口贸易合同，约定在 2021 年 11 月月末结算 10 亿日元货款。目前，美国银行 USD/JPY 的即期汇率报价为 115. 15/25，6 个月的远期差价为 40/30。由于该美国企业预计 2021 年 11 月月末日元汇率可能上升，于是就与美国银行签订了 6 个月的日元购汇合同。

请问：①6 个月后该美国企业的进口支出是多少美元？②假设 2021 年 11 月月末日元的即期汇率果真如该美国企业预期的那样上升为 114. 15/25，该美国企业通过远期交易规避了多少损失？

分析：①6 个月后不论市场汇率如何变动，该美国企业都可以按照远期合同买入 10 亿日元。6 个月的远期汇率为 USD/JPY = 114. 75/95。因此，该美国企业的进口支出为：

1 000 000 000 ÷ 114. 75 ≈ 8 714 596. 9 （美元）

②如果该美国企业未进行远期交易，在 2021 年 11 月月末为了支付 10 亿日元货款就只能按照市场即期汇率购汇，支出的美元为：

1 000 000 000 ÷ 114. 15 ≈ 8 760 403 （美元）

因此，该美国企业通过远期交易规避的外汇损失为：

8 714 596. 9 − 8 760 403 = 45 806. 1 （美元）

3. 抵补套利

抵补套利，是指投资者为防范投资期间的汇率变动风险，在进行套利交易的同时进行远期抛补，即在买入高利率货币现汇的同时，在远期外汇市场上卖出高利率货币的期汇，以获得毫无风险的利差收益。

按照利率平价理论，利率高的货币远期应该表现为贴水，这就可能使投资者在赚取利差收益的同时，蒙受远期汇率下跌的损失。

微课：利率平价理论

课件：利率平价理论

知识链接

利率平价理论

全球经济一体化和信息技术的广泛应用使国际金融市场之间的联系越来越紧密。国际资本的频繁流动也使汇率与金融市场上的利率密切相关。从金融市场角度分析汇率与利率之间的关系，就是汇率的利率平价理论（Theory of Interest－Rate Parity）。利率平价理论由凯恩斯和爱因齐格提出。他们认为，均衡汇率是由国际抛补套利引起的外汇交易形成的。在两国利率存在差异的情况下，资金将从低利率国家流向高利率国家以赚取利润。利率平价可划分为抵补性利率平价和非抵补性利率平价两种。

1. 抵补利率平价（Covered Interest Rate Parity，CIP），是指套利者在套利的同时签订远期外汇合同，并按照合同预先约定的远期汇率进行交易，以达到套期保值的目的。由于套利者利用远期外汇市场固定了未来交易的汇率，规避了汇率风险的影响，整个套利过程可以顺利实现。其经济含义是，汇率的远期升（贴）水率等于两国货币利率之差，并且高利率货币在现汇市场上升水、在期汇市场上贴水，低利率货币在现汇市场上贴水、在期汇市场上升水。

$$\frac{F_t - S_t}{S_t} = i_f - i \qquad \text{（公式 5－1）}$$

其中，F_t代表远期汇率；S_t代表即期汇率；F_t和 S_t都以间接标价法表示；i_f 代表国外利率；i 代表国内利率。

2. 非抵补利率平价（Uncovered Interest Rate Parity，UIP）。非抵补套利行为与抵补套利行为的区别在于，前者在将资金由低利率货币兑换为高利率货币时不做反方向操作，即对其未来的投资收益不进行保值。这时，将未来高利率货币的投资收益折算成低利率货币采用的汇率就不是远期汇率，而是未来的即期汇率（设为 F^e）。这个汇率也就是人们预期的未来汇率水平。于是，非抵补利率平价关系用公式表示如下：

$$\frac{F^e - S_t}{S_t} = i_f - i \qquad \text{（公式 5－2）}$$

公式 5－2 说明预期的汇率变化等于两国利率之差。

工作实例分析 5－8

假定美国金融市场中 1 年期定期存款利率为 3%，英国金融市场中 1 年期定期存款利率为 4.25%。纽约外汇市场即期汇率为 GBP/USD＝1.3380/85，1 年期远期汇率为 GBP/USD＝1.3340/50。一位美国投资者手中有 100 万美元闲置资金，欲进行 1 年期投资。

请问：该投资者进行抵补套利的结果怎样？

分析：① 假设该投资者不进行套利交易，直接在美国市场进行 100 万美元的 1 年期定期存款，1 年后本利和为：

$$1\,000\,000\times(1+3\%)=1\,030\,000\text{（美元）}$$

② 若该投资者进行抵补套利。

a. 先将 100 万美元按即期汇率兑换成英镑：

$$1\,000\,000\div 1.3385\approx 747\,104.97\text{（英镑）}$$

b. 再到英国进行 1 年期定期存款，1 年后的本利和为：

$$747\,104.97\times(1+4.25\%)=778\,856.93\text{（英镑）}$$

c. 在英国投资的同时卖出 1 年期远期英镑，1 年后得到的美元数为：

$$778\,856.93\times 1.3340=1\,038\,995.14\text{（美元）}$$

$$\text{利差收益}=1\,038\,995.14-1\,030\,000=8\,995.14\text{（美元）}$$

可见，该投资者进行抵补套利获得的利差收益为 8 995.14 美元，并且这 8 995.14 美元的收益不存在任何汇率风险。

（二）投机性远期外汇交易

外汇投机（Foreign Exchange Speculation），是指投机者（Speculator）根据对有关货币汇率变动的预测，通过买卖现汇或者期汇，有意保持某种外汇的多头或者空头，以期在汇率实际发生变动之后获取风险利润的一种外汇交易。

外汇市场上的投机可分为即期外汇投机和远期外汇投机。典型的外汇投机是远期外汇投机，其特点是不涉及货币的立即交割，成交时无须支付现金，只需支付少量保证金，一般都是到期轧抵，支付差额。因此，远期外汇投机不需要持有足够的现金或者外汇即可进行。

想一想 练一练

即期外汇投机（Spot Speculation）与远期外汇投机（Forward Speculation）哪种交易投机性更强？

工作实例分析 5－9

当市场即期汇率为 USD1 = CHF 0.9340 时，某投机者预测美元将会升值。该投机者的交易金额为 100 万美元。①假设一段时间后，市场汇率变为 USD1 = CHF 0.9380；②假设一段时间后，市场汇率变为 USD1 = CHF 0.9220。

请问：①该投机者基于自己的预测应该买入美元还是卖出美元？②在两种假设情况下，该投机者的获利情况如何？

分析：① 该投机者预测美元将会升值，应该买入美元。

② 当市场汇率变为 USD1 = CHF 0.9380 时，其获利情况为：

$$1\ 000\ 000 \times (0.9380 - 0.9340) = 4\ 000(\text{美元})$$

③ 当市场汇率变为 USD1 = CHF 0.9220 时，该投机者将会蒙受损失，损失金额为：

$$1\ 000\ 000 \times (0.9340 - 0.9220) = 12\ 000(\text{美元})$$

通过实例分析 5 - 9 可以看出，投机的正确方法为：①当预测货币将升值时，预先买入该种货币；②当预测货币将贬值时，预先卖出该种货币。

1. 买空交易

买空（Buy Long）又称“多头”，即投机者预测某种货币的汇率将上升，则先买（远期）后卖（即期/远期），即先低进，后高出，从中获利。例如，某德国外汇投机商预测法兰克福外汇市场中英镑对美元的汇率将大幅上升，它就可以进行买空交易，先以 1 英镑等于 1.3350 美元买入 100 万英镑 3 个月远期；3 个月后，当英镑对美元的即期汇率涨至 1 英镑等于 1.3850 美元时，就在即期外汇市场上卖出 100 万英镑。轧差后它可获得 5 万美元[1 000 000 × (1.3850 - 1.3350)]的投机利润。

2. 卖空交易

卖空（Sell Short）又称“空头”，即投机者预测某种货币的汇率将下跌，则先卖（远期）后买（即期或者远期），即先高进，再低出，从中获利。例如，某年 3 月 1 日，某位日本投机者预测美元在 1 个月后将贬值，他立即在东京远期外汇市场上以 1 美元等于 116.03 日元的价格抛售 1 个月期的远期合约 1 000 万美元，交割日为同年 4 月 1 日。到 4 月 1 日时，若即期美元的汇率不跌反升，美元兑日元的即期汇率为 1 美元等于 117.03 日元。于是，该位日本投机者在即期外汇市场购买 1 000 万美元现汇实现远期合约交割，为此蒙受 1 000 万日元 [1 000 × （117.03 - 116.03）] 的损失。

可见，投机行为是否获利以及获利多少取决于投机者预测汇率走势的准确程度。如果投机者预测错误，就会蒙受损失。

知识链接

外汇套期保值与外汇投机的区别

1. 套期保值者是为了规避汇率风险而轧平外汇头寸；投机者则是有意识地制造外汇头寸。

2. 套期保值都有实际的商业或者金融业务与之相对应。外汇买卖时，交易者拥有真实数额的资金；外汇投机则没有。

3. 套期保值的成本固定，可以避免更大损失；投机结果具有不确定性。

微课：外汇掉期交易

课件：外汇掉期交易

模块二　外汇掉期交易

模块导入

外汇掉期交易与远期外汇交易既有联系，又有区别。本模块将介绍如何利用外汇掉期交易规避外汇风险。

任务描述

掌握外汇掉期交易的概念与特点；能够利用外汇掉期交易规避外汇风险。

相关知识

外汇掉期交易（Swap Transaction），是指外汇交易者在买入或者卖出一定期限的某种货币的同时，卖出或者买入期限不同、金额基本相同的同种货币的交易。据统计，在全球主要外汇市场上，大多数远期交易都是掉期交易的一部分，即只有约5%的远期外汇交易属于单纯远期外汇交易。

例如，一家美国投资公司需要100万英镑现汇进行投资，预期3个月后可以收回投资。为了防止3个月后英镑汇率下跌，该公司进行了外汇掉期业务，即期买入100万英镑的同时，卖出3个月远期100万英镑期汇，从而转移此期间英镑可能下跌的汇率风险。

又如，某企业从日本借入一笔1亿日元的1年期贷款，由于该企业需从美国进口原材料进行加工生产，产成品再销往美国，所以其进口付汇和出口收汇都是以美元计价。该企业在中国银行申请即期卖出日元买入美元的同时，为保证1年后有足够日元偿付货款和控制汇率风险，再叙做一笔远期买入日元卖出美元的业务，从而达到固定成本、防范汇率风险的目的。

知识链接

掉期交易的特点

外汇掉期交易实际上是在即期外汇交易和远期外汇交易的基础上衍生出来的一种外汇交易方式，它具有以下特点：

1. 买和卖同时进行。即在买入某种货币的同时又卖出该种货币，强调两种行为同时进行。这看似是进行了两笔交易，但在外汇掉期交易中则视为一笔交易。

2. 买和卖的币种相同。外汇掉期交易要求买入和卖出的货币必须是同一种货币。例如，买入一笔英镑，那么必须同时卖出一笔英镑。另外，外汇掉期交易中涉及的另一种货币也必须相同。

3. 买和卖的金额相同。外汇掉期交易还要求买入与卖出的货币金额相等（通常针对基准货币而言）。例如，买入 100 万英镑，也必须卖出 100 万英镑。

4. 买和卖的交割日期不同。外汇掉期交易中要求买卖的币种相同、金额相等，同时还要求买入货币的交割日与卖出同种货币的交割日必须是不同的。例如，买入 100 万即期英镑，同时卖出 100 万远期英镑。所谓掉期，实际上就是将两笔外汇的期限做了掉换。

想一想　练一练

外汇掉期交易与远期外汇交易有哪些相同点和不同点？

一、外汇掉期交易的应用

外汇掉期交易的应用主要表现为保值、解决外汇合约的延期问题和外汇银行平衡外汇头寸。

视频：货币互换

（一）利用掉期交易保值

进出口商利用外汇掉期交易既能解决资金周转困难的问题，又能规避汇率风险。

工作实例分析 5－10

一家美国公司准备在英国进行投资，投资金额为 100 万英镑，投资期限为 6 个月。

请问：该公司如何防范汇率风险？

分析：该公司可进行一笔即期对远期的掉期交易，即买入 100 万即期英镑的同时，卖出 6 个月远期 100 万英镑，由此防范汇率风险。

工作实例分析 5－11

一家日本贸易公司向美国出口产品，同时从美国进口原材料。该公司在收到 500 万美元出口货款后，将货款兑换为日元用于国内支出，并需于 3 个月后支付 500 万美元进口原材料的货款。

请问：该日本贸易公司可采取何种措施规避风险？

分析：该日本贸易公司可进行一笔 3 个月美元兑日元外汇掉期交易：即期卖出 500 万美元买入日元的同时，买入 3 个月远期 500 万美元卖出日元，以此防范汇率风险。

（二）利用掉期交易解决外汇合约的延期问题

工作实例分析 5－12

通达公司与非洲某公司签订了一份出口合同，价值 10 万美元，6 个月后结算。为防范汇率风险，通达公司与银行进行了远期外汇交易，卖出 6 个月远期美元。6 个月后，进口商未能按期付款，通知通达公司延期 2 个月付款。这就造成通达公司与银行签订的远期合同无法履行。

请问：通达公司应该如何解决这一问题？

分析：通达公司可在远期合约履约日进行一笔掉期业务，即买入即期 10 万美元的同时卖出 2 个月远期 10 万美元，既防范了汇率风险，又解决了合同延期的问题。

（三）外汇银行利用掉期交易调整外汇头寸

拓展阅读：外汇掉期交易在公司理财中的应用

拓展阅读：中国已签署的双边货币互换协议一览表

客户出于保值而与外汇银行进行各种各样的外汇交易，相当于将汇率风险转嫁给了银行。这就造成外汇银行拥有各种各样的外汇头寸。当外汇银行存在不同期限的外汇头寸时，可分别通过即期交易和远期交易平衡头寸，即当即期外汇交易出现敞口头寸时，就通过即期交易进行调整；当远期外汇交易出现敞口头寸时，就通过远期交易进行调整。这样做有两个缺点：①可能只实现了外汇买卖的总金额持平，却没有消除时间敞口；②增加了交易金额。如何解决这些问题呢？外汇银行可以选择外汇掉期交易调整外汇头寸。利用外汇掉期交易调整外汇头寸，既能扎平各种头寸（包括总金额的敞口头寸和时间头寸），规避汇率风险，又能大大降低交易金额，对于外汇银行的交易员来说绝对是一件好事。总之，外汇银行可根据自己持有外汇头寸的具体情况，合理选择掉期交易的类型。

工作实例分析 5－13

某银行在某个营业日内承做了以下 6 笔交易：①买入 100 万即期欧元；②卖出 250 万即期欧元；③买入 1 个月远期 150 万欧元；④卖出 1 个月远期 50 万欧元；⑤买入 3 个月远期 100 万欧元；⑥卖出 3 个月远期 50 万欧元。

试分析，该银行分别通过即期交易、远期交易和掉期交易调整头寸的效果。

分析：①编制该银行的欧元头寸表（见表 5－2）。

表 5－2 欧元头寸表 单位：万欧元

期限	买入	卖出	差额
即期	100	250	－150
1 个月远期	150	50	100
3 个月远期	100	50	50
合计	350	350	0

由表5-2可以看出，当日该银行欧元的买入金额和卖出金额是相等的，均为350万欧元，总金额是平衡的。但从时间角度来看，各个时点上的金额是不平衡的，即期空头150万欧元，1个月远期多头100万欧元，3个月远期多头50万欧元。

②针对以上情况，该银行可通过即期外汇交易和远期外汇交易平衡头寸，即买入150万即期欧元，卖出1个月远期100万欧元，卖出3个月远期50万欧元。这样做能够平衡外汇银行的外汇头寸，规避汇率风险，但是交易金额共为300万欧元。

③该银行也可通过外汇掉期交易平衡头寸。该银行可叙做两笔掉期交易调整外汇头寸：第一笔买入100万即期欧元，卖出1个月远期100万欧元；第二笔买入50万即期欧元，卖出3个月远期50万欧元。该银行在进行了这两笔掉期交易后，欧元头寸在金额上达到平衡，在各个时点上也达到了平衡，并且交易金额仅为150万欧元。

知识链接

外汇掉期交易的类型

1. 按交易对手不同划分。

（1）纯粹掉期，指交易者与同一交易对手同时进行两笔数额相同、方向相反、交易目的不同的外汇掉期交易。例如，A银行从B银行买入即期100万英镑，同时向B银行卖出100万英镑的远期。

（2）制造掉期又称分散掉期，由两笔单独进行的交易组成，每笔交易分别与不同的交易对手进行。例如，A银行从B银行买入即期100万英镑，同时向C银行卖出100万英镑的远期。

2. 按掉期期限不同划分。由于外汇掉期交易要求买入和卖出的交割期不同，所以每笔掉期交易都包含两个交割期。根据交割期限的不同，可将外汇掉期交易分为即期对即期的掉期交易、即期对远期的掉期交易和远期对远期的掉期交易。

（1）即期对即期的掉期交易（Spot-Spot Swaps）。即期对即期的掉期交易俗称“一日掉期”，指两笔币种相同、数额相同、交割日相差一天、方向相反的外汇掉期交易。例如，掉期中，一笔交易在成交后第一个营业日交割，另一笔交易在成交后第二个营业日交割。这种交易主要用于银行同业的隔夜资金拆借。

（2）即期对远期的掉期交易（Spot-Forward Swaps）。即期对远期的掉期交易，指在买入一笔即期外汇的同时卖出一笔远期外汇，或是在卖出一笔即期外汇的同时买入一笔远期外汇。即期对远期的掉期是掉期交易中应用最广泛的一种类型。该种交易主要用于规避外汇头寸风险和外汇资产（或者负债）因汇率变动而遭受的风险。

（3）远期对远期的掉期交易（Forward - Forward Swaps）。远期对远期的掉期交易，指在买入交割期限较短的远期外汇的同时卖出同等数量的交割期限较长的同种远期外汇，即“买短卖长”，或是在卖出交割期限较短的远期外汇的同时买入交割期限较长的同种远期外汇，即“卖短买长”。例如，某进出口公司从一家银行买入500万美元1个月远期，同时向这家银行卖出500万美元3个月远期。在这种掉期交易中，虽然两笔交易都是远期交易，但它们的远期期限是不同的。这种掉期交易主要是一些中间商采用。

拓展阅读5-1

人民币已成为世界最大货币互换圈

人民币国际化正在交出一张张优异的“成绩单”。清华大学国家金融研究院院长朱民在第十二届陆家嘴论坛上表示，人民币已成为世界最大货币互换圈，人民币贸易融资目前已超过日元。

具体来看，过去几年里，中国已与全球39个国家的央行签署了货币互换协议，货币互换协议的规模已达人民币3.47万亿元。另外，人民币贸易融资目前已超越日本，居全球第三位，而贸易融资对货币使用量具有巨大的帮助。

不仅如此，人民币于2016年进入SDR货币篮子，标志人民币已正式进入国际官方货币舞台的中心，成为世界上的一种储备货币。截至2019年第三季度，在全球官方外汇储备资产中，人民币外汇储备资产约合2 196.2亿美元，占比由2019年第二季度的1.97%升至2.01%，在全球外汇储备货币中的比率超过了瑞士法郎、澳大利亚元和加拿大元。

一张张成绩单反映了世界各国坚定支持人民币的事实。例如，新加坡财政部表示，新加坡是大中华地区以外最大的离岸人民币中心之一，而投资和跨境贸易则提升了人民币在全球的使用率。因此，新加坡和上海之间的跨境人民币合作项目也可以进一步深化，以更好地支持东南亚各国与中国之间的贸易与投资流动。

相比之下，由于美国经济渐趋衰退，越来越多“不看好”美元的声音出现。摩根士丹利亚洲区前总裁Stephen Roach多次指出，美元未来将持续走弱，对世界其他主要货币甚至可能走贬35%。

（资料来源：https：//baijiahao.baidu.com/s?id = 1669931048752278033&wfr = spider&for = pc。）

模块三　外汇期货交易

微课：外汇期货交易

课件：外汇期货交易

模块导入

外汇期货交易提供了一种可套期保值或者投机盈利的机制，在国际金融市场上发挥着越来越大的作用。外汇期货交易为何能够成为企业的金融避险工具呢？

任务描述

掌握外汇期货交易的概念和特点；能够利用外汇期货交易实现套期保值或者投机盈利。

相关知识

外汇期货（Currency Exchange Futures）又称货币期货，是金融期货的一种。外汇期货交易，是指交易双方在外汇期货交易所买卖未来某一特定日期的标准化外汇期货合约的交易。

外汇期货交易的主要目的是对汇率的变动进行套期保值。其原理是，期货的价格以现货价格为基础，与现货价格呈同方向变动，为消除未来外汇头寸的汇率风险，可以在期货市场进行与现货市场方向相反的交易，以现汇和期汇两个市场中从一个市场获得的利润抵补在另一个市场遭受的损失。例如，某英国公司 3 个月后需支付一笔 100 万瑞士法郎货款，该公司担心未来瑞士法郎升值使自己支付更多的英镑，于是在期货市场上买入 8 份瑞士法郎期货合约（每份合约相当于 12.5 万瑞士法郎）。如果未来瑞士法郎即期汇率上升，瑞士法郎期货的价格也会上升，该公司就可以在期货市场以更高的价格卖出瑞士法郎，抵偿由于即期汇率波动受到的损失。

知识链接

外汇期货交易的特点

1. 场内交易。外汇期货只能在期货交易所内进行。期货交易所是人们从事期货交易的场所，属于非营利性机构，依靠会员缴纳的会费和契约交易费弥补支出。其主要工作是制定有关期货交易的规则和交易程序，监督会员行为。外汇期货交易在固定场所集中进行，可以增加信息的透明度，提高市场的竞争性。

2. 标准化合约。外汇期货合约是标准化合约，即交易的货币种类和交易数量均被标准化。外汇期货交易的主要币种有美元、欧元、英镑、日元、瑞士法郎、加拿大元、澳大利亚元等。但不同货币的合约规模（交易单位）是不同的（见表5－3）。在芝加哥国际货币市场（IMM）上，英镑期货合约的交易单位是62 500英镑，瑞士法郎期货合约的交易单位是125 000瑞士法郎。

表5－3　芝加哥国际货币市场外汇期货合约概况

项目	英镑	瑞士法郎	日元
交易单位	GBP62 500	CHF125 000	JPY12 500 000
报价方法	美分/英镑	美分/瑞士法郎	美分/日元
最小变动单位（基点）	5	1	1
每张合约的最小价格变动（美元）	12.50	12.50	12.50
购买数量限制（张）	6 000	6 000	6 000
初始保证金（美元）	2 800	2 000	2 100
维持保证金（美元）	2 000	1 500	1 700
交割月份	3月、6月、9月和12月	3月、6月、9月和12月	3月、6月、9月和12月
交易时间（美国中部标准时间）	7：30AM—1：24PM	7：30AM—1：16PM	7：30AM—1：30PM

视频：多头与空头套期保值

3. 交割日期的规定。从表5－3可知，外汇期货合约有规定的交割月份，一般为每年的3月、6月、9月和12月。由于在外汇期货交易中，约95%的合约会在到期前进行对冲，因此到期实际交割的合约只占很少的一部分。

具体交割日是合同规定的交割日期，即交割月份中的某一日。每种货币期货都有固定的交割日，不同的交易所有不同的规定。例如，IMM的交割日为到期月份的第三个星期三。如果交割日恰逢休市日，则向后顺延。

外汇期货合约中的最后交易日，是指期货可以进行交易的最后一日。各个交易所对外汇期货的最后交易日都有具体规定。例如，IMM规定外汇期货的最后交易日为到期月份第三个星期三之前的两个营业日。

拓展阅读5－2

外汇保证金交易与外汇期货交易

外汇保证金交易与外汇期货交易具有一些相同之处。例如，固定的合约和保证金制度。两者的区别主要表现为：

1. 外汇保证金交易没有专门的固定交易场所。外汇保证金交易市场是无形的和不固定的，属于场外交易市场。所有交易都在投资者与金融机构以及金融机构之间进行；外汇期货交易只能在期货交易所内集中进行，属于场内交易。

2. 外汇保证金交易没有到期日，交易者可以根据自己的意愿无限期持有头寸；外汇期货合约有规定的交割月份。

3. 外汇保证金交易的币种十分丰富，任何国际上可兑换的货币都可以作为交易品种；外汇期货合约对交易的货币种类进行了标准化，可交易的货币种类有限。

4. 外汇保证金交易可以进行24小时交易；外汇期货交易所对外汇期货交易的交易时间做出了具体规定。

（资料来源：根据零点财经整理得出。）

知识链接

外汇期货的功能

作为一种新型的金融衍生工具，外汇期货具有规避风险和发现价格的功能。

1. 规避风险。规避风险是外汇期货的首要功能。投资者通过购买相关的外汇期货合约，在金融期货市场上建立与其现货市场相反的头寸，并根据市场的不同情况采取在期货合约到期前对冲平仓或者到期履约交割的方式，实现其规避风险的目的。从整个金融期货市场看，规避风险功能之所以能够实现，主要有以下3个原因：

（1）众多的金融商品持有者面临不同的风险，可以通过达成对自己有利的交易控制市场的总体风险。例如，进口商担心外汇汇率上升，而出口商担心外汇汇率下跌，它们通过反向的外汇期货交易，即可实现风险的对冲。

（2）一般情况下，金融商品的期货价格与现货价格呈现同向变动。投资者在金融期货市场建立与金融现货市场相反的头寸后，金融商品的价格变动必然在一个市场获利而在另一个市场受损。投资者的盈亏可全部或者部分抵消，从而达到规避风险的目的。

（3）金融期货市场通过规范化的场内交易，集中了众多为了从中获利愿意承担风险的投机者。它们通过频繁、迅速的买卖对冲，转移了金融商品持有者的价格风险，从而使金融期货的规避风险功能得以实现。

2. 发现价格。外汇期货市场的发现价格功能，是指外汇期货市场能够提供各种货币商品的有效价格信息。在外汇期货市场上，各种期货合约都有众多的买家和卖家，它们通过类似于拍卖的方式确定交易价格。外汇期货市场接近于完全竞争市场，能够在相当程度上反映投资者对金融商品价格走势的预期和金融商品的供求状况。因此，某一期货合约的成交价格，能够综合地反映金融市场各种因素对合约标的商品的影响程度，并迅速传导至世界各地。

一、外汇期货交易的应用

外汇期货交易和外汇远期交易的原理相似，是外汇交易者套期保值、规避风险和投机的金融工具。外汇期货市场参与者可大致分为套期保值者和投机者。其中，套期保值者是那些希望降低某项外汇资产价格变动风险而参与市场的交易者；投机者是愿意承担价格波动风险，通过从事低价买进高价卖出的买空卖空活动赚取收益的交易者。

知识链接

外汇期货交易与远期外汇交易的联系

外汇期货交易由外汇远期交易发展演变而来。因此，它们之间存在密切的联系，既有相同点，也有许多区别。

1. 相同点

(1) 两者都是通过合同形式把买入或者卖出外汇的汇率固定下来。

(2) 两者都是在一段时间以后交割，而不是即时交割。

(3) 买入与卖出的目的都是为了保值或者投机。

2. 不同点

(1) 交易对象不同。外汇期货市场上交易的是外汇期货合约（Futures Contract），而远期外汇市场上交易的是远期外汇合约（Forward Contract）。前者是一种标准化的合约，交易额以合约数量表示，至少为一个合约单位。对于不同的货币，每个合约单位的金额有不同的规定；远期外汇合约无固定的合约规格，合约细则由交易双方自行商定，是非标准化的合约。

(2) 交易者不同。外汇期货交易的参与者可以是银行、其他金融机构、公司、政府和个人，只要按规定交纳保证金，均可通过外汇期货经纪商从事外汇期货交易，对委托人的限制不如远期外汇交易严格；在远期外汇交易中，参与者大多为专业化的证券交易商或者与银行有良好业务关系的大企业，没有从银行取得信用额度的个人投资者和中小企业极难有机会参与远期外汇交易。

(3) 交易组织不同。外汇期货交易主要在期货交易所进行，采取公开喊价的方式成交，交易市场基本上是一个有形的市场；远期外汇交易市场是各家银行同业间、银行与经纪商之间以及银行与客户之间通过电信手段进行交易的无形市场，也就是通常所说的 OTC 市场。

（4）交易规则不同。外汇期货交易采用保证金制度，每日都要由清算所进行清算，盈利者可以提取盈余的资金，而亏损者则需要补交保证金；远期外汇交易不需要交纳交易保证金，交易双方只在到期交割时才进行结算。

（5）交易结果不同。外汇期货交易有两种交割方式：①到期日交割。在实际操作中，只有很少的外汇期货合约在到期时进行实际交割，大约仅占全部交易量的 1%—2%；②进行一笔合约数量和交割月份相同但相反方向的期货交易，称为“结清”。绝大部分期货交易都是如此。如果客户买入了若干个外汇期货合约，随后又卖出了数量相同的合约，这样不仅轧平了头寸，而且完全结清了自己持有的合约。也就是说，合约到期时客户不用进行货币的实际收付。远期外汇交易一般都会在指定交割日交割现货。此外，外汇期货的交割均通过清算所进行，而远期外汇交易则由客户与银行直接清算交割。

（6）交割日期不同。外汇期货合约规定到期日为交割月份第三个星期的星期三（不同品种的期货合约对交割月的规定有所不同，外汇期货的交割月份一般为每年的 3 月、6 月、9 月和 12 月）。远期外汇交易没有对交割日期的严格规定，可由客户根据需要自由选择。此外，外汇期货合约是可以转让的，而远期外汇合约则不可转让，其流动性较弱。

（一）外汇期货套期保值

外汇期货市场上的套期保值主要是指国际经贸交往中的债权人（或者债务人）为防止其预计收回的债权（或者将要支付的债务）因计价货币贬值（或者升值）而蒙受损失，在外汇期货市场上叙做一笔与外汇现货市场头寸相反、期限对称、金额相当的外汇期货交易，将汇率风险控制在一定程度内，以达到保值的目的。

知识链接

外汇期货套期保值的原则

1. 品种相同或者相近原则

投资者在进行套期保值操作时，选择的期货品种须与进行套期保值的现货品种相同或者尽可能相近。只有如此，才能最大程度地保证两者在现货市场和期货市场上价格走势的一致性。

2. 月份相同或者相近原则

投资者在进行套期保值操作时，期货合约的交割月份须与现货市场的拟交易时间尽可能一致或者接近。

3. 方向相反原则

投资者在实施套期保值操作时，在现货市场和期货市场的买卖方向必须相反。由于同种（或者相近）商品在两个市场上的价格走势趋于一致，与现货市场方向相反的外汇期货交易必然在一个市场盈利而在另一个市场上亏损，从而盈亏相抵达到保值的目的。

4. 数量相当原则

投资者在进行套期保值操作时，选用的期货品种合约数量须与现货市场上需保值的商品数量相当。只有如此，才能使一个市场上的盈利（或者亏损）与另一市场的亏损（或者盈利）相等或者接近，从而提高套期保值的效果。

外汇期货套期保值可划分为多头套期保值和空头套期保值。

1. 多头套期保值——买入套期保值

买入套期保值（Long Hedge），是指在期货市场上先买进某种货币期货，然后卖出该种货币期货，以抵消现汇汇率上升给持有外汇债务带来的风险。这一操作适用于进口商和短期外汇负债者。

工作实例分析 5-14

3月月末某美国公司急需一笔资金，而其瑞士分公司在10月前恰巧有35万瑞士法郎闲置资金。于是，美国公司将瑞士分公司的35万瑞士法郎调回美国使用，并决定为防范还款时瑞士法郎的升值风险进行多头套期保值（见表5-4）。

表5-4 多头套期保值损益分析

日期	现汇市场上的损益	期货市场上的损益
4月1日	卖出35万瑞士法郎，汇率为USD 1 = CHF1.3404，收入261 116.09美元（350 000 ÷ 1.3404）	买进3份9月到期的瑞士法郎期货，期货价格为每份0.7460美元，支付279 750美元（125 000 × 3 × 0.7460）
9月1日	买进35万瑞士法郎，汇率为USD 1 = CHF1.3393，支付261 330.55美元（350 000 ÷ 1.3393）	卖出3份9月到期的瑞士法郎期货，期货价格为每份0.7467美元，收入280 012.5美元（125 000 × 3 × 0.7467）
损益	亏损214.46美元（261 330.55 - 261 116.09）	盈利262.5美元（280 012.5 - 279 750）

分析：从表5-4中可以看出，由于瑞士法郎汇率上升，使得9月1日现汇市场上买进35万瑞士法郎需多支付214.46美元，但期货市场盈利262.5美元，抵消了这一损失。同理，如果还款时瑞士法郎下跌，公司期汇损失也可以通过现汇市场得以补偿。

温馨提示

由于外汇期货交易使用的是标准化合约，合约的金额或者交割时间有可能与投资者的实际需求不吻合。在这种情况下，投资者只能选择条件最接近的那一份外汇期货合约交易。

工作实例分析 5－15

某美国进口商在3月8日从瑞士进口了价值240 000瑞士法郎的商品，3个月后（即6月8日）需向瑞士出口商支付240 000瑞士法郎的货款。假设3月8日的市场行情为即期汇率 USD1 = CHF1.3511，6月到期的瑞士法郎期货价格为每份0.7401美元；6月8日的市场行情为即期汇率 USD1 = CHF1.3471，期货价格为每份0.7423美元（见表5－5）。

表5－5　多头套期保值损益分析

日期	现汇市场上的损益	期货市场上的损益
3月8日	卖出24万瑞士法郎，收入177 633.04美元（240 000÷1.3511）	买进2份瑞士法郎期货，支付185 025美元（125 000×2×0.7401）
6月8日	买进24万瑞士法郎，支出178 160.49美元（240 000÷1.3471）	卖出2份瑞士法郎期货，收入185 575美元（125 000×2×0.7423）
损益	亏损527.45美元（178 160.49－177 633.04）	盈利550美元（185 575－185 025）

请问：该美国进口商如何利用期货交易防范汇率风险？

分析：表5－5说明，该美国进口商通过期货市场上的收益弥补了现汇市场上的损失。

2. 空头套期保值——卖出套期保值

空头套期保值（Short Hedge），是指在期货市场上先卖出某种货币期货，然后再买进该种货币期货，以抵消现汇汇率下跌给持有外汇债权带来的风险。

这一操作适用于出口商和应收款的外汇债权持有者。

工作实例分析 5－16

某美国跨国公司设在英国的分支机构急需625万英镑现汇支付当期的费用。此时，这家美国跨国公司正好有一部分闲置资金。于是，该美国跨国公司于3月12日向其英国分支机构汇去625万英镑（按当日的现汇汇率 GBP1 = USD1.3790/1.3806进行折算）。为了避免收回款项时（假设在3个月后偿还）汇率波动（英镑汇率下跌）的风险，这家美国跨国公司在外汇期货市场上进行了英镑空头套期保值交易（见表5－6）。

表 5－6 空头套期保值损益分析

日期	现汇市场	期货市场
3 月 12 日	买进 625 万英镑，汇率 1.3806，价值 862.875 万美元	卖出 100 份 6 月到期的英镑期货，每份 62 500 英镑，每份价格为 1.3800 美元，获得 862.5 万美元
6 月 12 日	卖出 625 万英镑，汇率 1.3746，价值 859.125 万美元	买进 100 份 6 月到期的英镑期货，每份 62 500 英镑，每份价格为 1.3733 美元，支付 858.3125 万美元
损益	亏损 3.75 万美元（862.875－859.125）	盈利 4.1875 万美元（862.5－858.3125）

请问：该美国跨国公司如何利用期货交易防范汇率风险？

分析：从表 5－6 可以看出，由于英镑相对美元贬值，该美国公司在现汇市场上亏损 3.75 万美元，在外汇期货市场上盈利 4.1875 万美元，套期保值最终盈利为 4 375 美元。如果该美国公司没有进行期货交易，在 3 月 12 日的现汇市场买入 625 万英镑，6 月 12 日收回英镑时在现汇市场卖出，会因英镑贬值净损失 3.75 万美元。当然，如果英镑升值，该损失就不会发生。但是，该美国公司在 3 月 12 日买入现汇时并不知道 3 个月后英镑到底是升值还是贬值。英镑升值固然对其有利，但万一贬值该公司必然蒙受损失。然而，进行期货交易后，英镑在现汇市场上贬值，在期货市场上也会贬值。由于该美国公司在期货市场和现汇市场进行的是反方向的操作，因此在外汇期货交易中的获利将抵消现汇交易中的损失。

工作实例分析 5－17

美国出口商于 9 月 6 日向加拿大出口一批货物，价值 500 000 加元，以加元结算，3 个月后收回货款，美国出口商使用外汇期货交易防范汇率风险。9 月 6 日的即期汇率为 USD1＝CAD1.2779，12 月到期的加元期货价格为每份 0.7830 美元；12 月 6 日的即期汇率为 USD1＝CAD1.2820，12 月到期的加元期货价格为每份 0.7800 美元。

请问：该美国出口商如何利用期货交易防范汇率风险？

分析：见表 5－7。

表 5－7 空头套期保值损益分析

日期	现汇市场	期货市场
9 月 6 日	500 000 加元相当于 391 266.92 美元	卖出 5 份 12 月到期的加元期货，每份 100 000 加元，价格为每份 0.7830 美元，获得 391 500 美元

续表

日期	现汇市场	期货市场
12 月 6 日	500 000 加元相当于 390 015.60 美元	买进 5 份 12 月到期的加元期货，每份 100 000 加元，价格为每份 0.7800 美元，支付 390 000 美元
损益	12 月 6 日卖出加元与 9 月 6 日卖出加元相比，损失为 1251.32 美元（391 266.92 - 390 015.60）	在期货市场上加元的对冲交易，收益为 1 500 美元（391 500 - 390 000）

（二）外汇期货投机

外汇期货投机，是指外汇期货投机者并未实际持有外币债权或者债务，而是通过自己对外汇期货行情的预测，在期货市场上贱买贵卖赚取差价利润。

与套期保值者不同的是，外汇期货投机者并不是因为债权债务结算进入外汇市场，而完全是根据自己对期货行情的预测和判断，进行对冲交易赚取差价。若投机者预测汇率上涨买入外汇期货合约，即做多头；若投机者预测汇率下跌卖出期货合约，即做空头。

1. 多头投机

多头投机又称买空交易，是指投机者预测未来某种外汇期货合约的价格将上涨，便预先购买该合约，即做多头，待价格上涨至预期目标时，再将其卖出以赚取低买高卖的差价。

工作实例分析 5 - 18

某外汇投机商在 3 月 1 日预测日元对美元汇率上升，于当天在 IMM 买进 10 份于 12 月交割的日元期货合约，成交价为 JPY100 = USD0.8813，并按要求交纳了保证金。6 月 1 日，日元果然升值，该外汇投机商抛出 10 份日元期货合约，成交价为 JPY100 = USD0.8997，获利情况如下：

$$1\ 250 \times 10 \times (0.8997 - 0.8813) \div 100 = 2.3(\text{万美元})$$

2. 空头投机

空头投机又称卖空交易，是指投机者预测未来某种外汇期货合约的价格将下跌，事先出售该合约，即做空头，待价格下跌至预期目标时，再买进该合约以获得高价卖、低价买的利润。空头投机的原理和多头投机的原理一致，只是反向操作。

多头投机和空头投机成功的关键是投机者正确地预测未来汇率的变化方向。如果投机者预测准确，会因期货交易的杠杆效应获得巨大的收益。但如果期货行情与投机者的预测方向相反，则会带来难以估计的损失，这正是外汇期货投机的巨大风险所在。

工作实例分析 5－19

7月9日，甲、乙二位投机者分别对期货价格走势进行预测。甲认为瑞士法郎期货价格将升高，乙认为瑞士法郎期货价格将走低。二人分别根据自己的判断进行了10份瑞士法郎期货投机交易。假设7月9日他们买卖9月到期的瑞士法郎期货的成交价均为每份1.1016美元，8月9日9月到期的瑞士法郎期货的结算价为每份1.0896美元（每份瑞士法郎期货合约的价值为125 000瑞士法郎）。

请问：①甲、乙二人分别进行了何种交易？②8月9日收盘后，二人的账面损益分别是多少？为什么？

分析：①甲进行多头投机（预测行情上涨，先买后卖）；乙进行空头投机（预测行情下跌，先卖后买）。

②计算二人的账面损益：

$$(1.1016-1.0896)\times 125\ 000\times 10=15\ 000\ (\text{美元})$$

由于8月9日期货价格正如乙的判断，处于下跌行情，因此乙的收益为15 000美元，甲的损失为15 000美元。原因是甲判断错误，乙判断正确。

微课：外汇期权交易

模块四　外汇期权交易

课件：外汇期权交易

模块导入

某年5月1日英镑/美元即期报价为1.2200，由于市场对英镑加息预期持续加温，林小姐预测英镑将持续上涨，因此她选择买入英镑看涨期权。以A银行个人期权合约的报价为例，9月到期的英镑看涨期权，执行价为英镑/美元＝1.2422，期权合约价格为0.02美元，那么林小姐买入31 250英镑的看涨期权，共需要支付625美元期权费。假设英镑在7月15日上涨到1.2405，当日期权合约报价为0.03美元。如果林小姐选择卖出看涨期权合约获利了结，则可获利(0.03－0.02)×31 250＝312.50美元，利润率50%；但林小姐预期英镑仍能持续上升，并在到期日达到1.2500。通过计算，林小姐发现如果汇率在到期日真能如预期涨到1.2500，将可得到期权金＝期权的内在价值＝(1.2500－1.2422)×31 250 ＝243.75美元，扣除投资期权费625美元，亏损381.25美元。通过比较发现，选择在7月15日出售期权将比持有到期所获得的收益率更高，因此林小姐选择平仓英镑看涨期权合约，获利了结。

思考：到底外汇期权是怎样的一种金融工具？

任务描述

掌握外汇期权交易的概念；能够利用外汇期权交易规避外汇风险。

相关知识

外汇期权（Currency Option）是一种选择权合约，它授予期权买方在合约期内按照协定汇率买入或者出售一定数额的某种外汇资产的权利，卖方收取期权费，并有义务应买方要求卖出或者买入该笔外汇。期权买方获得的是一种权利而不是义务，如果市场行情对买方不利，买方可以不行使权利，使其到期作废，损失的只是预付的期权费。

视频：认识期权

视频：期权的优缺点

知识链接

外汇期权市场

1982 年 12 月，外汇期权交易在美国费城股票交易所率先开展，而后芝加哥商品交易所、阿姆斯特丹欧洲期权交易所、蒙特利尔交易所、伦敦国际金融期货交易所等先后开办了外汇期权交易。目前，美国费城股票交易所和芝加哥期权交易所是世界上最具代表性的外汇期权市场，经营的外汇期权种类包括英镑、瑞士法郎、加拿大元等。

外汇期权交易是客户对未来外汇资金进行保值的有效手段。在到期日或之前，期权的买方有权利决定是否按照合同约定价格买入或者卖出一定数量的外汇。为了获得这一权利，期权的买方需要在交易之初支付一笔费用。如果合同期满时期权的买方不行使权利，则权利失效，费用不退还。

外汇期权交易与远期外汇买卖的不同在于：远期外汇买卖将未来的换汇成本锁定，完全回避风险，不论是有利的机遇还是不利的风险；而外汇期权交易则是管理风险，即以一定的费用规避不利的风险，同时保留有利的机遇并从中获利。

知识链接

外汇期权交易的特征

第一，不论是履行外汇交易的合约还是放弃履行外汇交易的合约，外汇期权买方支付的期权费都不能收回。

第二，外汇期权交易的协定汇率都以美元为报价货币。

第三，外汇期权交易的买卖双方权利和义务是不对等的，即期权的买方拥有选择的权利，期权的卖方承担被选择的义务，不得拒绝接受。

第四，外汇期权买卖双方的收益和风险是不对称的。对期权的买方而言，其成本是固定的，而收益是无限的；对期权的卖方而言，其最大收益是期权费，损失是无限的。这个特点是由权利与义务的不对称性决定的（见表5-8）。

表5-8 外汇期权买卖双方权利义务不对称性的表现

	期权买方	期权卖方
权利	按协定汇率购买或者出售某种外汇	收取期权费
义务	支付期权费	无条件履约

例如，某人以1 000美元的权利金（即期权费）买入了一张价值100 000美元的欧元/美元的欧式看涨合约，合约规定期限为3个月，执行价格为1.1300。3个月后合约到期日当天，欧元/美元汇率为1.1600，则此人可以执行权利，要求合约卖方以1.1300卖给自己价值100 000美元的欧元，然后他再在外汇市场上以1.1600的汇率抛出，所得盈利减去最初支付的1 000美元即是他最终的盈利。如果买入期权合约3个月后，欧元/美元汇率为1.1100，执行合约还不如直接在外汇市场上买入欧元划算，此人可以放弃执行合约，损失最多为1 000美元的权利金。

案例：金融安全——中信泰富外汇衍生品亏损案

知识链接

美式期权与欧式期权

1. 美式期权，指期权买方向卖方支付一定期权费后，合约赋予买方充分的权利，使买方可以在定约日至合约到期日（含到期日）之间任何时间执行期权，即买方在此期间可随时要求卖方卖出或者买入某种外汇资产。

2. 欧式期权，指期权买方在向卖方支付一定期权费后，只能在规定的到期日才能要求卖方履约，行使买方权利。

相对而言，美式期权为买方提供更多的选择机会，相应地，卖方承担的风险更大一些。因此，美式期权的买方需要支付更多的期权费。而欧式期权较为刻板，但期权卖方的风险要小一些，因而欧式期权的期权费较为便宜。

想一想 练一练

比较外汇保证金交易与外汇期货、外汇期权的异同。

一、外汇期权交易的分类

外汇期权交易按照期权赋予的权利不同，可划分为看涨期权和看跌期权两种。

（一）看涨期权

看涨期权（Call Option）又称买入期权，是指期权买方有权在合约有效期内按照协定价格买入特定数量的外汇资产的权利，但不同时负有必须买进的义务。为了取得这种权利，期权买方在购买期权时须向卖方支付一定数量的期权费。当人们预测某种外汇资产价格将要上涨时，就可以买入看涨期权。如果市场汇率上涨至协定汇率之上，则期权买方可要求履约；反之，期权买方可以不履行合约。

（二）看跌期权

看跌期权（Put Option）又称卖出期权，是指期权买方有权在合约有效期内按照协定价格卖出特定数量的外汇资产的权利，但不同时负有必须卖出的义务。为了取得这种权利，期权买方在购买期权时须向卖方支付一定数量的期权费。当人们预测某种外汇资产价格将要下跌时，就可买入这种看跌期权，如果市场汇率下跌至协定汇率之下，期权买方可要求履约；反之，期权买方可以不履行合约。

工作实例分析 5－20

某美国进口商从英国进口一批货物，3 个月后支付 16 万英镑货款。假设签订进口合同时的即期汇率为 GBP1 = USD1.4，该进口商为避免 3 个月后英镑升值造成损失，以 1 600 元的期权费买入欧式期权保值。3 个月后可能出现三种情况：①英镑升值；②英镑贬值；③英镑汇价不变。

请问：①该进口商应如何操作？②其损益情况如何？

分析：① 若英镑升值，则该进口商应履行期权。假设 3 个月后的即期汇率为 GBP1 = USD1.45，该进口商履行期权后可节省 6 400 美元（160 000 × 1.45 － 160 000 × 1.4 － 1 600）。

② 若英镑贬值，则该进口商应放弃履行期权。假设 3 个月后的即期汇率为 GBP1 = USD1.35，该进口商放弃期权后可节省 6 400 美元（160 000 × 1.4 － 160 000 × 1.35 － 1 600）。

③ 若英镑汇价不变，仍是 GBP1 = USD1.4，则该进口商既可以履行期权，也可以放弃期权，其损失仅仅是 1 600 美元的期权费。

工作实例分析 5－21

瑞士某出口商向美国出口一批机器设备，3 个月后收取货款 180 万美元。假设签订出口合同时的即期汇率为 1 美元等于 0.95 瑞士法郎（即协定汇价为 USD1 = CHF0.95），该出口商为避免 3 个月后美元贬值造成损失，以 3 600 瑞士法郎的期权费买入欧式期权保值。3 个月后可能出现三种情况：①美元升值；②美元贬值；③美元汇率不变。

请问：该出口商应如何操作？其损益情况如何？

分析：① 若美元升值，则该出口商应放弃行使期权。假设 3 个月后的即期汇率为 1 美元等于 1 瑞士法郎，该出口商可获得 86 400 瑞士法郎（1 800 000 × 1 − 1 800 000 × 0.95 − 3 600）。

② 若美元贬值，则该出口商应履行期权。假设 3 个月后的即期汇率为 1 美元等于 0.90 瑞士法郎，该出口商可获得 86 400 瑞士法郎（1 800 000 × 0.95 − 1 800 000 × 0.90 − 3 600）。

③ 若美元汇价不变，仍是 1 美元等于 0.95 瑞士法郎，则该出口商既可以履行期权，也可以放弃期权。其损失仅为 3 600 瑞士法郎的期权费。

工作实例分析 5－22

一家公司于 3 月 1 日购买了一份 6 月 1 日到期的欧式期权，它将在什么时间行使其权利？若其购买的是美式期权，又将在什么时间行使其权利？

分析：如果该公司购买的是欧式期权，只能在合约到期日（即 6 月 1 日）要求卖方履约。如果该公司购买的是美式期权，可以在 3 月 1 日—6 月 1 日任何时间要求卖方执行期权。

知识链接

期权的其他分类

1. 按约定价格与市场条件关系划分。

（1）溢价期权，指买权的执行价格低于市场价格，卖权的执行价格高于市场价格，即协定价格好于市场价格。

（2）平价期权，指执行价格与市场价格相等。

（3）损价期权，指买权的执行价格高于市场价格，卖权的执行价格低于市场价格，即市场价格好于协定价格。

当期权合约溢价时，买方可行使期权并高价卖出获利；当期权损价时，买方因无利可图可放弃行使期权。

2. 按照交易地点划分。

（1）场内期权又称交易所期权，是指在外汇交易中心与期货交易所进行交易的期权。

（2）场外期权又称柜台式期权或者店头期权，是指在外汇交易中心与期货交易所之外进行交易的期权。

二、外汇期权交易的应用

外汇期权交易者进行期权交易的目的有两个：一是保值；二是投机盈利。

因此，外汇期权交易的操作技巧也可以分为套期保值和投机两个方面。

但是，由于保值与投机在一个期权合约中是相互渗透的，因而并没有严格的界限。对于进出口商来说，进行外汇期权交易是为了规避外汇风险，实现保值的目的；对于投机者而言，进行外汇期权交易则是为了单纯的期权投机，希望获利。

外汇期权交易有四种基本交易类型，即买入看涨期权、买入看跌期权、卖出看涨期权和卖出看跌期权。下面分别举例说明。

（一）买入看涨期权

买入看涨期权又称多头买权。当预期汇率上涨时，可买入看涨期权，若有空头的现货或者期货头寸，可以达到避险保值的目的；若没有，可以达到投资谋利的目的。在汇率上涨时，买方盈利无限；汇率下跌时，买方的最大损失为支付的期权费。

工作实例分析 5－23

一个美国进口商向英国公司进口一批商品，约定 90 天后向英国出口商支付 100 万英镑的货款，假设市场上的即期汇率 1 英镑＝1.3500 美元。为了避免汇率上涨的风险，该进口商可以利用远期或期货进行保值，但如果英镑贬值，他无法从中得利。于是就买入 100 万英镑的看涨期权，期限 3 个月，协定汇率 1 英镑＝1.3500 美元，进口商支付期权费 2 万美元。3 个月后，市场汇率可能出现以下三种情况：①英镑升值，汇率大于 1.3500 美元；②英镑贬值，汇率小于 1.3500 美元；③英镑汇率维持 1.3500 不变。

思考：在不同情况下，该美国进口商应如何操作？其损益情况如何？

分析：

① 对于第一种情况，若市场汇率大于 1.3500 美元，假设到期日即期汇率为 1 英镑＝1.4500 美元，那么，该进口商执行买权，因为购入 1 英镑只需要 1.3500 美元，该笔货款所支付的成本锁定在 135 万美元。减去 2 万美元的期权费，还可以节约成本 8 万美元。若不执行期权，按照市场汇率必须支付 145 万美元，加上 2 万美元期权费，一共多支付 12 万美元。若是单独投资期权，以 1.3500 美元执行期权，后以 1.4500 美元的市价卖出 100 万英镑，除去 2 万美元期权费，仍可获利 8 万美元。

② 对于第二种情况，汇率小于 1.3500 美元，假设到期日即期汇率为 1 英镑＝1.2500 美元，该进口商可以放弃英镑买权。直接去银行以较低的市价购买英镑，只需要付 125 万美元，加上 2 万美元期权费，节省成本 8 万美元。

③ 对于第三种情况，汇率维持 1.3500 不变，该进口商可以执行期权合约，也可以放弃，仅损失 2 万美元的期权费。

（二）买入看跌期权

买入看跌期权又称多头卖权。当预期市场汇率即将下跌时，可以买入看跌期权。如果有对等现货或者期货多头头寸，可以达到避险保值的目的；若没有，可以单独投资期权谋利。在市场汇率下跌时，买方盈利无限；在市场汇率不变或者上涨时，买方的最大损失为已支付的期权费。

工作实例分析 5－24

某美国出口商向英国出口，半年后将有一笔 100 万英镑的外汇收入，假设市场上的即期汇率是 1 英镑＝1.3400 美元，该出口商担心半年后收到英镑时，英镑汇率下跌，于是买入英镑看跌期权合约。协定汇率 1 英镑＝1.3400 美元，期权费为 3 万美元。半年后可能出现以下三种情况：①英镑贬值；②英镑升值；③英镑汇率不变。

思考：在不同情况下，该美国出口商应如何操作？其损益情况如何？

分析：

① 第一种情况，为半年后英镑兑美元的市场汇率小于 1.3400 美元。假设半年后 1 英镑等于 1.2400 美元。若该美国出口商执行期权，100 万英镑可以得到 134 万美元，减去期权费 3 万美元，得到 131 万美元外汇收入，避免了因为汇率下跌而蒙受的外汇收入损失；若该美国出口商不执行期权，按照市价出售英镑，只能得到 124 万美元的外汇实际收入。若该美国出口商没有未来的外汇收入，只是单纯利用英镑看跌期权来投机的话，英镑贬值，该出口商可在现货市场上以 1.2400 美元买入 100 万英镑，并以 1.3400 美元的协定汇率执行期权，得到 10 万美元的利润，减去期权费 3 万美元，净利 7 万美元。

② 第二种情况，为半年后英镑兑美元汇率大于 1.3400 美元。假设市场汇率 1 英镑等于 1.4400 美元，则该出口商应放弃执行看跌期权，100 万英镑的货款在现货市场上出售可得到更高的收益，即得到 144 万美元，扣除 3 万美元的期权费，还多增加 7 万美元的外汇收益。

③ 第三种情况为汇率不变，协定汇率等于市场汇率。该出口商可以执行期权合约也可以不执行期权合约，它最多损失为 3 万美元的期权费。

（三）卖出看涨期权

卖出看涨期权又称空头买权。当投资者预期汇率平稳或者下跌时，可以卖出买权（买方不会执行期权），赚取期权费。若投资者预测正确，看涨期权卖方的利润以收取的期权费为限。若投资者预测错误，汇率不跌反涨，卖方的损失无限。

工作实例分析 5－25

沿用工作实例分析 5－23。3 个月后，市场汇率可能出现以下三种情况：①英镑贬值，汇率小于 1.3500；②英镑升值，汇率在 1.3500—1.3700 之间；

③英镑升值，汇率大于1.3700。

思考：三种情况下，该期权卖方的损益情况。

分析：

① 第一种情况，汇率小于1.3500，如工作实例5－23所述，美国进口商放弃执行期权，则期权卖方可得到当初收取的期权费，即2万美元，这是卖方的最大收益。

② 第二种情况，如果到期日市场汇率大于等于1.3500美元，且小于等于1.3700美元，美国进口商执行期权，则卖方必须以高于1.3500且低于1.3700的价格买入100万英镑并以1.3500的价格卖给美国进口商，卖方由于价差亏损少于2万美元。所幸之前收入2万美元期权费，减去价差亏损，期权卖方仍稍有盈余。

③ 对于第三种情况，英镑的市场汇率大于1.3700美元，美国进口商执行期权合约，期权卖方必须以高于1.3700的价格从市场购入100万英镑，并以1.3500的价格卖给美国进口商，履行合约，期权卖方遭受巨大损失，英镑市场汇率上涨得越多，卖方的损失越大。

（四）卖出看跌期权

卖出看跌期权又称空头卖权。当投资者预期市场汇率平稳或者上涨时，可卖出卖权。看跌期权的买方在这种情况下不会执行期权，卖方可赚取期权费。

工作实例分析5－26

沿用工作实例5－24。半年后，市场汇率可能出现以下三种情况：①英镑升值，汇率大于1.3400；②英镑贬值，汇率在1.3100—1.3400之间；③英镑贬值，汇率小于1.3100。思考三种情况下期权卖方的损益。

分析：

① 第一种情况，期权到期日英镑的市场汇率大于1.3400美元，如工作实例5－24所述，美国出口商不执行期权，那么期权卖方就可以得到USD0.03/GBP1的收益，即3万美元的期权费收益，这是卖方的最大收益。

② 第二种情况，到期日英镑的市场汇率大于等于1.3100美元且小于等于1.3400美元，美国出口商执行期权，期权卖方虽然遭受汇差损失，但加上前期收入的期权费，整体上能确保收益。例如，当市场汇率GBP1＝USD1.3300时，期权卖方按照协定价格GBP1＝USD1.3400，用134万美元买入美国出口商的100万英镑（当时市价为133万美元），亏损1万美元，但前期收取3万美元期权费，故仍有2万美元的收益。如果市场汇率为GBP1＝USD1.3200，卖方仍有1万美元的收益。

③ 第三种情况，如果英镑外汇市场汇率小于 1.3100 美元时，美国出口商执行期权，卖方不得不高价从市场买入英镑，再以低价卖给美国出口商履行合约，遭受损失。英镑汇率下跌幅度越大，卖方的亏损越大，其亏损风险是无限的，而盈利则以其所收取的期权费为限。

拓展阅读 5－3

“中信泰富累计期权”案例

2008 年，中国香港上市公司中信泰富投资大量累计期权，本意是对冲其外汇风险敞口，却发生了巨额亏损。这一利用金融衍生工具进行套期保值失败的典型案例，暴露出中国外经贸企业风险管理能力有待提高等问题。

自 2004 年以来，中信泰富为发展钢铁业务，先后收购中国大陆三家钢铁厂和澳大利亚两家磁铁矿公司。尤其是澳大利亚的投资项目使中信泰富存在大量潜在外汇支出，总的资本开支需求约为 26 亿澳元。

中信泰富是中国香港的上市公司，本币是港元，且港元与美元实行联系汇率制度。因此，中信泰富的项目资金将以美元兑换成澳元进行支付。同时，由于美国次贷危机以来美联储采取量化宽松政策导致美元指数不断走低，澳元持续升值，更使对冲的套期保值操作显得尤为必要。

为了对其巨大的外汇风险暴露进行套期保值，2007 年 8 月—2008 年 8 月，中信泰富分别与汇丰银行、花旗银行、摩根士丹利等 13 家银行签订 24 份外汇累计期权合约，涉及澳元、欧元和人民币。其中，澳元期权合约占据大部分，也是后来亏损最多的交易。

外汇累计期权是一种以合约形式买卖外汇的金融衍生工具，基于传统期权演变而来，比常规期权更为复杂，通常是场外交易。

累计期权的要素包括取消价、行使价、杠杆比率。

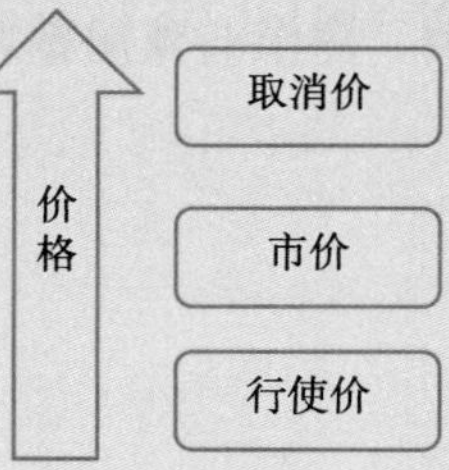

行使价低于取消价，当市场价格在两者之间时，累计期权买方可以以行使价买入资产；当市场价格低于行使价时，累计期权买方须以行使价并且以数倍（通常是 2 倍）的数量买入资产；当市场价高于取消价时，合约自动解除。

可见，投资者的盈亏并不匹配，就算投资者看对了方向，价格上涨，但由于取消价的存在，合约会自动终止，可获利有限；而一旦看反了方向，投资者却不能及时止损，且会以数倍幅度扩大损失。

中信泰富签订的外汇累计期权合约就属于这类交易。其外汇累计期权合约约定与澳元兑美元汇率挂钩，行使价为0.87，即当澳元兑美元汇率高于0.87时，中信泰富可以以0.87的汇率比较便宜地获得澳元，但规定的取消价又使得这种利润存在上限，达到这一利润水平时，合约将自动终止。但当澳元兑美元汇率低于0.87时，中信泰富却无法单方面中止合约，须不断以0.87的行使价高位接货。据估算，盈利的状态下中信泰富最多可以获利45亿澳元；而在亏损的状态下最多会损失90亿澳元。

从形式上看，中信泰富采取的是一种外汇风险套期保值的策略。当汇率上升时，中信泰富通过外汇衍生交易赚取利润，而在实际外汇市场上亏损；当汇率下降时，中信泰富在外汇衍生交易中亏损，而在实际外汇市场上盈利。理论上这一操作是可以实现套期保值的。

而现实是，受金融危机影响，大宗商品价格走低。由于澳大利亚是商品出口国，其货币汇率承压巨大。同时，澳大利亚央行的降息举措使得澳元兑美元汇率大幅走弱。2008年7月—10月，澳元累计下跌约29%。中信泰富因此遭受约146亿港元的亏损，套期保值失败。

（资料来源：百度。）

想一想　练一练

试分析中信泰富套期保值失败的原因。

操作要点

√　在远期差价报价方法下，不管直接标价法还是间接标价法，均可使用如下法则进行计算，即“前小后大相加，前大后小相减”。

√　抵补套利，是指投资者为防范投资期间的汇率变动风险，在进行套利交易的同时进行远期抛补，即在买入高利率货币现汇的同时，在远期外汇市场上卖出高利率货币的期汇，以获得毫无风险的利差收益。

知识要点

√　远期外汇交易（Forward Exchange Transaction）又称期汇交易，是指买卖双方先行签订合同，约定买卖外汇的币种、数额、汇率和交割的时间，到规定的交割日，按合同约定卖方交汇、买方收汇的外汇交易。

√　外汇掉期交易（Swap Transaction），是指外汇交易者在买入或者卖出一定期限的某种货币的同时，卖出或者买入期限不同、金额基本相同的同种货币的交易。

√　外汇期货交易（Currency Exchange Futures），是指交易双方在外汇期货交易所买卖未来某一特定日期的标准化外汇期货合约的交易。

√　外汇期权（Currency Option）是一种选择权合约，它授予期权买方在合约期内，按照协定汇率买入或者出售一定数额的某种外汇资产的权利，卖方收取期权费，并有义务应买方要求卖出或者买入该种货币。

√　某一时点上远期汇率与即期汇率的差价称为掉期率或者远期差价，通常表现为升水、贴水和平价，且升贴水的幅度一般用点数表示。

问题讨论

学习四种外汇衍生工具后，面对企业出口收汇风险，可用哪些工具规避风险呢？面对企业进口付汇风险，又该如何规避风险？

推荐阅读

1. 招商银行 http：//www. cmbchina. com/Personal/Invest/WHQQ. aspx/。

2. 中国外汇交易中心 https：//www. chinamoney. com. cn/chinese/index. html。

3. 中国银行——远期结售汇牌价 https：//www. bankofchina. com/sourcedb/ffx/。

思考与练习

假设一位投资者预测欧元将要升值，请问他该如何投机获利？请分别利用四种外汇衍生工具为其设计外汇投机方案。

课后练习

项目六

外汇交易策略运用

学习目标

1. 掌握外汇交易基本面策略和外汇交易技术策略的要点。
2. 熟练运用外汇交易基本面策略和外汇交易技术策略。
3. 能及时识别和防范外汇交易风险。
4. 具备分析问题、解决问题的能力。
5. 养成精益求精的精神。

项目任务

1. 能运用外汇投资策略预测汇市趋势。
2. 能撰写单个币种的策略投资报告。

标志成果

☑ 撰写单个币种的策略投资报告。

内容导图

项目六的内容导图见图 6-1。

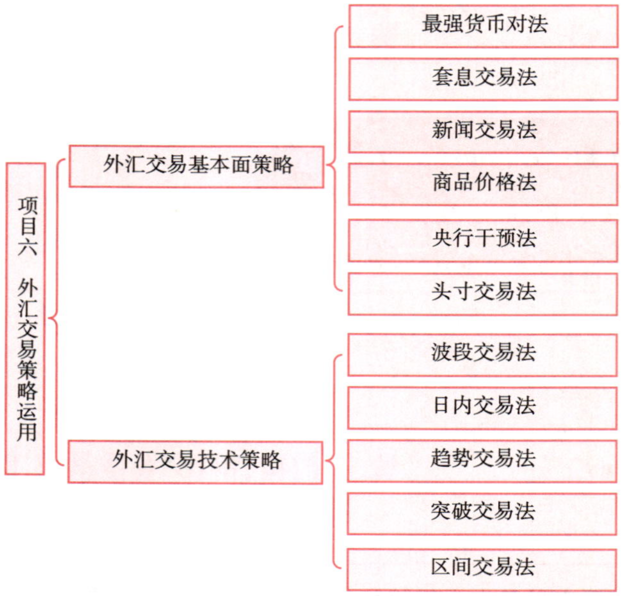

图 6－1 项目六的内容导图

导入案例

美国大选对人民币的影响

2020 年 11 月 4 日，在岸、离岸人民币汇率开盘价报 6.7047 和 6.6713。随后，在岸人民币持续下滑，一度接连跌破 6.69、6.70 两道关口，最低触及 6.7537，日内跌幅一度超过 600 点；离岸人民币对美元汇率最低触及 6.7730，较当日高点 6.6504 下跌超 1 200 点。截至北京时间 2020 年 11 月 4 日上午 11：30，在岸、离岸人民币分别报 6.7143 和 6.7225。中国外汇交易中心的数据显示，11 月 4 日人民币对美元汇率中间价报 6.6771，较前一交易日上调 186 个点。与此同时，大洋彼岸的美国正值大选夜（见图 6－2），全球投资者正密切关注其进程，并随时准备应对任何可能出现的情况。

一位交易员认为，在过去一周内，衡量市场风险的离岸人民币一周隐含波动率增加约两倍，达 2011 年以来最高水平；隔夜隐含波动率值也有所上涨，周二飙升至两年多来的高点。“美联储也将于大选日后一天（即周四）召开政策会议，再叠加美国疫情状况与大选日之后的财政刺激方案，都使得市场对任何变动的征兆十分敏感。”

美国东部时间 2020 年 11 月 5 日，美联储召开会议讨论新冠病例激增对经济复苏的影响。虽然市场预计该会议不会有任何重大货币政策变化，但若选举结果引发争议和市场混乱，美联储很可能将对投票引发的任何市场动荡做出迅速反应，即如果市场出现波动，美联储很可能提供流动性以确保市场运转。

此前，美国十年期国债收益率一直在6月以来高位徘徊，甚至一度升至0.935%。但截至北京时间2010年11月4日上午11：30，其收益率下滑至0.852%。同期，美元指数报94.0027，较当日开盘上涨57个点。此外，随着入主白宫的对象不同，民主党与共和党最终达成的经济刺激方案或在关键方面相差甚远。

上述交易员表示，“离岸人民币对美国大选结果可能尤其敏感”，“央行上周公告的‘逆周期因子淡出’也部分促使近期人民币汇率变动。”

10月27日，外汇市场自律机制秘书处发布消息称，近期部分人民币对美元中间价报价行基于自身对经济基本面和市场情况的判断，陆续主动将人民币对美元中间价报价模型中的“逆周期因子”淡出使用。

（资料来源：WIND资讯。）

微课：外汇交易基本面策略

课件：外汇交易基本面策略

模块一　外汇交易基本面策略

模块导入

对于外汇交易初学者而言，基本面分析是很难掌握的，因为需要考虑的因素很多，需要学习研究经济数据、关注世界时事与政治经济新闻等内容。为了使投资者更好地掌握外汇交易的基本面分析方法，本模块介绍几种基本面分析策略。

任务描述

理解外汇交易基本面策略方法；能够有效结合经济数据、经济新闻等内容进行汇市投资策略分析。

相关知识

一、最强货币对法

（一）最强货币对法的含义

很多交易者有一种错误的观念，只考虑货币对中的一种特定货币，未考虑货币对中两种货币的相对强弱程度。在外汇市场上，忽视国际经济状况，不但很可能影响盈利，而且增加了损失的概率。当投资者与一个强劲的经济实体对着干时，失败的可能性较高；当投资者与一只很可能升值的货币对抗，交易货币往往会出现急跌并很快陷于困境中。如果货币对中的另一种货币同样地坚挺，那么交易的获利可能是微不足道的。因此，当投资者试图获得最大的利润时，寻找一些强劲经济实体与疲弱经济实体的货币对，是一个不错的策略。

（二）最强货币对的选择方法

1. 货币强度的判定方法

货币的强弱程度取决于它相对于其他货币的表现。如果一种货币持续走强，而另一种货币持续走软，则前者是强势货币，后者是弱势货币。

在外汇交易中，货币对也具有马太效应。强势货币变得越来越强势，最终变得最强，而弱势货币变得越来越弱。因此，交易者在对某个货币对开仓买卖之前，必须了解相关货币的强弱程度。

视频：交易货币的选择

2. 货币强弱的影响因素

在货币市场进行交易时，了解哪些货币强势哪些货币弱势至关重要，这对日交易员尤甚。货币的强势和弱势受到短期需求和供应的影响，也可能受到经济相关公告的影响。例如，由于供应减少，油价上涨 1.73%，加拿大和挪威等石油出口国就会从中受益。在这种情况下，可以预期加元和挪威克朗走强，变得强势。又如，若英国央行支持降息，在银行降息货币价值下降的规律下，可以预期英镑走软，变得弱势。

视频：套息交易

3. 货币强弱表的使用方法

货币强弱表显示了所有单个货币的强势和弱势（见图 6－2）。交易者可以依据货币强弱表关注那些相对于其他货币具有高突破潜力的货币对。通常情况下，“强的更强，弱的更弱”，强势货币有很大几率继续走强，而弱势货币则很可能持续走弱。因此，在进行外汇交易前，参考货币的强弱势非常有必要。

视频：大宗商品投资交易

Currency Strength Meter

	H1	H4	Av.	H1	H4	Av.
AUD	9.14	27.34	32.54	USD - 88.62	JPY - 73.80	JPY - 72.66
CAD	45.53	40.22	42.98	JPY - 82.15	USD - 62.22	USD - 63.36
CHF	59.79	61.46	56.80	CHF - 59.79	CHF - 61.46	CHF - 56.80
EUR	54.17	57.85	51.63	EUR - 54.17	EUR - 57.85	EUR - 51.63
GBP	33.02	49.76	48.35	CAD - 45.53	GBP - 49.76	GBP - 48.35
JPY	82.15	73.80	72.66	GBP - 33.02	CAD - 40.22	CAD - 42.98
NZD	30.29	25.60	30.85	NZD - 30.29	AUD - 27.34	AUD - 32.54
USD	88.62	62.22	63.36	AUD - 9.14	NZD - 25.60	NZD - 30.85

图 6－2 货币强弱表

在外汇市场上交易时，日内交易者明确哪些货币表现坚挺、哪些货币表现疲软是至关重要的。这种强势或者弱势可能是短期需求和供应的结果，也可能是受基本面的影响。在理想情况下，交易者总是偏好交易最坚挺的货币和最疲软的货币。

货币强弱表从过去 24 小时内的所有外汇货币对中获取数据，并对每个货币对进行计算。然后，将每个关联的货币捆绑在一起，并找到单个货币的当前强度（例如，欧元/美元、英镑/美元、美元/日元、欧元/英镑、澳元/美元等）。该指标背后最基本的交易理念是：买入强势货币，卖出弱势货币。这样，当 A/B 是一个处于上升趋势的货币对，投资者就能确定上升趋势是由 A 的强势造成还是由 B 的弱势造成。

（1）图 6－2 中右上角的 7 个货币是那些对左边基础货币贬值的货币。

（2）图 6－2 中右下角的 7 个货币是那些对左边基础货币升值的货币。

（3）中间的货币价格变动不大。

如果一种货币表现异常强劲，而另一种货币突然变弱，交易者就有机会发现交易机会。汇率波动将表现出明显趋势。相反，如果两种货币都处于弱势、强势或平均势头，通常会出现区间波动或者横向波动。那么，对于这些货币对，交易者可以选择谨慎观望。

案例：外汇交易中的这些误区你中招了吗？

拓展阅读 6－1

2020 年 12 月 11 日，英国与欧盟仍未达成协议，英国接近无协议脱欧，市场是否仍对达成脱欧协议有所定价？英镑兑美元周四收跌，整理于 1.3300 下方，维持在周低位上方（见图 6－3）。

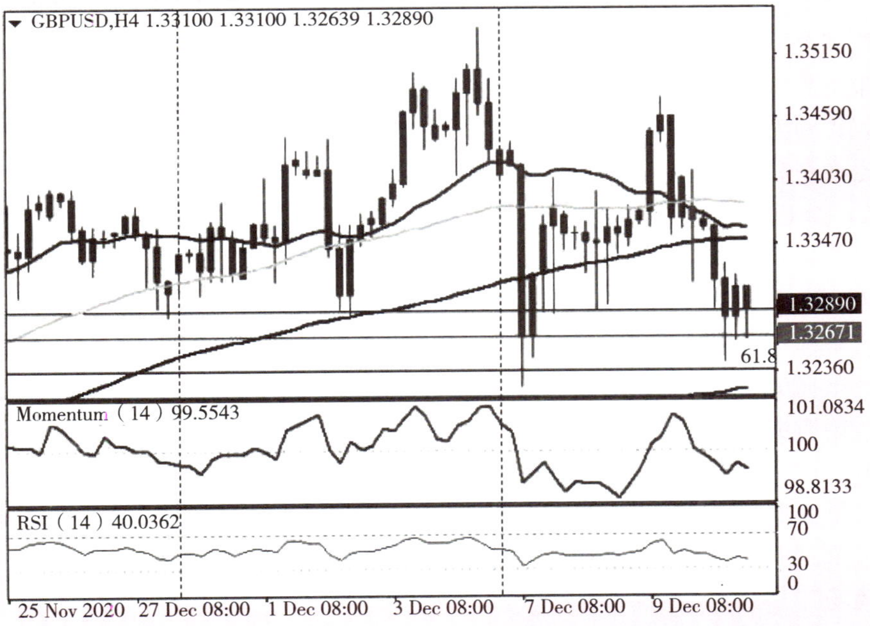

图 6－3　英镑兑美元走势图

欧盟与英国仍未达成协议，使得英镑承压，无法因美元下跌受益。美国时段以来，英镑兑美元整理于 1.3300 附近，维持疲弱。

英国经济数据显示，2020 年 8 月—10 月，英国经济增长有所放缓，但略高于预期。新增新冠病毒病例和英国脱欧仍面临诸多挑战。周三英国首相约翰逊和欧盟主席冯·德莱恩晚宴未达成协议，谈判将持续到英国脱欧关键日期周日。欧盟公布无协议脱欧应急计划。

美国初次申请失业金人数意外升至数月高水平，打压美元。美国仍寻求公布新的刺激计划，料将提振美股。尽管如此，市场已经对英国脱欧有所预期。出现最终结局前，英镑兑美元将因此维持波动。

（资料来源：汇通财经网。）

想一想　练一练

根据上述内容，请选择两个当前汇率走势最强的货币对。

二、套息交易法

（一）套息交易法的含义

套息交易是基于基本面分析的一种交易策略。它是利用不同货币之间的利率差异，买入利息收益较高的货币，卖出利息收益较低的货币，从中套取利息差额收益。套息交易的结果是，利率高的货币呈现升值趋势，利率低的货币呈现贬值趋势。

套息交易用于套取两种货币之间的利差，为交易者提供了一个可以按日赚取利差收益的交易机会。在外汇市场中，交易是以货币对的形式进行的。如果交易者买入 USD/JPY，意味着它在买入美元的同时卖出日元。买入美元可以得到美元利息，卖出日元需要支付日元利息。外汇的套息交易法具有长期潜在获利、两种获利来源、仅适用于逐渐增长的全球经济环境等特点。

（二）套息交易的交易方法

第一步，选择一种正利率差相当高的货币对（AUD/JPY、NZD/JPY 和 GBP/JPY 都是这种货币对的典型）。

第二步，根据所选货币对正隔夜利息的方向决定做多或者做空。

第三步，选择适当的头寸数量，以便能够承受重大的账面损失。

第四步，不要设置止损（一种少见的外汇交易策略，建议不要设置止损）。

第五步，等待。

第六步，当满意所赚金额或者预期全球金融市场将出现重大变化时，平仓离场。

拓展阅读 6－2

套息交易策略

一位投资者持有 10 000 美元的闲置资金。当他发现美元与日元存在 5% 的息差，美元的利率高，日元的利率低时，他决定买入 100 000 美元的 USD/JPY 货币对，即买入 USD，卖出 JPY。他的经纪商要求其交纳 1% 的保证金，即经纪商为其提供 100:1 的杠杆率。此时，该交易账户拥有 1 000 美元的保证金即可控制价值 100 000 美元的货币对。该投资者收取的息差是 10 万美元的 5%，而不是 1 000 美元保证金的 5%。也就是说，这位投资者每年可以收到 5 000 美元的利息。

汇率波动风险。对于较高利率货币的持有者而言，套息交易使他每日收到一笔利息收入。但是，如果他交易的货币的汇率朝不利方向变动，汇率的损失有可能会抵消掉所获得的利息收益。因此，有的交易者会将技术分析加入套息交易法中，将传统套息交易变为技术性套息交易，用于规避汇率风险。

从历史经验来看，当一个货币对的价格接近长期支撑线时一般会止跌回升。因此，长期支撑线附近是做多货币对的理想入场点；反之，长期阻力线附近是做空货币对的理想入场点。也就是说，接近长期支撑线时做多，接近长期阻力线时做空。

想一想　练一练

在 EUR/USD、USD/JPY、GBP/USD、USD/CAD 货币对中选择适合做套息交易的货币对。

三、新闻交易法

（一）新闻交易法的含义

新闻交易法也是基于基本面分析的一种交易策略。当有一些重大新闻或者经济数据公布时，新闻交易者试图从中获得收益。例如，美联储宣布提高美元利率，许多投资者可能会投资美元，从而使得美元升值。

新闻交易法的主要优势在于，某国货币可能在很短时间内出现大幅上涨或者下跌的行情。许多重大新闻或者经济数据的发布都会有一些先期的预兆，新闻交易者也会在这些重大新闻公布前耐心等待，随时发现机会，入场交易。一般情况下，市场对某个经济数据会有一致性预期。该数据一经公布，交易者就会判断公布的数据和预期的数值之间是否存在差异。如果差异足够大，交易者就会根据两者之间偏离的程度和方向决定入场的时机及交易的方向。

知识链接

重点关注哪些新闻消息

美国的新闻消息肯定是最值得关注的。纽约外汇市场是世界主要的外汇市场。全球外汇交易中，90% 以上均涉及美元交易。欧洲的新闻消息也同样值得重点关注。伦敦外汇市场是仅次于纽约外汇市场的国际外汇市场。国内方面，可以关注中国香港的新闻消息。

从时间上看，交易者应主要关注欧美市场开盘时间发布的新闻消息。

注意欧美的时间是分夏令时和冬令时的，美国夏令时从每年3月的第二个星期日凌晨2点开始，至11月第一个星期日凌晨2点结束。夏令时比冬令时早1小时。欧洲大多是从3月和10月最后一个星期日调整令时的。按照夏令时北京时间，欧洲市场开市时间为15：00—22：00，美国市场开市时间为20：00—03：00。20：00—22：00是欧美市场重合时间，市场交易比较活跃。

首先，重点关注的是经济数据的公布；其次，是央行相关人物的讲话。根据以上数据的公布对价格的影响，对于美国重点关注非农数据、美联储利率决议、国内生产总值（GDP）、消费者物价指数（CPI）、贸易余额、零售额。

判断一个经济数据会对市场产生多大的影响，可以借助历史数据的稳定性以及对应时间市场价格波动大小。在没有黑天鹅事件的情况下，一般一个经济数据过往比较稳定，对应时段市场价格没什么波动，对市场就没有太大的影响力，投资者也就不期待。

除了这些常规的消息之外，交易者还应额外留意国际政治风险（包括大选、战争、政变、边界冲突、流行病等）。有些黑天鹅事件会造成一定的市场情绪波动，进而影响市场价格。

（二）新闻交易法的两种方法

1. 方向交易法

方向性交易意味着，一旦新闻报告公布，市场会沿着某一特定方向波动。当交易者在寻找某一方向的交易机会时，知道是新闻报告的哪些因素造成了市场的波动很重要。当然，也有一些交易者在刚公布新闻和数据时选择不入场交易。他们的理由是，新闻刚推出的最初一段时间，市场反应往往是不准确的。他们会选择在市场对该新闻做出第二次反应时入场交易。与公布数据后就入场进行交易的交易者相比，后者更加冷静。这种方式的成功也就不完全依赖入场的速度了。

还有一类新闻交易者，在新闻数据公布后，会结合技术分析进行入场交易。这时，交易者需要分析超短期的价格图，找出支撑位、阻力位和动力信号，选择入场点进行交易。

想一想　练一练

如果市场预计美国失业率将上升。假设一个月前的美国非农就业人数为8.8%，而市场预期即将公布的失业率为9%。如果当前公布的实际失业率数据和预期一致，为9%。当你在交易平台上准备着手做空美元时，你认为市场会按照你预计的方向运动吗？

2. 逆向交易法

逆向交易法是一种从理论及心理出发的外汇交易方式。其操作策略就是密切关注媒体的头条新闻，然后按照相反的方向制定外汇交易计划。逆向交易法的一个前提就是一致性预期是错误的。因此，交易者可以按照与一致性预期相反的方向进行交易，获取收益。

例如，在很长一段时间内，欧元汇率持续上涨，新闻媒体也在描述欧元广阔的前景。但是，基于“一致性预期是错误的”这个前提，逆向交易者就会考虑将手中的多头平仓或者做空欧元。又如，交易者持仓报告显示，在过去几个月中大多数投机者都持有 GBP/USD 的净头寸，而且该头寸还在继续增加，GBP/USD 净头寸的当期数据已经达到近期的最大值。这时，逆向交易者就会寻找机会将手中的多头平仓或者做空英镑。

逆向交易者认为，新闻媒体往往反映的是多数大众的情绪和态度。当新闻媒体开始关注市场的极端情况时，说明一般公众已经注意到这种情况，这时市场已经没有可用资本继续按照相同的方向推高或者推低价格。也就是说，如果欧元已持续上涨很长时间，说明大规模参与者已经在市场上建立了头寸，买进欧元。此时，新闻媒体仍在描述欧元的美好前景，认为欧元会继续上涨，但可用于购买欧元的新资本已经大幅度下降了，推动欧元价格继续上涨的动力已经消失。逆向指标表明欧元的价格变化将向熊市变化。总体来说，逆向交易者就是与公众的做法逆向而行。

（三）新闻交易法的风险

1. 行情波动超出止损位

一般进行新闻交易时，虽然交易者同时做好了正向和逆向的交易策略并设置了限价止损，但世事难料，有些新闻事件的情形比较复杂或者同时遭受到其他黑天鹅事件，波动性可能会超出交易者的预期。

2. 交易平台的延时性

如果新闻行情比较大，可能会出现交易平台的延时性，“失之毫厘，差之千里”，造成交易错误。

3. 交易平台点差扩大

滑点行情比较大的时候，交易平台会扩大点差，甚至滑点也非常大。这也是交易者需要考虑的风险。

拓展阅读 6－3

中国人民银行宣布全面降准：人民币创 3 年来新高

央行宣布全面降准之际，人民币兑美元汇率继续走强。北京时间 2021 年 12 月 8 日上午，在岸和离岸人民币携手冲高，双双突破 2021 年 5 月高点，创出 2018 年 5 月以来的新高。

截至北京时间 2021 年 12 月 9 日收盘，在岸人民币兑美元汇率收报 6.3772，较 12 月 7 日上涨 115 点。尽管人民币汇率近期无碍美元指数走强，上演一波坚挺升值的独立行情，但在 2022 年中美两国货币政策或趋向分化的窗口期，人民币汇率回调贬值的风险愈发值得警惕。分析人士认为，人民币汇率易贬难升，汇率拐点正在形成。2021 年 12 月 8 日至 10 日，美元兑在岸人民币分时图如图 6 - 4 所示。

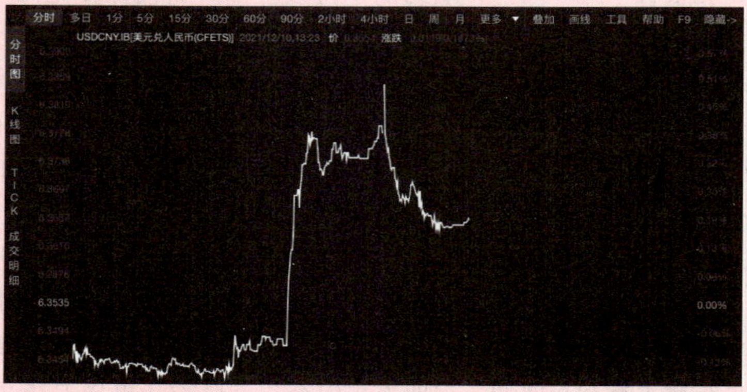

图 6 - 4　2021 年 12 月 8 日至 10 日美元兑在岸人民币分时图

2021 年 11 月以来，人民币兑美元汇率与美元指数之间的背离逐渐引起市场关注，并引发政策面的风险提示。2021 年 11 月 18 日，全国外汇市场自律机制在第八次工作会议上少见地提出"偏离程度与纠偏力量成正比"，这被市场解读为暗含人民币升值已偏离中枢之意。

然而，人民币汇率升势依旧。2021 年 11 月 19 日—12 月 3 日，CFETS 人民币汇率指数上涨幅度达 0.82%，同期美元指数升幅仅在 0.1% 左右。

支撑人民币汇率独立走强的因素是多方面的。中国银行研究院高级研究员王有鑫在接受证券时报采访时表示，2021 年 11 月以来，在美联储收紧货币政策的预期下，美元指数快速走高，但同期人民币走势保持稳定，甚至略有升值，这主要缘于以下几方面因素：一是在海外供应链产业链瓶颈不断深化背景下，中国出口订单持续增加，贸易顺差和外汇收入保持在高位，有力地支撑了人民币汇率；二是 2020 年以来，人民币的投资和避险属性不断凸显，随着中国金融市场开放程度加大，外资不断增持人民币债券和股票资产，特别是海外新型变异毒株的出现，使得市场避险情绪升温，人民币受到更多青睐；三是海外通胀高企，而我国通胀保持在较低水平，从购买力平价角度看，也在一定程度上提振了人民币。

（资料来源：https：//baijiahao. baidu. com/s? id = 1718569640588790395&wfr = spider&for = pc。）

四、商品价格法

（一）商品价格交易法的含义

商品（以黄金和石油为代表）价格与外汇市场有很大的关系。因此，理解它们之间关系的本质，可以帮助交易者衡量风险，预测价格变化以及了解风险暴露程度。即使商品看起来好像是一个完全不相关的概念，但影响黄金和石油波动的基本面因素，与影响外汇市场的基本面因素极为相似。澳大利亚元、加拿大元、新西兰元和瑞士法郎这四种货币被视为商品货币。这四种货币的价格与黄金价格具有密切的相关性。这些国家的金矿自然储备和货币制度，导致其货币与黄金具有如同照镜子似的波动规律。加拿大元的波动还倾向于与石油的价格波动相一致。然而，这种联系要表现得更加复杂和变幻无常。每种货币与商品都有特定的相关性和相关原因。了解这些波动背后的基本面因素、方向和平行波动的强度，是发现两个市场发展趋势的有效方法。

（二）黄金与外汇的相互关系

在分析黄金和商品货币的关系前，首先要了解黄金和美元的联系。尽管美国是世界上黄金的第二大生产国（仅次于南非），但是黄金的上涨不会带来美元的升值。实际上，当美元下跌时，黄金通常会上涨。反之亦然。在地缘政治不稳定的时期，投资者通常会避开美元，转而以黄金作为投资的安全避难所。事实上，许多投资者称黄金为“反美元”（Anti – Dollar）。因此，如果美元贬值，机警的投资者会避开下跌中的美元而转向稳定的商品，黄金的价格就会被推高。澳元/美元、新西兰元/美元和美元/瑞士法郎这些货币对，与黄金的波动趋于镜像关系。这种密切关系源于这些货币与金属之间存在自然资源上和政治上的重要联系。

澳元/美元与黄金价格有非常大的正相关系数（0.8）。当黄金价格上涨时，澳元/美元通常也会上涨，澳大利亚元兑美元升值。存在这种关系的原因在于，澳大利亚是全球第三大黄金生产国，每年出口近 50 亿美元的贵金属。因此，该货币对双倍地放大了黄金价格波动的效应。首先，如果不稳定性导致黄金的价格上扬，那么这很可能是美元开始下跌的信号。其次，由于黄金的进口商需要更多的澳大利亚元支付更高的成本，澳大利亚元兑美元汇率被进一步推高。

瑞士法郎与黄金价格也有很强的关联性。瑞士法郎/美元与黄金价格的相关系数约为 0.88。然而，这两者相关的原因却不同于新西兰元、澳大利亚元和加拿大元与黄金的联系。瑞士不像澳大利亚和加拿大，没有丰富的黄金自然资源，也不是著名的金属出口国。但是，瑞士法郎是少数仍然坚持黄金本位的主要货币之一。瑞士银行发行的票据中 25% 的金额以黄金储备作为后盾。有了这个稳固的基础，瑞士法郎被认为是不稳定时期的安全避难所就一点不奇怪了。在地缘政治存在不确定性的时期，瑞士法郎通常会上涨。例如，伊拉克战争时期，许多投资者抛售所持美元，转而大量投资黄金和瑞士法郎。

黄金通常是反映总体金属市场的一个可靠指标。因此，如果投资者注意到黄金价格（或者铜、镍等其他金属价格）有上升趋势，那么此时做多 4 种商品货币中的任何一种可能是较为明智的。做多澳大利亚元/美元而不是做多黄金，还有一个有趣的动机，就是这样不仅能达到相同的目的，而且可以赚取息差。

拓展阅读 6－4

美国通胀数据引爆行情：黄金拉升美元大跌

2021 年 2 月 8 日，欧市尾盘再现重大行情，美元指数大幅下挫，最低触及 90.30，现货黄金则一度短线拉升，最高触及 1 855.71 美元/盎司。而后，现货黄金回落至 1 850 美元/盎司关口下方。现货黄金日内最多拉升超 20 美元/盎司。

当日公布的数据显示，美国通货膨胀率略低于预期，这可能会缓解对价格上涨的担忧。2021 年 1 月，美国消费者价格指数同比上涨 1.4%，低于市场预期的 1.5%。按月计算，消费者价格指数比 2020 年 12 月高 0.3%。但是，2021 年 1 月美国的核心通货膨胀率（剔除食品和能源）与 2020 年 12 月相比没有变化，同比增长了 1.4%。牛津经济研究院的 Greg Daco 表示，2021 年 1 月的通胀数据表明，美国经济并未过热。他指出，2020 年 12 月能源价格的回升与原油价格上涨相称。

美国通胀报告公布后，美元下跌，市场普遍认为价格涨幅并未超出预期。如果通货膨胀加剧，就会令美联储感到压力，令其考虑放松其庞大的刺激计划。Premier Miton Investors 首席投资官 Neil Birrell 称，“通货再膨胀交易是一个热门话题，但短期内没有迹象表明它成为一个更大的问题。2021 年 1 月，美国 CPI 环比增长 0.3%，同比增长 1.4%，低于预期。”“投资者将把目光投向更远的地方，但是随着 10 年期国债收益率再次从 1.2% 反弹，通货再膨胀交易显然不是唯一的选择。”

美国高级经济学家 Andrew Hunter 则认为，未来几个月通货膨胀率将开始急剧上升，“近期由病毒引起的活动和就业疲软似乎正在给通货膨胀带来压力，这并不令人感到意外。但是，随着感染病例急剧下降，美国各州开始放宽活动限制，这种疲软不可能持续很久。”

“无论如何，随着 2020 年价格的大幅下跌，从年度比较来看，通胀将在 2021 年 3 月和 4 月急剧上升。更普遍地讲，一系列调查指标也表明，随着单位人工成本的上涨，价格压力不断上升，我们仍然认为，2021 年剩余时间的通货膨胀率将比大多数人预期的高得多。”

（资料来源：https：//baijiahao. baidu. com/s? id = 1691347430365197261&wfr = spider&for = pc。）

（三）石油与外汇的相互关系

油价对世界经济有重大的影响，影响着消费者和生产商。因此，油价和汇价之间的相互关系更加复杂，也不如黄金与汇价的关系稳定。事实上，在所有的商品货币中，只有加拿大元与油价有些关系。

据 2020 年数据显示，加拿大是全球第三大石油储存国。石油对经济的影响比黄金要广泛得多。然而，加拿大极为依赖出口，尤其是邻国美国，这导致加拿大特别容易受到外国经济状况的影响。石油对加元的影响效应主要取决于美国消费者对油价不断攀升的反应以及他们对石油的需求。

想一想　练一练

黄金与澳大利亚元、加拿大元、新西兰元以及瑞士法郎的关系？

五、央行干预法

（一）央行干预法的含义

中央银行在外汇市场上的干预，是从根本上撼动市场最重要的短期和长期原动力之一。对于短线交易者而言，央行干预可以在几分钟内引起150—250个点的急速波动。而对于长期交易者，央行干预是趋势发生重大变化的信号，意味着中央银行在改变或者巩固它的立场以及向市场传递它正在支持货币朝某个方向移动的信息。基本上，央行干预分为两类，即消毒干预和不消毒干预。消毒干预（Sterilized Intervention）需要通过买入或者卖出政府债券抵消干预的影响。不消毒干预（Unsterilized Intervention）则不涉及为抵消干预的影响而改变货币的基数。很多人认为，不消毒干预比消毒干预具有更持久的影响。

毋庸质疑的是，央行的干预值得投资者重点关注，它对汇价有着巨大的影响。尽管央行干预的实际发生时间通常在意料之外，但是，在干预发生前几天甚至几个星期，市场通常已经开始讨论干预的必要性。中央银行通常会通过新闻专线释放货币太坚挺或者太疲软的信息，所以干预的方向通常可以事先确定。这些信息给了投资者一些提示，或者参与其中可能获取巨额的利润，或者远离市场可以规避巨大风险。需要留意的是，中央银行干预汇率初期会呈现急速地上涨或者下跌，但是很快会出现反转，这是因为投机者进入市场与中央银行进行反向操作。至于市场是否能够淡出中央银行的影响，取决于中央银行的干预频率和成功率、干预的规模、干预的时机以及是否有基本面支持。

（二）央行干预时交易的注意事项

虽然央行的干预不会经常发生，但由于每次干预都会引起价格的巨幅波动，所以央行干预法是非常重要的基本面交易策略。

对于交易者来说，在央行干预时进行交易有以下三点注意事项。

1. 参与干预的交易

中央银行通常会通过发表声明来进行口头干预，以影响汇率变化，这成为干预市场的信号。市场遇到这些信号的初期会出现一些反应，使汇率朝着央行想要的方向发展。一旦该国央行在一段时间内屡次重复同样的话，却不见实质性的干预，那么市场的反映可能就会停滞，甚至朝反方向发展。

2. 避免进行与干预方向相反的操作

淡出央行的干预，尽管有时也能获利，但须承担很大的风险。中央银行的一轮干预可以轻易地引起货币对100—150个点（甚至更大）的急速波动，触发了大量止损单，加剧市场的波动。

3. 当干预是一个风险时，运用止损单

由于外汇市场是一个24小时连续交易的市场，央行干预可能发生在一天内的任何时间。在入场单被触及后，交易者必须立即在交易平台上设置止损单。尤其当央行的干预对交易者来说是一个主要的风险时，留有止损单就显得更加重要。

拓展阅读6－5

人民币骤跌超300点：央行终于出招稳汇率

2021年12月9日晚间，中国人民银行发布消息称，为加强金融机构外汇流动性管理，决定自2021年12月15日起上调金融机构外汇存款准备金率2个百分点，即外汇存款准备金率由现行的7%提高至9%。

这是中国人民银行时隔仅半年再度上调外汇存款准备金率，也是继2021年11月18日官方提示汇率回调风险后，出实招抑制人民币汇率过快升值。消息公布后，市场领会了央行的政策意图。截至北京时间2021年12月10日07：31，离岸人民币兑美元汇率短线跌幅扩大逾300点。2021年12月10日美元兑离岸人民币分时图如图6－5所示。

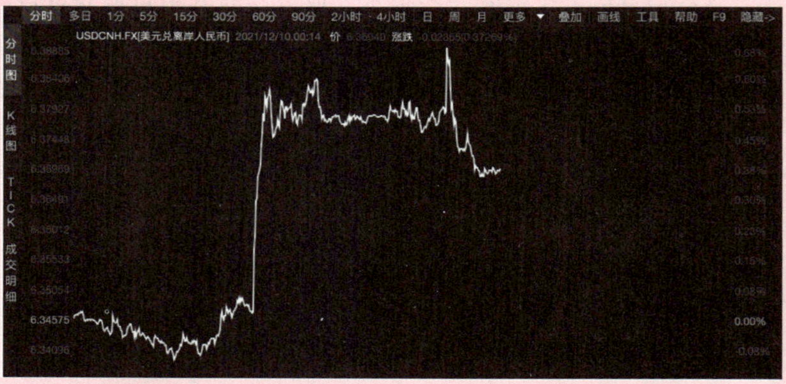

图6－5 2021年12月10日美元兑离岸人民币分时图

2021年11月以来，人民币兑美元汇率与美元指数之间的背离逐渐引起市场关注，并引发政策面的风险提示。然而，人民币汇率升势依旧，在岸人民币兑美元汇率12月9日收盘报6.3457，续创3年多来新高。

（资料来源：http：//news.sohu.com/a/507018572_603349。）

六、头寸交易法

（一）头寸交易法的含义

头寸交易法，是指交易者在判断一个交易符合变化趋势的前提下，长期持有一个头寸，可能持有数周甚至数月。根据这种交易策略，交易时间框架通常采用日线或者周线。

由于外汇市场瞬息万变，价格的快速变动使得交易者（尤其是个人投资者）很难静下心来长期持有某一头寸。但一些货币在长期往往会有更好的趋势。因此，有耐心、能坚持的交易者才有可能忽略短期的价格波动和利润跳动，获得长期的丰厚收益。

（二）头寸交易法的优缺点

1. 头寸交易法的优点

（1）由于头寸交易法属于中长线交易策略，所以交易者无需每天花大量时间盯盘。

（2）无需关心短期价格的波动，交易者的心理压力比较小。

（3）能够提高风险回报比率。

2. 头寸交易法的缺点

（1）需要对驱动市场的基本面因素有深刻的理解。

（2）对资本金的要求比较高，因为止损价定得比较远，所需保证金要求会更高。

（3）由于交易的次数比较少，所以不一定每年都有盈利。

（三）头寸交易法的策略

一位交易者能够坚持头寸交易法的前提，往往是进行了良好的基本面分析和长期的技术分析。基本面分析往往预测的是货币价格的长期变化趋势，而技术分析往往预测货币的短期价格变动。交易者通过对一个国家经济增长、利率、通货膨胀率、失业率等因素的分析，判断该国货币的优势与劣势，在此基础上决定是否建立头寸。

例如，一位头寸交易者通过研究美联储政策报告、美国劳工统计局的非农数据、跟踪经济新闻等手段，获得美国利率、通货膨胀率、非农数据等数据，通过分析判断美元未来将表现出明显的基本面强势，而欧元则会表现出明显的基本面弱势。在对搜集的信息进行全面的分析后，若该交易者判断在未来6个月内美元整体走强，而欧元将整体走弱，他就会考虑卖出EUR/USD货币对。

交易者根据基本面分析确定最乐观和最悲观的货币，把这两种货币组对，在买入强势货币的同时卖出弱势货币。例如，如果交易者通过对交易频繁的几种货币（EUR、JPY、USD、CHF）的发行国当前经济的分析，认为在可预见的未来，EUR和JPY将升值，USD和CHF将贬值，那么就可以对以下货币对进行交易：买入EUR/USD和EUR/CHF，卖出USD/JPY和CHF/JPY。在技术分析的辅助下，交易者买卖这几种货币对，只要大趋势判断准确，就没有必要理会市场的微小振荡和扰动。

对于外汇交易新手而言，基本面分析是困难的，而建立在基本面分析基础上的头寸交易法就更难掌握。尤其是当市场价格出现对自己不利的波动时，更需要交易者有足够的信心和耐心，相信自己的分析，耐心持有，等待机会。

想一想 练一练

基本面分析和技术分析对于外汇头寸交易者有哪些作用？

微课：外汇交易技术策略

模块二 外汇交易技术策略

课件：外汇交易技术策略

模块导入

在学习外汇投资策略时，虽然每种方法或者策略都有其自身特点（包括优点和不足），但它们之间的界限是模糊的。例如，头寸交易法和趋势交易法，波段交易法和区间交易法等。在大多数情况下，没有哪一种方法或者策略能够保证交易者持续盈利。因此，综合运用基本面策略和技术策略往往更能提高外汇交易收益。

任务描述

理解外汇交易技术策略方法要点；能够读懂外汇技术策略相关内容；能够根据外汇走势做简单技术策略分析。

相关知识

一、波段交易法

（一）波段交易法的含义

波段交易法是交易者根据外汇市场中货币价格的波动及产生的拐点进行交易的方法，是目前外汇交易中最流行的方法之一。外汇市场中货币价格的变动是由许许多多大小波动组成的，不管是价格向同一方向变动还是在一定区间内来回振荡，都属于价格波动。交易者就是通过密切关注价格波动，利用价格波动赚取收益的。

波段交易法主要运用技术分析，而技术分析的基础是分析工具。例如，支撑线和阻力线、趋势线、移动平均线和振荡指标等。因此，采用波段交易法对交易者基本面知识的掌握具有一定的要求。交易者在采用波段交易法时也会在一些有影响力的经济数据发布时关注基本面，以抓住数据发布引起市场波动的时机。

（二）波段交易法与头寸交易法的区别

一是波段交易法主要运用技术分析，而头寸交易法主要运用基本面分析；二是波段交易法的交易期限一般较短，而头寸交易法的交易期限一般较长。当然，多长时间属于短期，并没有严格的定义。相对于交易期限的长短，交易者更应关注最佳入场点的选择。在选择好最佳入场点后，交易者才会关注交易期限的问题。至于交易期限多久合适，是由价格波动决定的，而不是交易者在交易前能够决定的。

（三）波段交易法的策略

视频：为什么要做外汇交易技术策略

当一个货币对出现了超买超卖的振荡指标，或者发生了价格与振荡指标的背离，或者出现了反转图形形态，或者价格达到了显著的支撑位（或者阻力位），交易者运用技术分析工具更加容易识别价格变动可能出现的拐点，从而选择入场点进行交易。首先，交易者可以在支撑线和阻力线之间价格上下振荡点进行交易，也可以在趋势出现回调的点位进行交易。其次，当交易者在意识到市场将出现拐点时，就会考虑买入点和卖出点。再次，如果该交易者认为在目前的市场环境和交易条件下，该货币对的投资回报还不错，就会进一步考虑交易的规模和杠杆水平。最后，交易者需要决定交易采用市价指令单还是止损/限价进场指令单进行。同时，交易者还要计算好止损位置，设定止损和追踪止损指令参数以及根据交易计划设定适当的利润目标。一般情况下，波段交易者不会平掉账户中的仓位，而是随着外汇市场中价格的变化不断地重新设定限价止损范围以及加仓和减仓。

波段交易法是追随市场趋势的交易方法，也是能够获得最大收益的交易方法。从实践来看，波段交易法是被交易者最为接受且获利最高的方法。因为在每一个货币对交易的时间周期里，价格不管是向同一方向波动还是在一个区间内振荡，都会带来投资获利的机会。当然，波段交易法对交易者的技术分析、交易执行能力以及心理承受能力都有极高的要求。

想一想　练一练

尝试运用波段交易法进行一次交易。

二、日内交易法

（一）日内交易法的含义

日内交易法属于短线交易，是指在一个交易日内进入和退出头寸的方法，这类交易的持仓周期通常很短，一般都是以分钟或者小时来计算。交易时间框架通常是 5 分钟或者 15 分钟的 K 线图。这类交易策略跟波段交易有点类似，但它的交易频率更高。

外汇市场价格波动频繁，所以刚开始进入外汇市场炒汇的人最喜欢用日内交易法。他们往往对价格的变化比较敏感，日内交易能使人快速看到收益、获得满足感，这也使得新入场的交易者激动万分，很多使用日内交易法的交易者也确实获得了收益。

（二）日内交易法的交易规则

日内交易法一般借助技术分析的帮助，但因为交易时间短，所以日内交易者通常没有足够的时间进行分析和思考。这时，遵守一定的交易规则往往会取得良好的效果，常见规则如下。

拓展阅读：外汇技术指标分析中的最强烈讯号

1. 依赖指标

指标是日内交易者进行交易的基础。交易者可以将移动平均线、布林通道或一系列其他指标在价格图上同时显示出来，还可以加入相对强弱指标或者随机振荡指标等指标。在依赖指标的规则下，交易者只需要等待各种指标同时指示出相同的方向就可以，这使得外汇交易变得更加简单和直接。当然，在实际操作过程中，依赖指标进行外汇交易也不是一件简单的事情，要求交易者比较理性，能够遵守既定的交易纪律进行交易，不受情绪的干扰。

2. 突破支撑线和阻力线

在外汇交易中，随着时间的变化，货币的价格会多次达到某些价格水平，并在这些水平上发生反转，这些价格水平被称为支撑线（或者阻力线）。许多交易者会根据支撑和阻力线的突破进行交易。为了显示支撑和阻力线，交易者往往在价格图中绘制出一些水平线，这些线表示不久以前价格在此出现了拐点或者在此持续整理。这种方法是描述支撑线（或者阻力线）的比较准确的方法。

拓展阅读 6－6

日内交易案例

叶先生是一位极其没有耐性的人，并且他总是感觉到自己需要做些什么，否则心理不踏实。他的交易常常是在一天当中进出市场，甚至有些头寸持有不到两个小时就被了结了。有时他一天只交易一次，而另外一些时候他在一天中交易十几次。但是他会在一天结束的时候，也就是美国早市结束的时候平掉所有头寸。作为一个日内交易者，叶先生惧怕在市场外等待而错失交易机会。但同时他也是厌恶风险的，并且害怕在单笔交易上损失太多资金，所以他的止损点放得很窄。

叶先生花费了好几年的时间来发展一种日内交易系统，他算得上是一位职业级交易者。他的账户资金已经增长到可观的规模，截至目前，他告诉我们他的资金已经超过千万了。他已经完全放弃了从事朝九晚五的工作，从事专职的交易已经3年了。他非常注意新闻的发布，但是他主要依赖于技术分析进行交易。他使用很多普通交易者不常用的指标。例如，Camrilla、I－session等。当然，他也使用随机振荡指标和移动平均线、菲波纳奇回调线。他完全按照既定的规则进行交易，他说纪律是他活命的法宝。

绝大多数时候，叶先生在20—50个点设定他的止损点，并且也偶尔刮下市场的头皮利润。所谓刮头皮对他来讲就是用较大的头寸博取微薄的利润。这些刮头皮的交易通常在窄幅区间里头进行，持续时间不超过半个小时。

日内交易方式使得叶先生的交易充满了挑战和刺激，也使得他那充沛的精力得以释放。他对自己交易系统的自信，使得他在日内交易中可以不为暂时的失败所困扰，也不会因此而与市场对着干。他不必主观决定什么时候什么位置进场，他的系统在图表上给出了所需要的一切，他所需要做的就是执行这些指令，然后等待结果。每个月对系统进行一次完善就行了。他的平均赢利是亏损的两倍，而且他从来不会用过重的仓位去冒险。虽然他是一个短线客，但他不是盲动分子。虽然他不甘寂寞，但是他从不乱来一气。纪律仍然是他的生存之道。

（资料来源：搜狐网。）

（三）波段交易法和日内交易法的异同

波段交易和日内交易具有很多共性。例如，都要遵循交易的一般规则，都要对交易的风险收益进行评估，都要严格执行交易纪律等。但由于两者的交易时间不同，两者存在诸多区别（见表6－1）。

表6－1　波段交易法和日内交易法的主要区别

项目	波段交易法	日内交易法
交易的特征	针对一个价格走势进行交易，一般不会当日平仓	一个交易日内的短线交易，当天进场当天平仓
交易货币的选择	在基本面分析和技术分析的基础上，选择交易货币	根据外汇市场价格的实时走势，结合短期交易规则选择交易货币
对交易者的要求	要求交易者具有较强的分析能力	要求交易者具有敏锐的反应能力、熟悉市场和对交易货币有直觉般的识别能力
分析的时间级别	技术分析和基本面分析同时进行，交易货币不一定活跃	主要进行技术分析，很难进行基本面分析，交易货币必须活跃
分析的时间级别	以周线为基础，结合日线进行	以日线为基础，结合15分钟、30分钟等分时图表进行

续表

项目	波段交易法	日内交易法
获利平仓的处理	"让利润持续"：将止损放得较宽。对获利仓位一般持续保留，直至出现中期趋势逆转	"积少成多"：将止损放得较窄。对获利仓位一般按事先设定的单笔利润目标平仓
投资目标	通过单笔交易获得较大利润	通过多次短期交易"积小利成大利"

（四）日内交易法的交易策略

日内交易法意味着在一个交易日内就要结束该头寸。因此，交易对象的选择必须是交易活跃的品种。交易者必须在很短的时间周期图形上，捕捉快速的价格变动，以获取少量的收益。

由于交易时间短，日内交易很难对交易货币进行严格的基本面分析。日内交易法的交易时间短，要在这么短的时间内获得良好的收益，面临的一个大困难是：每次交易利润的目标可能只有几个基点，这使得点差成为个非常大的获利障碍因素。例如，一个日内交易者确定的利润目标是 30 个点，如果点差是 3 个点，那么 3 个点的点差会对目标利润造成 10%（3 ÷ 30）的障碍。即使交易价格没有发生任何变化，点差造成的障碍依然存在。

当然，对任何外汇交易而言，都会有点差障碍。但相对于波段交易法和头寸交易法面临的较大价格波动幅度，日内交易法的价格波动小得多。例如，波段交易可能会有 60 个点的利润，头寸交易可能会有 300 个点的利润，这样 3 个点的点差对目标利润分别造成了 5%（3 ÷ 60）和 1%（3 ÷ 300）的障碍。相比日内交易法，障碍小了很多。

知识链接

外汇日内交易技巧

技巧一：位置技术。这种日内交易技巧的本质是通过对市场微观行情演化阶段的观察从而对市场走势进行判断。它的操作依据是外汇市场的行情运行总会有一些特定的形态特征。不过操作此技巧要求交易者对位置的介入和出场要非常迅速，不能带有一丝犹豫，一旦市场行情到位，必须马上进行操作。同时要求交易者对止损要非常果断。

技巧二：惯性技术。这种日内交易技巧是依据外汇市场的微观小惯性来进行操作。我们都知道外汇市场的变化是连续的，微观和相对宏观的行情一般情况下也都有其自身的惯性，并且行情的惯性通常情况下不会突然产生和消失。惯性技术的操作方法是紧贴盘面挂单进行操作的，一般都是在交易者挂单被打的过程中打挂单的价位。惯性操作不用预设特定的操作位置，它的出场非常迅速，需要注意的是一旦市场行情的小惯性消失，交易者就要立刻离场，然后等待下一次惯性出现。其优点是操作非常方便快速，交易者一般在打掉挂单后就可以获得收益，同时其止损点也非常小。

技巧三：双向波段技术。这种交易技术属于趋势技术。其最大的优点在于可以让交易者明确市场行情发展和将要到达的位置。其缺点在于对趋势和行情阶段的判断可能会错误，进而导致交易者止损过度。一旦判断错误，会使交易者亏损扩大。

三、趋势交易法

（一）趋势交易法的含义

趋势，是指在一个时间段内价格运行的方向。当价格变化的趋势在技术上表现明显，而且基本面因素也对图形上的趋势进行了确认，那么就可以按趋势进行交易，只要趋势保持不变就始终跟随趋势。

（二）趋势区分方法

趋势交易法是采用技术分析方法进行交易的。趋势一般采用趋势线来描述，包括趋势的早期、中期和末期三个阶段。当然，这三个阶段并没有明显的区分，但仍可以通过它们的一般特征加以分辨，以便有利于选择进场的时间和位置。

初期趋势线具有不稳定性。如果在一个十分清晰的下降趋势中，或是在价格横盘整理了很久之后，开始出现更高的低点和更高的高点，这可能是上升趋势正处在早期阶段的一个信号。这个阶段可能代表了一个最佳进入点。当然，由于趋势变化的早期信号不够明显，一些谨慎的交易者可能并没有在这个阶段入场。

视频：寻找趋势

中期趋势线非常稳定，一般会有非常明确的证据表明价格在向一个方向变动。许多交易者会在这个阶段选择入场，从而推动价格进一步向该方向变动。

当上升的趋势无法达到更高的高点，或者下降的趋势无法达到更低的低点时，价格持续整理，波动逐渐减弱，说明趋势到了最后阶段。此时多数大型市场参与者都已经建立了头寸，等待长期收益的实现。末期趋势线不持久，比较脆弱。这个阶段不是入场的好时机。

交易者也可以通过趋势线的角度判断目前市场是处于趋势的初期、中期还是末期。当趋势线的角度在25—30度时，一般是趋势初期阶段；当趋势线的角度在40—45度时，一般是趋势的中期阶段；当趋势线的角度在55—65度，甚至超过65度时，市场就往往到了趋势的末期阶段。

（三）趋势交易法的策略

趋势交易者所要做的就是识别趋势所处的阶段，决定进场的时间和位置。与波段交易和日内交易比较而言，趋势交易者主要是顺应长期趋势，从趋势中获利。当然，趋势交易者进入市场的时机越好，越有可能获利。

一旦决定了要交易哪一个时间周期图表，判断其趋势方向就同步展开了。首要任务是关注基本的价格数据。一系列更高的高点和更高的低点表示市场呈现一段上升趋势，一系列更低的高点和更低的低点表示市场呈现一段下跌趋势（见图6-6）。

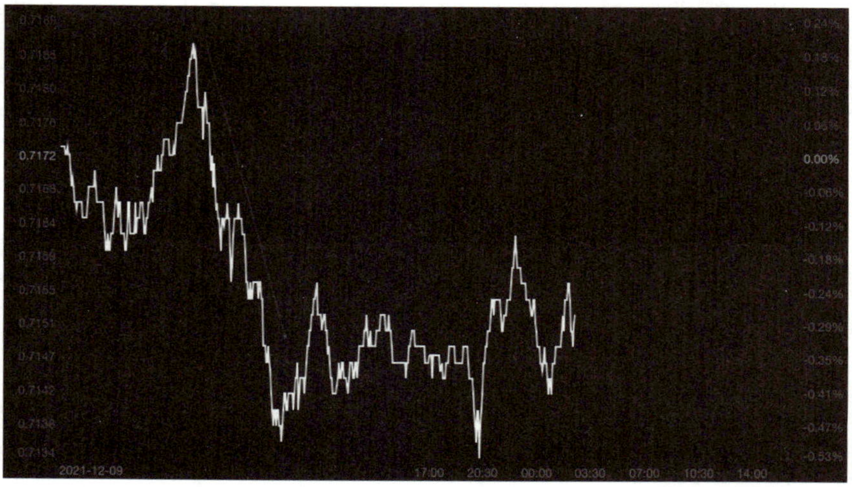

图6-6 2021年12月9日澳元兑美元分时图

交易外汇时会发现，趋势可能维持一段较长的时间。一旦某一特定货币对出现一种方向，它就有很大的潜力维持更长的时间，运行更大的幅度，这与股票交易的特点不同。一旦全球基本面情况在某一方面得以确定，那么它可能推动汇价朝着某一主要方向远行数月。如果交易者已经开立了长期头寸，并且交易顺利，那么这一波行情会产生极大的盈利。

在外汇市场中，在多数情况下价格波动都会有趋势。因此，趋势交易法也成为外汇交易法中最有效的方法之一。许多成功的交易者，都会采用这种策略，抓住主要货币价格变动来获利。但是，假如市场没有趋势的时候，该采用何种策略最有效呢？

想一想 练一练

尝试运用趋势交易法进行一次交易。

视频：突破交易

四、突破交易法

（一）突破交易法的含义

突破，是指货币对的价格经过一段时间的波动后，越过了一些关键性的价位，而这些价位往往是一些关键的支撑点和阻力点。突破交易法就是通过寻找支撑位（或者阻力位）的突破点（见图6-7），获得投资机会，是外汇交易中最基本的策略之一。

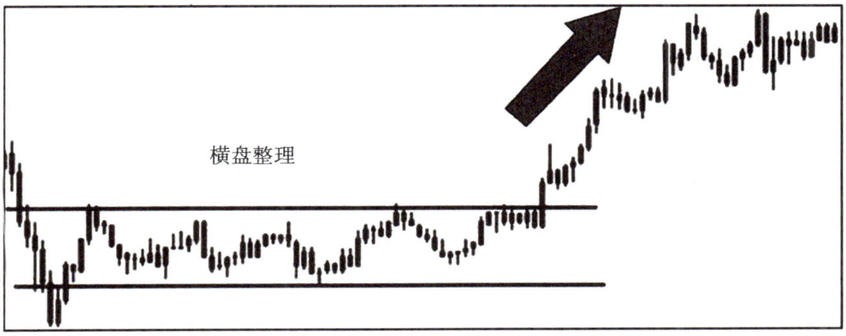

图6－7　突破交易

突破的意义在于打开某一方向的运行空间，并沿着该方向继续运行。在正常情况下，市场价格会尊重之前形成的支撑线和阻力线。但如果在一段时间内该货币对交易在非常小的范围内进行，往往会有一股足够强大的力量促使价格突破该范围，而且往往会继续朝着突破的方向发展，此时这个突破就可能有足够的力量将价格推动到下一个支撑位（或者阻力位）。

（二）突破交易法的策略

在正常情况下，市场价格会尊重之前形成的支撑线和阻力线。突破交易的逻辑在于：投资者记得最清楚的价格水平是在一个拐点处的价格水平，水平支撑和阻力位的形成是由于交易者对拐点处的价格水平有一致的记忆。如果投资者认为目前市场中某一价格水平相对较低（支撑位），那么在这一价格水平上就会买入；如果投资者认为某一价格水平相对较高（阻力位），那么在这一价格，水平上就会卖出。如果许多市场参与者进行了同样的交易活动，那么最后的结果一般就是在支撑位（或者阻力位）发生反转。

为了获得较高的收益，在测量完支撑位和阻力位之后，交易者一般会在当前范围内或者稍微超出当前范围的地方下单，以便在发生突破时及时抓住行情。尽早进入交易有可能获得更大的潜在收益，但尽早进入交易又往往无法避免出现假突破的目标。因此，交易者必须学习如何在这两者之间取得一个平衡。交易者可以利用技术指标帮助确定最佳入场位置。例如，使用30分钟图显示15日、50日和100日周期的移动平均线。

设置止损指令能够严格控制价格反转带来的风险，是突破交易的一个突出优点。交易者可以在突破点的下方设置一个止损指令，如果价格变化触及到了止损点，这也证明了这次突破是个假突破。

假突破是指行情向某个方向突破后，没有沿着已突破的行情继续运行，而是发生反转，快速回撤（见图6－8）。交易者采用突破交易法面临的最大问题是如何识别“假突破”。

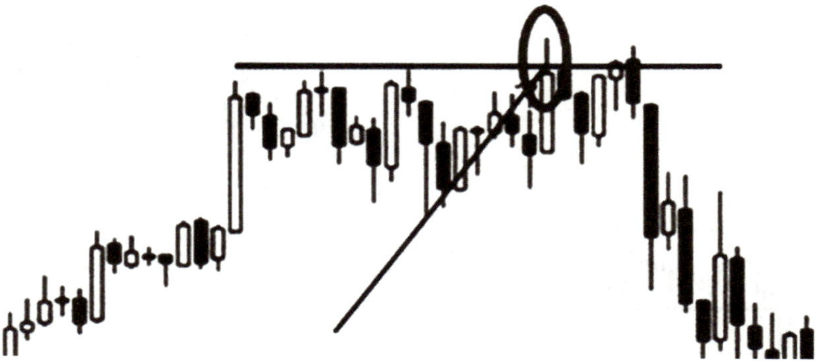

图 6－8　假突破（1）

如何识别有效突破和假突破，是外汇交易者尤其是新手面临的一大难题。下面我们简要介绍两种方法：

1. 短线有效突破判定方法——30 点原则

30 点原则是短线有效突破的判定准则。一般认为，行情越过关键点位 30 个点即为有效突破。

2. 中线有效突破判定方法——当日收盘价越过原则

如果当日收盘价越过某一关键价格，并站在了关键价格之外，一般可认定为有效突破。例如，行情向上突破后，当日收盘价未能越过关键阻力位，说明不是有效突破而是假突破。此方法在日线图及以上级别的突破中使用会很有效（见图 6－9）。

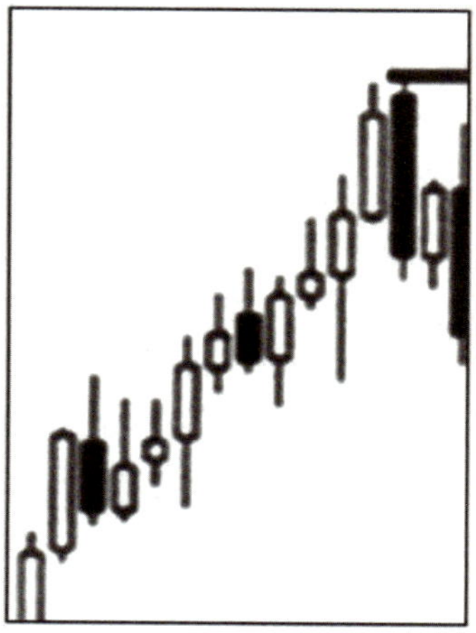

图 6－9　假突破（2）

如果当日收盘价越过某一关键价格，在接下来的两个交易日内该货币对收盘价仍然越过了关键价格，就可以进步确认突破的有效性。针对假突破，一些交易者会反过来进行反突破交易。这种反突破交易必须在适当的风险控制和资金管理的前提下，才有可能成为一种有效的方法。否则，单纯的反方向交易有可能是一个非常危险的策略。

外汇交易图上经常会发生突破，这使得突破交易法成为外汇交易中一个很常用的策略。但使用突破法首先需要交易者能够判断突破的真假，学会结合设置止损指令，最终达到盈利的目的。

拓展阅读6－7

交易窄幅区间的突破

利用这种策略首先就要识别出图表中的交易区间。如图6－10中，市场陷入1.1997—1.2048的交易区间，并且持续了多个交易日。尽管之前的趋势是看跌的，但是从支持区域1.2000/1.1997开始的反弹可能给空头带来压力。投资者不应将所有赌注都押到某一个方向上，相反可以利用自设止损单，当市场突破区间时开立一个新的头寸。

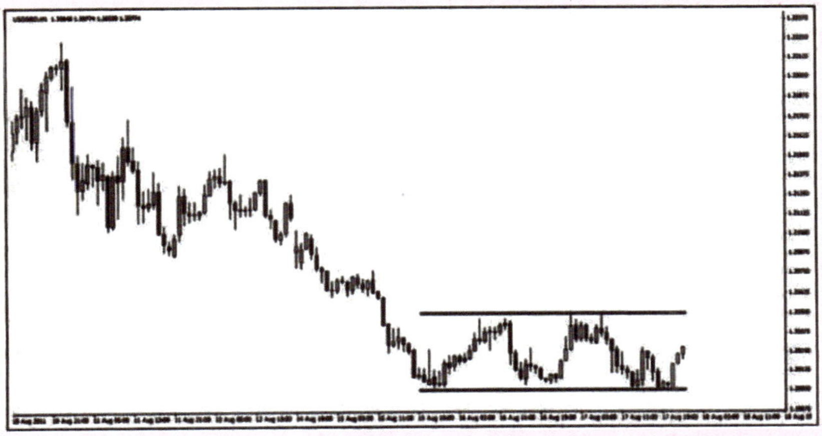

图6－10　美元/新加坡元1小时图

因此，对于1.1997—1.2048的区间而言，可以在区间上方的1.2055设置买入订单，在区间下方的1.1990设置卖出订单。

如果市场上扬，突破1.2048上方至1.2055，买入订单就会被触发，也就是说在1.2055做多（没有滑点出现）。尽管买入单已经被触发，但卖出订单仍然在场。投资者可以根据的交易平台和个人倾向的交易管理方法选择留存这一订单继续在场内，将其当作多单的止损，或者直接给多单设置一个止损订单，取代卖出订单。无论是哪种方式的卖出单在场内，都会给多单提供一定程度的保护，用以防范市场出现急剧的反转，限制原始入场位和出场位之间产生过大的差别。

然而，正如图6－11所示，市场坚定突破区间顶部，触发了买入订单，得以在1.2055（如果没有滑点的话）做多，并且还有一个位于1.1990的卖出订单，作为初始止损订单。随着市场进一步超1.2150上行，甚至可能更高，原先的卖出订单可能已经被尾随止损取代，锁定一定的利润。

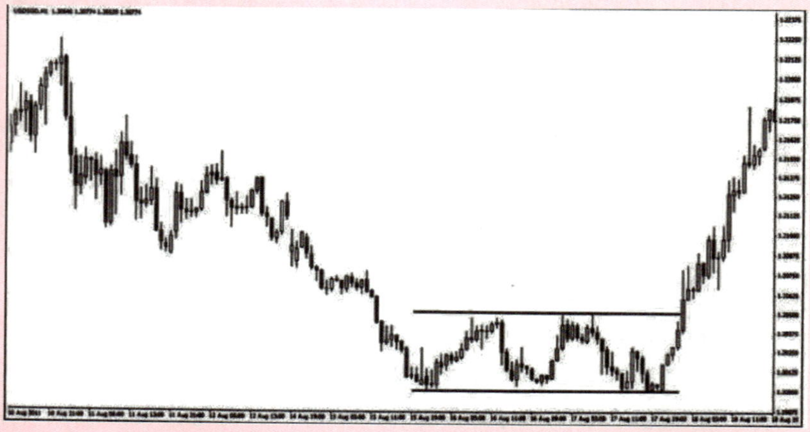

图 6-11 买入订单的触发

这种策略的难度之一是正确地识别交易区间。如果投资者认为区间较狭窄，而实际区间的幅度更大，可能会将自设停损订单设于距离区间太近的位置。例如，投资者认为美元/日元的波动区间顶部在85.65，随之在85.70设置了买入订单。但若区间的顶部更接近85.72，则市场的最后一次上冲恰好触发投资者的买入单。不久后市场狂泻不止，向下突破区间底部，触发卖出订单。尽管看到卖出订单被触发，投资者可能比较满意，但因为它是买入止损单，不如在下跌市场中触发空头头寸更有效。

想一想 练一练

自选一个货币对，然后试着找到可以投资的突破点。

五、区间交易法

（一）区间交易法的含义

当价格上下起伏，在一条阻力线和一条支撑线之间来回振荡，但没有明显的方向性趋势的时候，一些交易者会采用区间交易法（见图6-12）。区间交易是在支撑线和阻力线之间，识别出其中的拐点，然后在拐点处入场投资。从本质上看，区间交易是波段交易的一个重要组成部分。

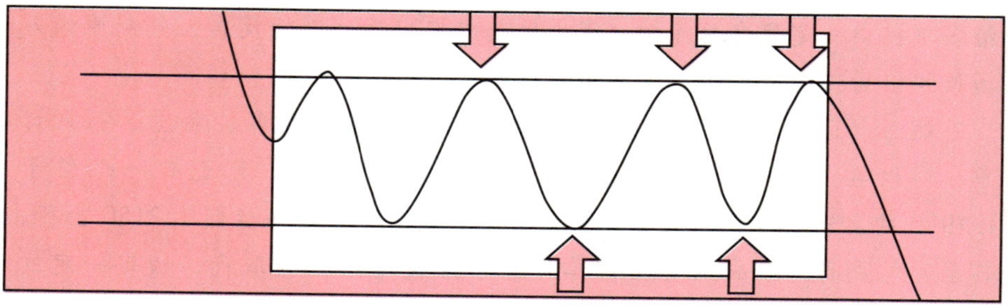

图 6-12 区间交易

投资者在进行区间交易时，首先要确定区间高度。在一般情况下，价格两次大致触及支撑线和阻力线后，交易者就可以确定区间的高度。当确认区间高度足够大，具有盈利空间时，交易者才可以进行区间交易。

（二）区间交易法的策略

1. 交易区间的识别

区间交易首要挑战就是识别交易区间。从最简单的层面来说，一个区间交易策略就是，在价格达到区间顶部时做空，在价格达到区间底部时做多。为了确保不错过这类交易，投资者可以在价格震荡至接近区间顶部或者底部时设置订单。欧元兑英镑日线图上出现一个交易区间的情形如图 6－13 所示。

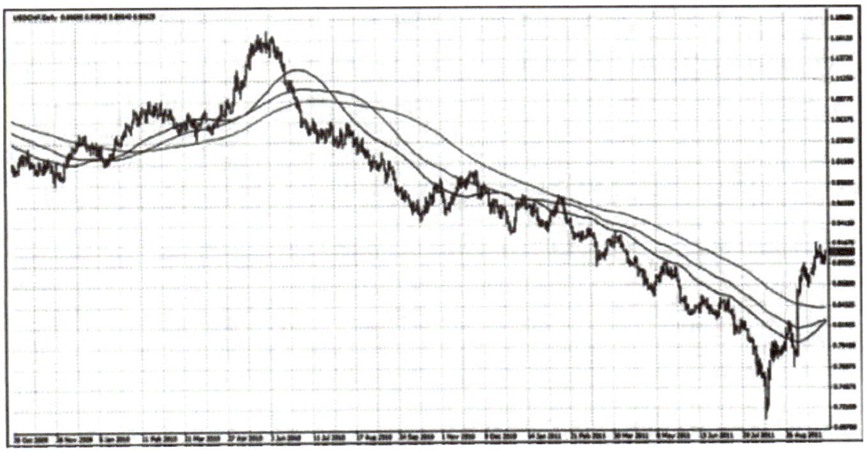

图 6－13　欧元兑英镑日线图（出现一个交易区间）

2. 超买、超卖、拐点的识别

区间交易者一般采用最常见的水平线表示区间的支撑线和阻力线。在确定支撑线和阻力线后，交易者可以通过超买超卖（OBOS）指标随机指标（KDJ）或者相对强弱指标（RSI）等识别出支撑线和阻力线上或其附近的可能拐点（详情参考项目四）。

3. 区间交易法的使用

在外汇市场没有可识别的趋势、价格在支撑线和阻力线之间来回波动时，交易者可以考虑使用区间交易法。此时，有的交易者可能会等这样的时期过去、出现趋势后再进行交易，有的交易者会根据成形区间高度的大小，判断这个时期的区间交易是否有足够的获利空间。当高度足够大，而市场又持续没有趋势出现时，区间交易也许是一种行之有效的方法。

想一想　练一练

尝试运用区间交易法进行交易。

操作要点

√ 能结合主要经济数据和新闻进行基本面策略分析。

√ 能对某一货币对进行技术策略分析。

知识要点

√ 外汇基本面策略方法包括最强货币对法、套息交易法、新闻交易法、商品价格法、央行干预法和头寸交易法。

√ 外汇交易技术策略方法包括波段交易法、日内交易法、突破交易法、趋势交易法和区间交易法。

问题讨论

外汇交易通常会同时运用多种方法，如果你进行外汇投资，更倾向于运用哪几种方法呢？为什么？

推荐阅读

1. 新浪财经——外汇 https://finance.sina.com.cn/forex/。
2. 和讯外汇 http://forex.hexun.com/。
3. 外汇通 https://www.forex.com.cn/。
4. 英为财情 https://cn.investing.com/。

课后练习

思考与练习

请结合英国脱欧公投事件，查找资料，写一篇简单的关于欧元兑美元的外汇策略投资报告。

项目七
外汇交易收益计算与风险管理

学习目标

1. 掌握外汇交易收益计算方法。
2. 掌握外汇交易风险。
3. 能利用策略管理外汇交易风险。
4. 具备良好的投资风险意识。
5. 养成良好的职业素养。

项目任务

1. 计算外汇实盘交易和外汇保证金交易的收益。
2. 分析外汇交易风险及制定风险管理策略。

标志成果

☑ 外汇交易损益报告。
☑ 外汇交易风险评估报告。

内容导图

项目七的内容导图见图 7－1。

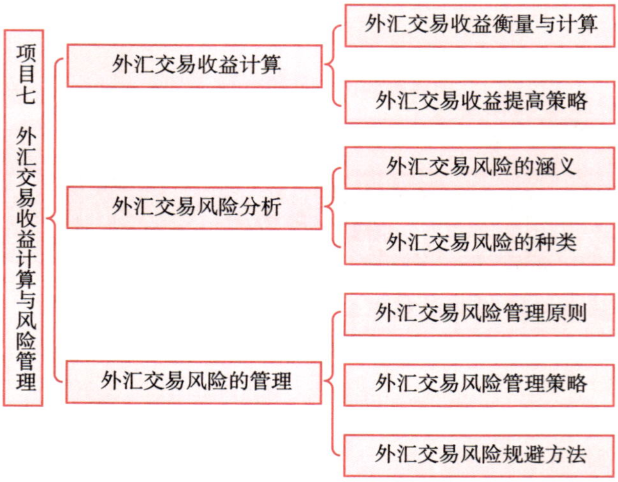

图 7－1 项目七的内容导图

导入案例

外汇交易案例

比尔·利普舒茨主持索罗门兄弟公司的外汇部已将近十年，他在华尔街被称为“外汇苏丹王”。由于他的出色成就以及索罗门公司的雄厚财力，他掌管的外汇部每年从外汇市场中赚取的利润数以亿计。

利普舒茨在读研究生时对股票期权产生了兴趣，所以他选修了工商管理硕士的学位。在毕业之后，利普舒茨被索罗门兄弟公司录用。1982 年，费城交易所新开了外汇期权交易。当时的外汇部只有利普舒茨做过期权，所以这一业务交由他负责。他认为，消息灵通是做外汇交易的重要条件，大户的动向会影响市场，若提早得到一些重大消息，赚钱的速度会很快。

利普舒茨印象最深的一次交易发生在 1985 年 9 月。当时，7 个发达国家举行首脑会议，确定了美元走弱的政策。但那时他正在意大利度假。因为在以前各国中央银行对美元一路走强的多次干预都徒劳无功，所以这次也没有引起太大的反响。利普舒茨打电话给公司，知道了这一消息，他赶紧给生病在家的助手安迪打电话。等新西兰市场一开盘，安迪就进场抛了 6 000 万美元。这在当时不是个小数目。后来，利普舒茨干脆接通 24 小时电话线，和安迪及交易所直线联系，又做了大量的外汇期权。那一天，索罗门兄弟公司的外汇部净赚 500 万美元，相当于外汇部全年收益的 25%。

利普舒茨认为，交易高手不仅要以市场分析为依据，更重要的是要学会控制风险。外汇交易高手既要聪明、有天赋，还要勤奋。

模块一　外汇交易收益计算

模块导入

在外汇交易中，应该如何衡量和计算外汇交易的收益呢？在工作案例中，如何计算胜率和盈亏比呢？

任务描述

掌握胜率、盈亏比和总盈亏的计算；掌握外汇交易收益的计算。

相关知识

一、外汇交易收益衡量与计算

微课：外汇交易收益衡量与计算

课件：外汇交易收益的衡量与计算

外汇交易的收益，是指外汇交易的盈利，是从外汇交易中获得的利润。投资者参与外汇市场，不管是在场内交易还是在场外交易，都是为了盈利。

（一）外汇交易收益的衡量

外汇交易市场的投资者，主要目的是盈利，一般会从两个方面努力进步：①提升交易的胜率；②提高交易的盈亏比。一般状况下，这二者相互存在一定的牵制。太过追求高胜率，盈亏比便会降低。反之亦然。

在详解胜率和盈亏比以前，人们首先导入一个关键的交易习惯——交易记录。对外汇交易者而言，要想获得长期性的盈利，就必须培养优良的交易习惯，而坚持不懈一个全方位的交易计划便是关键的一部分。交易计划的具体内容包含：优先选择的交易对策、最好交易进场和离场时机及其风险管控标准。为落实自身交易计划，关键在于坚持不懈地进行交易记录并持续思考、反馈自身交易计划的执行情况。

外汇交易者每日把决策交易的要素记录下来，看一下当时情况，决策，交易后再具体分析，并记录盈亏结果。假如交易结果是盈利的，表示交易前的分析是恰当的，当再次出现类似或者相同的要素时，他们所做的交易记录将帮助他们快速作出恰当的交易决策。

1. 胜率

$$
\begin{aligned}
\text{胜率} &= \text{盈利的所有次数} \div \text{交易总场次} \times 100\% \\
&= a
\end{aligned}
$$

其中，$0 \leqslant a \leqslant 1$。

关于胜率，外汇交易者都希望自己的每一次交易都可以盈利，在盈亏比为 1∶1 的条件下，投资者的胜率越高，则获得的收益越多。

知识链接

没有人能保证一直保持高胜率

虽然通过概率统计的形式把盈利的频率当作胜率，但它只是以过往数据测试的回归值。虽然，根据预期的概念，重视过去对未来参考的非理性预期也是预期的重要形式。但是，市场变化很快，同样的策略用于不同时期将产生不同的交易结果。对过去市场管用的策略，在未来可能就不管用了。而且，随着新的影响因子的不断增多，以长远的眼光来看，甚至可以说，所有策略的期望值都接近零。

同时，胜率只有在新的统计数据足够多的情况下才有价值。也就是说，时间越长，交易的单量越多，盈利结果才越接近胜率，但其在长期里其却又不可以持续，甚至发生了改变。所以胜率的短期有效性和长期价值性之间出现了矛盾。这种矛盾目前来看没有调和的可能。

美国的交易系统设计及运用专家布鲁斯1975年开始从事金融投资工作，并在1976年进入交易系统的研究和设计领域。他说过，“就专业交易员而言，其获利交易百分率经常低于40%”。

连专业的交易员都难以做到高胜率，更何况普通的投资者。而在外汇交易中，胜率固然是非常重要的一环，如果能有超高的胜率，那么赚钱的几率自然就高。但是，市场是复杂多变的，没有一个技术系统能保证永远适用。花太多精力在提高胜率，可能见效甚微。

（资料来源：http：//www. waihuibang. com/fxschool/beginner/39533. html。）

2. 盈亏比

盈亏比 = 盈利的平均金额 ÷ 亏损的平均金额

= b

其中，b 为大于 0 的常数。

在外汇交易中，胜率并不是唯一的决定因素，还有盈亏比的存在。外汇交易中每一次的盈亏金额都是变化的。

3. 总盈亏

总盈亏 = 盈利的所有次数 × 盈利的平均金额 − 亏损的所有次数 × 亏损的平均金额

假设亏损的平均金额为 1，则从以上 3 个公式可以得出：

总盈亏的数学期望 = 交易总次数 × (ab + a − 1)

在图 7−2 中，纵坐标代表胜率，横坐标代表盈亏比，存在着一个使盈利最大化的最优胜率和盈亏比。

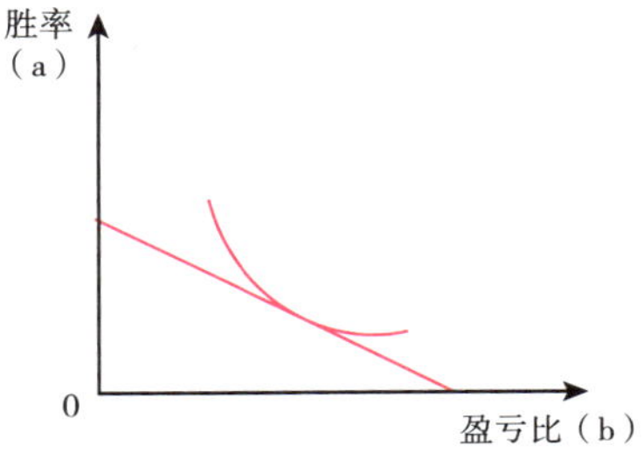

图 7-2　胜率与盈亏比关系图

[例 7-1]

假设交易者甲近一年的外汇交易记录如表 7-1 所示。

表 7-1　　交易者甲近一年的年度交易记录汇总表（1）

指标	数值
交易总次数（次）	300
盈利的所有次数（次）	91
亏损的所有次数（次）	209
盈利的平均金额（元）	30
亏损的平均金额（元）	8

分析：

总盈亏 = 盈利的所有次数 × 盈利的平均金额 - 亏损的所有次数 × 亏损的平均金额

= 91 × 30 - 209 × 8

= 1 058（元）

胜率 = 盈利的所有次数 ÷ 交易总次数 × 100%

= 91 ÷ 300 × 100%

≈ 30.33%

盈亏比 = 盈利的平均金额 ÷ 亏损的平均金额

= 30 ÷ 8

= 3.75

由此可见，交易者甲的胜率约为 30.33%，但由于盈亏比较大，他的总盈亏依然是获利的。

[例 7-2]

若调整交易者甲的交易指标数据，总次数不变，盈利的次数和亏损的次数对调，盈利的平均金额和亏损的平均金额对调（见表 7-2），其总盈亏、胜率以及盈亏比均发生变化。

表 7-2 年度交易记录汇总表（2）

指标	数值
总次数（次）	300
盈利的所有次数（次）	209
亏损的所有次数（次）	91
盈利的平均金额（元）	8
亏损的平均金额（元）	30

分析：

总盈亏 = 盈利的所有次数 × 盈利的平均金额 − 亏损的所有次数 × 亏损的平均金额

= 209 × 8 − 91 × 30

= −1 058（元）

胜率 = 盈利的所有次数 ÷ 总次数 × 100%

= 209 ÷ 300 × 100%

≈69.67%

盈亏比 = 盈利的平均金额 ÷ 亏损的平均金额

= 8 ÷ 30

≈0.27

可见，即使该投资者的胜率高达69.67%，但若盈亏比比较低，最终结果也是亏损的。

知识链接

提高盈亏比才是盈利的关键

在现实的交易中，胜率是很重要的一方面，但是提高盈亏比才是盈利的关键。投资者每交易一笔，就会被收取一笔交易手续费。以投掷骰子为例，即使胜率达50%，即每100次投掷有50次是获胜，50次失利，胜负比为1:1，周而复始的进行下去，始终处于一个递减负和的游戏之中。投掷的次数越多，交易成本损耗得越快。

由盈亏比的计算公式，可以发现提高盈亏比的途径：提高平均盈利幅度或者降低平均亏损幅度。做到这两点的第一种方法是提高每笔交易的盈利，降低每笔交易的亏损。

采取这种方法时，投资者虽然难以控制利润，但却能控制每笔交易的最大亏损幅度，也就是常说的止损。为每笔交易设定最大的亏损幅度，一旦触发止损条件，即使亏损也要卖出，从而控制亏损幅度，不至于大幅亏损被深度套牢。这也是止损的重要原因之一。

另外，投资者虽然难以控制盈利的幅度，但却能控制盈亏时的持仓比例。这就是提高盈亏比的第二种方法——仓位管理。减小亏损时的仓位，加大盈利时的仓位，同样也能提高盈亏比。

但盈亏比是滞后指标，需要完成很多交易之后才能统计得出，入场时很难以盈亏比指导交易。而强制设置盈亏比可能使盈利变亏损，也可能踏空行情。因此，投资者在交易中应提前制定计划，根据计划盈利后，将成本线设置为强制出场点，这样至少能够保证不亏损。在保证盈利空间的前提下则可以适度以利润博取更大的行情，以扩大盈亏比。长此以往，盈利的空间也会逐日增加。

交易提示：(1) 及时止损，将风险控制在小范围内。

(2) 放大盈利。

(3) 坚持利用总资金的固定百分比（例如，3%—5%）控制亏损。

(4) 坚持利用总资金的固定百分比（例如，9%）获取可观的盈利，具体盈亏比因人而异。

（资料来源：外汇邦。）

（二）外汇交易收益的计算

1. 机会成本

任何投资都需要计算机会成本，外汇投资也不例外。所谓机会成本，通俗地理解就是假如不进行这项投资，而把资金另外安排所能赚取的收益。这个另外安排的投资方式必须是非常稳妥的，几乎是无风险的投资。这种几乎无风险的投资一般默认为银行存款。

例如，美元的1年期存款利率为3%，那么投资者如果在其他市场投资时获得的年化收益率小于3%，应该被看作亏损，达到3%才刚好与机会成本持平，毕竟投资者在进行投资时承担了风险，所以只有得到更大的收益才能算物有所值。

2. 实盘交易的盈亏计算

实盘外汇买卖的盈亏计算与股票基本一致，是1∶1的实际买卖。

［例7-3］

某投资者在1.1900价位用10万美元买入欧元，后平仓于1.2100，盈利200个点，盈利金额为：

$$100\ 000 \div 1.1900 \times 1.2100 - 100\ 000 = 1\ 680.67 \text{（美元）}$$

如果平仓价位在1.1800意味着投资产生了亏损，亏损金额为：

$$100\ 000 \div 1.1900 \times 1.1800 - 100\ 000 = -840.34 \text{（美元）}$$

即亏损了840.34美元。

实盘外汇买卖的盈亏计算公式为：

盈亏金额＝本金÷买入汇率×卖出汇率－本金

3. 外汇保证金交易的盈亏计算

在外汇保证金交易里，外汇投资以合约的形式出现，主要的优点在于节省投资金额。以合约形式买卖外汇，投资额一般不高于合约金额的5%，而可能获得的利润或者遭受的亏损却是按整个合约的金额计算的。

外汇合约的金额根据货币的种类确定，但每一个合约（1手）的金额均等值10万美元。每种货币的每个合约的金额不能根据投资者的要求改变，但投资者可以根据自己持有资金的多寡，买卖几个甚至几十个合约。一般情况下，投资者以5 000美元的保证金就可以买卖一个标准合约（前提是银行或者经纪商提供了20倍的杠杆）。有时银行或者经纪商会提供迷你合约，即投入10%标准账户的资金就可以买卖一个合约，该类迷你合约的单位等值于1万美元。投资者的盈亏按合约的总金额计算，而不是按投入保证金的金额计算。

（1）外汇保证金的买卖盈亏。盈利和亏损就是计算买入或者卖出货币对时的每点价值，如果投资者在1.1771买入欧元，而后在1.1791卖出，则盈利为20个点的价值。每个点到底对应多少价值，要根据货币的标价方式不同而定。采用间接标价法的货币，无论汇率怎么变化，每个点的价值都是固定的。但是对于采用直接标价法的货币，就会因为汇率的变动影响每个点的实际价值。

① 间接标价法货币（英镑、欧元、澳元等）的盈亏计算。以1个货币单位的非美元外汇兑换若干美元的方式标价的货币，价位升高意味着盈利，价位下降意味着亏损。

盈亏金额 =（卖出价 - 买入价）× 合约单位 × 手数（合约数量）

［例7-4］

2021年11月6日，英镑/美元的汇率为1.3150。某投资者认为英镑汇率将上升，买入2手英镑合约，买入价为1.3155。然后，他在同一天卖出平仓，卖出价为1.3170。合约金额为USD100 000。该投资者的盈亏计算如下：

$$(1.3170 - 1.3155) \times 100\,000 \times 2 = 300\text{（美元）}$$

② 直接标价法货币（瑞士法郎、日元、加元等）的盈亏计算。以1美元兑换若干非美元外汇，价位升高意味着亏损，价位下降意味着盈利。

盈亏金额 =（卖出价 - 买入价）× 合约单位 × 手数（合约数量）÷ 平仓价

［例7-5］

2021年11月6日，美元/日元的汇率为114.20。某投资者认为日元汇率将下跌，卖出2手日元合约，卖出价为114.25。然后在同一天买入平仓，买入价为114.00。

每1手合约金额USD100 000。该投资者的盈亏计算如下：

$$(114.25 - 114.00) \times 100\,000 \times 2 \div 114.00 \approx 438.60\text{（美元）}$$

（2）利息收入计算。投资者在进行外汇买卖时，可能获得利息收入，也可能产生利息支出；两种货币的息差（收到利息 - 付出利息）就是每天扣除的隔夜利息，它是以外汇表示的两国货币利率的差距。例如，投资者卖出欧元，买入美元，实际上相当于投资者从银行借入了欧元和存进了美元。因此，他需要交付欧元利息，同时可以收取美元利息。如果美元利率高于欧元利率，投资者便可以赚取利息收入；相反，如果美元利率低于欧元利率，投资者就需支付利息。下面举例说明。

［例 7－6］

假设 NZD/USD：0.6900（即期），0.6950（远期），NZD 隔夜利率为 7%，USD 隔夜利率为 3%。若投资者买入 1 手新西兰纽币，则隔夜利息收付如何？

＋NZD100 000 —— 即期汇率为 0.6900 ——→ －USD69 000

NZD100 000 隔夜利息收入：$NZD100\ 000 \times 7\% \div 360 \approx NZD19.44$

USD69 000 隔夜利息支出：$USD69\ 000 \times 3\% \div 360 = USD5.75$

＋NZD100 019.44 本金加利息 —— 远期汇率为 0.6950 ——→ －USD69 005.75 本金加利息

$$\text{NZD 隔夜利息收入} - \text{USD 隔夜利息支出} = (19.44 \times 0.6950) - 5.75 = 13.51 - 5.75 = 7.76\text{（美元）}$$

在例 7－6 中，投资者买入新西兰元，由于与美元存在 4% 的利差，故可获得隔夜息差收入 7.76 美元。若投资者卖出纽币，就必须支付息差，息差数额由两种货币的利差而定。

在北京时间上午六点，若息差收入为正，外汇交易商和外汇银行会自动将中国境内投资者未平仓头寸计算利息而加计投资者账户的资本金内；若息差收入为负，则从投资者账户的资本金内扣除。

（3）外汇保证金交易的综合盈亏计算。由以上分析可以看出，外汇保证金交易的盈亏主要受 3 个因素影响，即汇率变化、利息收支以及手续费。

首先，分析汇率变化对外汇保证金交易盈亏的影响。投资者从汇率的波动中盈利，是合约现货外汇投资获取利润的主要途径。若投资者买入的货币在投资期间升值，则可获得货币升值收益；若买入的货币贬值，则可能导致亏损。盈利或者亏损的多少按点数计算。所谓点数，实际上就是汇率涨跌的变动数量，而每个点的价值又与汇率的标价方法有关。前面介绍过，汇率以 5 位数字表示，报价至小数点后 4 位最后一位数称为基点，变动 1 点就称涨（或者跌）1 个基点或 1 个点。在直盘交易中，采用间接标价法的每种货币的每一个点代表的价值都等于 10 美元，而直接标价货币的每一个点代表的美元数额有所不同，但大致也等同于 10 美元（可以根据后面的公式进行计算）。在合约现货外汇买卖中，赚的点数越多盈利也就越多，赔的点数越少亏损也就越少。

其次，分析利息的支出与收益对外汇保证金交易盈亏的影响。正如上述分析的那样，在保证金交易的盈亏计算中，如果投资者持仓过夜，还应考虑各个货币的隔夜利息差异。就某个货币对而言，做空低息货币对高息货币，可以获得隔夜利息，做多低息货币对高息货币需要支付隔夜利息；做多高息货币对低息货币可以获得隔夜利息，做空高息货币对低息货币需要支付隔夜利息。隔夜利息是经常变动的，主要由资金在国际市场上的信贷需求和各个币种自身的利率决定。一般来说，若投资者做短线投资（例如，当天买当天卖或者在两个交易日内结束交易），利息的收支相对很少，对交易盈亏影响很小。但是，若投资者进行中、长线投资，利息问题就必须引起重视。例如，投资者在 1.3000 价位时卖出 1 手保证金合约的英镑（100 000 英镑），1 个月后，英镑的价格还在这一位置，如果按卖出英镑要支付 5% 的利息计算，每月的利息支出高达 541.67 美元。此时，利息收支对交易盈亏的影响就比较大了。

最后，分析手续费支出对外汇保证金交易盈亏的影响。投资者买卖合约现货外汇须通过银行或者经纪商进行，而银行或者经纪商一般要收取相应的手续费。例如，买卖 1 手欧元的点差为 3 点，即意味着它们在买价的基础上加收 3 个点后卖出，以作为经纪的酬劳。银行或者经纪商收取的手续费是按投资者买卖合约的数量计算的，而不是按盈利或者亏损计算的。因此，投资者需把这一部分支出计算在成本中。

综合考虑以上三个因素，外汇保证金交易综合盈亏计算方法如下：

① 在直接标价法下，外汇保证金交易综合盈亏计算公式为：

盈亏 =（卖出价 - 买入价）× 合约单位 × 手数（合约数量）÷ 平仓价 - 手续费 ± 利息

② 在间接标价法下，外汇保证金交易综合盈亏计算公式为：

盈亏 =（卖出价 - 买入价）× 合约单位 × 手数（合约数量）- 手续费 ± 利息

从上述分析中可以看出，若投资者买入高息外汇，同时，该货币呈现升值，则投资者既可以获得利差收益，又可获得升值收益；但若该货币呈现为贬值，则可能最终导致投资者综合收益降低甚至出现亏损。因此，在分析外汇保证金交易盈亏时，要综合考虑利息收支和汇率的变动，不能单从一个角度分析。从目前投资的情况来看，很多投资者比较关注利息收入，而较容易忽视外汇的走势分析，从而形成购买高息外币的偏好，结果往往造成以小失大。例如，当英镑下跌时，投资者买入英镑，即使一个合约每月收息 450 美元，但若 1 个月后英镑下跌 500 点，在点数上赔掉 3 125 美元，利息的收入仍弥补不了英镑下跌带来的损失。所以，投资者要把分析外汇走势放在第一位，而把利息的收支放在第二位考虑。

外汇保证金交易是一种合约交易，所以它的盈亏计算方式与实盘有很大差异。这里采用放大比例为 100 倍的杠杆交易进行说明。100 倍放大比例是国际外汇市场上保证金交易最常见的比例。然而，风险的大小并不取决于杠杆倍数，主要取决于投资者的仓位。

知识链接

外汇交易市场的盈利标准

外汇保证金交易当中的盈利是随着市场的变化出现的，具体要看投资者的投资方式和操作。当然，顺应趋势的发展就会增加盈利的概率。既然市场是客观的，那么外汇市场的盈利标准是什么呢？

由于外汇市场具有多空双向交易的机制，那么只需给定“适当”的时间间隔，必然会出现一个最为客观的盈利标准。如果以年度作为时间间隔，那么特定于外汇市场，各个直盘货币对的多头方向（或者空头方向）的静态点差（或者动态点差）的“适当”综合，就是市场的盈利点差标准。

所谓静态点差，以年度来说，就是现价与当年第一个交易日开盘价的点差。可以看出，仅就多头方向而言，3 种直盘非美货币对的平均静态点差约为 700 点。那么，这个数值就可以作为到目前为止的一个简单的点差盈利标准。

既然到目前为止，上半年的简单盈利标准是 700 多点，那么，投资者就可以以此反观自己的交易结果。加上保证金的杠杆作用，如果投资者上半年的外汇交易盈利是负数，那么其交易是很失败的，需要认真总结交易记录；如果投资者的外汇交易盈利小于 700 点，那么其交易能力仍需提高；如果投资者的外汇交易盈利点数在 700—1 200 点，那么其交易理念和方法是经得起考验的；如果投资者的外汇交易盈利点数大于 1 300 点，那么其一定是外汇市场中的佼佼者。

空头方向的盈利标准与此类似，不再赘述。

当然，以上只是一种静态点差的标准，时间间隔也选取的是自然年度。投资者在自己的交易结果高于这个标准后，还可以选择动态点差作为更高标准，时间间隔的选取也可以以某些关键的货币政策发布日为基点。例如，2020 年美元新一轮减息周期的开始。总之，外汇市场的盈利标准很自然的由市场的走势给出，每个外汇交易者的盈亏结果都有一个可以评判的依据。

（资料来源：http：//waihui. zhongyi9999. com/20191014/2123470406880. html。）

想一想　练一练

你认为外汇交易市场盈利的核心内容是什么？

二、外汇交易收益提高策略

每一个外汇交易者在进行外汇交易时都希望自己的选择是正确稳妥的，

微课：外汇交易收益提高的策略

课件：外汇交易收益提高的策略

并且能够赚取一些利润。而在市场中，每个投资者的交易风格大不相同，盈利模式和交易策略也各有不同。总结起来的，大致可以分为以下五种盈利模式。

（一）外汇交易中常见的盈利模式

1. 价值型投资

这种交易策略建立在对经济基本面分析的基础上。例如，相对变化的短期利率、通胀率、经济增长、贸易平衡、就业等市场之外的因素，并通过利率平价模型计算出“均衡汇率”，作为入市交易的基础。

2. 波动性投资

波动性的因素是衡量相关工具的市场价格波动率的指标。这是期权定价模型中的最后一个也是最重要的一个因素。

波动率用百分比表示，衡量的是价格变化的潜力，是对到期日来临时相关工具价格上涨或者下跌范围的预期，但它不指示任何价格变动的方向。波动性投资是先比较各种货币对的利差大小，并据此比较不同货币对汇率的近期波动率与历史平均波动率，再与当前市场报价中的隐含波动率加以比较，然后决定是否买卖波动率之间的价差获利。

3. 趋势交易型

大多数投资者都是顺势疗法交易者。当某个趋势明朗时，他们会积极跟进。这时，他们大多使用图表分析（移动平均系统结合振荡指标）判断和跟踪市场的走势。大多数投资者使用简单的移动平均线，或者定期交易，或者反向卖空，或者在超买和超卖指标出现时进出等。

4. 套利交易型

这种策略的典型做法是先借入低息货币，将其兑换成高息货币，再以更高的利率借出或者投资其他高收益金融资产获利。这种策略的行情容易掌握，因为决定两种货币利率的货币政策相对来说是刚性的。

5. 合成交易型

这种策略意味着投资者需随时转换策略或者同时采用多种策略。能够做到这一点往往是经验丰富的全球对冲基金经理。事实证明，操作的灵活性与高度专业技能的结合通常能取得傲人的投资业绩。

（二）外汇交易收益提高的策略

1. 顺势而为

顺势而为是市场运动规律的最直接体现，就是趋势。正确对待趋势的唯一做法，就是顺应趋势操作。这是在投机市场里赚钱乃至长期生存的第一大法宝。

美国著名的期货投资专家斯坦利·克罗曾经说过：“最赚钱和最令我安心的操作，总是顺着当时大势的操作。赔的最惨和令我感到最大压力的时候，总是在我建立或者抱着逆势赔钱仓不放的时候。”新手在学习交易时要明白，确立价格运行的方向对于交易全局的成败有着极重要的价值。通过客观的分析确定好方向，然后跃身进入趋势，并一直置身其中，随其起伏，只要趋势继续对自己有利，必须抱紧仓位坐拥利润。学会顺应趋势的方向进行交易，并且在这一随势浮沉的过程中，通过风险管理得到出色的操作成绩。这才是顺势而为的精髓。

对投资新手而言，推荐的分析工具是移动平均线。作为简洁明了的趋势类指标，移动平均线在跟随趋势方面有着不俗的功效，获得了实战高手的青睐。具体的应用可以参考葛兰碧均线八法则和三重滤网投资理论。

知识链接

葛兰碧均线八大买卖原则

美国投资专家葛兰碧（也译作葛兰维、葛南维）创的八项交易法则可谓经典，历来的均线使用者无不视其为珍宝。这八大法则中的四条用于研判买进时机，另外四条用于研判卖出时机。总的来说，均线在股价之下，而且又呈上升趋势时是买进时机；反之，均线在股价之上，又呈下降趋势时是卖出时机（见图 7－3）。

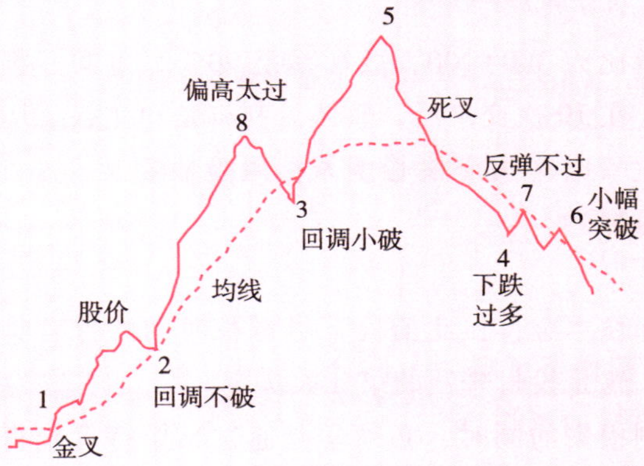

图 7－3　葛兰碧均线买卖原则

（1）点位 1 附近，均线从下降逐渐转头向上，股价从均线下方向上突破形成金叉，为买进信号。

（2）点位 2 附近，股价在均线之上运行，回调时未跌破均线，说明该均线形成十分可靠的支撑，其后股价又确实不再下跌而再度上涨时，是再次买进时机。

（3）点位 3 附近，此前股价在均线之上运行，回调时出现死叉跌破均线，但均线仍呈上升趋势，说明整体还有一段涨幅，此时为买进时机。

（4）点位 4 附近，股价在均线之下运行，连续下跌，距离均线又较远，极可能向均线靠拢，所谓物极必反。此时是买进时机，但不宜期望过高。

(5) 点位5附近，股价在均线之上运行，连日大涨，距离均线越来越远，极有可能回靠均线，随时会产生获利回吐的卖压，是卖出时机。

(6) 点位6附近，均线总体向下，股价又再次向下跌破均线时说明卖压再次加重，是卖出时机。

(7) 点位7附近，股价在均线之下运行，反弹时接近均线但未能成功向上突破，是卖出时机。

(8) 点位8附近，股价连续大涨多日，与均线拉开越来越大的距离，是卖出信号，代表随时可能出现获利回吐卖出浪潮。

（资料来源：https：//www. sohu. com/a/224697070_100048016。）

想一想 练一练

请查阅三重滤网投资理论，并尝试通过外汇交易对其验证。

2. 抓大放小

假设风险收益比为100:300，成功率是70%，这意味着做10次交易时，每次盈利都是300点，亏损100点。那么，整体盈利将是1 800点（300×7－100×3）。

假设风险收益比为300:100，成功率是90%，每次亏损300点，每次盈利100点。那么，在10次交易后，整体盈利将是600点（100×9－300×1）。

考虑胜率和盈亏比这两个核心因素，风险收益比小、成功率高的交易，是投资者努力的目标。

3. 限损

限制损失，保住本金，在此前提下尽量长时间的持有具有获利潜力的头寸，让利润增长，这是投机赚钱的第三大法宝。

投资者在限制损失的同时，必须学会通过长期持有获得收益，以此弥补因错误而造成的亏损。只有长期持有才能获得较大的收益，只有较大的收益才能弥补大量错误造成的亏损并有所结余，这些结余部分才是最后的交易利润。

不会止损的投资肯定亏损，只会止损的投资也肯定亏损，只有既会止损又会赚钱的投资，才是明智的投资。

知识链接

外汇交易持续稳定盈利的公式

有人喜欢看准信号重仓大赚一把，有人喜欢看大方向轻仓长期持有以时间换空间，有人喜欢看短期波动率勤劳耕耘积少成多。

重仓也罢，轻仓长期持有也罢，或者“抢帽子”“剥头皮”也罢，这些都只是交易策略而已，远达不到持续稳定的盈利。

稳定盈利的公式是什么？个人认为有以下几点：

(1) 坚决不能大亏爆仓。

(2) 常态的小损。

(3) 常态的小赚。

(4) 偶尔的大赚。

若账户时常大亏爆仓，则无论如何也达不到稳定的盈利。这往往是由于仓位过重，最多只会让投资者在短期爆赚或者爆亏。但以较长的一段时间来看，运气不会天天有。常态的小赚小亏是行情运行规律框定好的，震荡行情很多，趋势行情很少，所以投资者必须认识到小亏小赚才是常态。偶尔的大赚是建立在常态的小赚小亏之上。亏损多少投资者可以决定，但是盈利多少还真是需要行情的配合。

稳定盈利的公式简化为：

稳定盈利 = 坚决不能大亏 + 常态的小赚小亏 + 偶尔的大赚

（资料来源：http：//www. waihuibang. com/fxschool/experience/118902. html。）

想一想　练一练

限价总是很简单，止损总是太难，为什么？

模块二　外汇交易风险分析

微课：外汇交易风险分析

课件：外汇交易风险分析

模块导入

外汇交易中风险如影随形，都有哪些风险呢？了解风险的种类与各类风险的特点，才能更好地采取相应的风险管理策略。

任务描述

掌握外汇交易风险的含义与种类。

相关知识

外汇交易风险，是指企业或者个人在交割、清算对外债权债务时因汇率变动而导致经济损失的可能性。中国外汇市场已成为全球市场体系的重要一环，但对于大多数中国企业和居民而言，外汇风险还是一个提及不多的话题。2005 年 7 月中国的汇率制度改革后，更富弹性的人民币汇率形成机制逐步实现，人民币汇率波幅越来越大，外汇风险伴随着波动的汇率进入人们的视野，成为人们不得不关注的重大问题。

一、外汇交易风险的必要条件

可以说，外汇交易风险存在的充要条件有以下两个：

第一，经济主体必须持有外汇头寸。如果经济主体持有的是本币头寸，则不涉及汇率风险变动带来的风险。

第二，汇率波动的不确定性。不确定性表明汇率变动可能向有利于当事人的方向变化，也有可能向不利于当事人的方向变化，其影响是双面的，其结果也是双面的，有可能获得收益，也有可能遭受损失。汇率波动的不确定性是外汇风险产生的源泉。

二、外汇交易风险的种类

（一）保证金风险

外汇杠杆最大的作用就是帮助投资者通过杠杆的作用将自己的保证金放大，操作更多的资金获取更多的收益。但是外汇经纪商也有自己的风险控制体系。如果投资者一直不平仓，当发生亏损，可用保证金越来越低时，外汇经纪商就会追缴保证金。如果投资者没有补足保证金，很可能会发生爆仓。

杠杆是一把双刃剑。在相同的仓位下，杠杆越大，保证金占用就越小，可用保证金就越多，能抵抗的风险点数就越大。即资金相等时，能够建立的头寸就越大。这让投资者很容易滋生贪欲，从而忽视资金管理和仓位控制，去进行重仓交易或者满仓交易。那么，即使微小的价格波动也可能导致保证金不足，从而迫使投资者支付更多保证金。在震荡的市场行情下，过度使用杠杆将导致亏损超过初始投资。

（二）政治风险

政治风险是投资者必须重视的风险之一。政治因素可能改变特定国家的投资环境。这可能会给外汇投资者带来风险。例如，在国家领导人选举期间，可能会出现政局不稳定（选举舞弊、腐败或者政治丑闻，甚至抗议游行或者罢工），进而导致该国汇率波动加剧。当一个国家发生政府更替时，由于新的政治环境，该国居民的意识形态可能发生变化，并且政党的变化也可能变更货币政策和财政政策。

交易者可以利用经济日历跟踪重要新闻事件发生的时间，以便更好地规划和制定交易策略。此外，大多数外汇经纪商向投资者提供新闻讯息，投资者可以跟踪可能影响交易头寸的时事和新闻。

（三）汇率风险

最简单的汇率风险是货币价值动态变化带来的风险敞口，特别是贬值风险。当一个国家主动调整本国货币相对于另一国货币的汇率时，货币贬值就会发生。

与一国货币贬值相关的另一重大外汇风险存在于心理层面。货币贬值可以被看作是经济疲软的信号，可能会危及一个国家的信誉。有时候，一国货币的贬值可能会导致其他国家货币相继贬值以应付邻国货币贬值的多米诺骨牌效应。这种情况只会加剧全球市场的经济问题。

（四）利率风险

根据经济学基本原理，如果一国的利率提高，其货币将升值，因为货币越强劲，提供的回报就越高，该国的资产就越有吸引力。与之相反，如果利率下降，投资者开始撤出投资，该国货币将贬值。

值得注意的是，一个国家的利率和汇率往往是息息相关的。通过仔细监测利率变化，投资者不难发现，很多大型投资机构都把注意力集中于利差交易。一般来说，市场对收益率较高的货币对有更大的需求。

案例：美国总统选举对外汇汇率的影响

（五）信用风险

信用风险，是指特定交易的交易商或者经纪商无力支付的风险，这可能是因为一方违约或者破产。在外汇交易中，没有交易所或者清算所做保证。在市场剧烈波动的情况下，经纪商可能无法或者拒绝遵守合约。信用风险管理的目标就是缓解这些风险。当交易者交易时，应该详细了解外汇经纪商的规则和规定。例如，外汇经纪商是否保持适当的储备金，以弥补意外发生给交易者造成的损失。

案例：发挥工匠精神，提升职业素养

（六）操作风险

与外汇交易相关的另一种风险是操作风险。操作风险的发生涉及外汇经纪商内部流程、系统和人员。通常情况下，操作风险和管理是并行的。例如，当外汇经纪商拥有强大的管理团队时，操作风险就会降低。相反，如果经纪商的管理不足时，操作风险就会增加。

作为一名外汇交易者，要确定面临的操作风险并不容易，但是可以通过研究和评估外汇经纪商的运营，尽可能降低操作风险。

案例：法治红线——巴林银行的倒闭

（七）经纪商风险

在我国，外汇交易需要通过外汇经纪商的平台进行。因此，外汇交易者必须事先做好功课并与信誉较高的外汇经纪商合作。一部分大型的外汇经纪商受主流监管机构监管的，也有一些较小的外汇经纪商选择离岸监管机构监管。但还有一些外汇经纪人尚未在监管机构的监管下。若外汇交易者选择了未经监管的外汇经纪商，其资金安全将得不到保障。

一些外汇经纪商选择离岸监管经营业务的一个原因是，经纪商可以显著降低整体经营成本。因为获得和维持监管许可证的成本可能是很高昂的。此外，由监管机构制定的资本要求也为许多无法筹集必要资本金的经纪商制造了一个准入壁垒。

一般来说，投资者最好选择主流外汇监管机构监管的外汇经纪商。表 7－3 列出了全球十大外汇监管机构。从排名来看，英国、瑞士和美国的外汇监管机构排在前三名，监管严格。

表 7-3 全球十大外汇监管机构

监管机构	监管评分	监管评级	机构性质	是否监管外汇
英国金融行为监管局（FCA）	96	AAA	政府监管	是
瑞士金融市场监督管理局（FINMA）	91	AAA	政府监管	是
美国全国期货协会（NFA）	90	AAA	民营监管	是
日本金融厅（FSA）	90	AAA	政府监管	是
香港证券及期货事务监察委员会（SFC）	90	AAA	政府监管	是
澳大利亚证券及投资委员会（ASIC）	86	AA	政府监管	是
新加坡金融管理局（MAS）	84	AA	政府监管	是
新西兰金融市场管理局（FMA）	84	AA	政府监管	是
德国联邦金融监管局（BaFin）	79	AA	政府监管	是
爱尔兰央行（CBI）	79	A	政府监管	是

除了认识不同的监管机构的监管力度，外汇交易者还需学会辨别监管机构的真伪。冒充权威监管机构的黑平台不胜枚举，俗称“套牌”。怎么辨别监管机构的真伪呢？

外汇交易者可通过各大监管机构的官网查询受监管的交易商，再根据交易商提供的监管号码或者交易商名称，核实外汇交易商名称、监管状态、发牌日期、生效日期、地址等信息。当然，投资者也可参考中国监管查询平台（例如，汇查查）或者直接去 FX110 查看监管评级。

知识链接

国际认可度较高的的监管机构

1. FCA。目前，FCA 是全球监管最完善、法律执行力最强的金融监管机构，它是各国金融监管机构学习的典范，其权威性得到投资者高度认可。

（1）目前，受 FCA 监管的零售外汇持牌券商超过 300 家。

（2）在投资保障方面，针对破产的外汇经纪商，投资者可投诉至英国 FSCS，赔偿上限为每位投资者 5 万英镑（约合人民币 42 万元）。

2. FINMA。针对外汇交易者的资金安全，FINMA 规定，当投资者在瑞士外汇交易平台开立一个新的交易账户时，他的资金会被单独存放于隶属其个人资产的账户中，并登记在交易者个人的合法名字及权益下，外汇交易商不能将客户资金用于公司运营成本支出。

（1）目前，受 FINMA 监管的持牌银行和证券交易商共有 295 家。

（2）在投资保障方面，瑞士银行每个储蓄账户均享受最高 10 万瑞郎（约合人民币 64 万元）的保险赔偿。

3. NFA。

（1）目前，受 NFA 监管的零售外汇交易商仅有 2 家，外汇交易商成员有 4 家，外汇公司有 7 家。

（2）在投资保障方面，投资者可以向 NFA 投诉和申请仲裁。NFA 的裁决具有强制执行力。投资者可通过仲裁获得相应补偿。

4. FSA。FSA 是日本主要的监管机构，其监管措施主要包括定期检查、随时检查以及交易商每月月末提供交易报告等形式。

（1）目前，日本 FSA 第一种金融商品交易业持牌机构共有 294 家。

（2）在投资保障方面，日本关于金融工具交易方面的投诉交由证券和金额商品斡旋咨询中心（FINMAC）处理，其投诉处理是免费的，但调解收费。

5. SFC。香港证监会独立于中华人民共和国香港特别行政区政府运作。作为国际金融中心的金融监管机构，SFC 一直致力于加强和维护中国香港证券及期货市场的廉洁稳健，从而令投资者和业界的利益得到保障。

（1）目前，受 SFC 监管的杠杆式外汇交易商共有 45 家。

（2）在投资保障方面，投资者最高可获得 15 万港元的赔偿。

（资料来源：根据外汇 TV 网站资料整理得出。）

（八）欺诈风险

欺诈风险也是外汇交易者需要了解的一类风险。在外汇保证金交易的早期，欺诈行为在外汇行业甚为猖獗。近年来，随着全球金融监管趋严，在剔除不道德经纪商方面也取得了重大进展。

想一想　练一练

请回答中国的外汇监管机构的名称？请打开中国外汇监管机构的官网查询中国外汇管理有哪些规定？

微课：外汇交易风险管理的策略

模块三　外汇交易风险管理

课件：外汇交易风险管理的策略

模块导入

既已知道外汇交易有哪些风险，投资者该如何管理这些风险呢？管理外汇交易风险时又该遵循哪些原则呢？

任务描述

掌握外汇交易风险的管理原则与策略。

相关知识

一、外汇交易风险管理原则

外汇交易风险管理的基本原则共有 4 项（见图 7－4）。

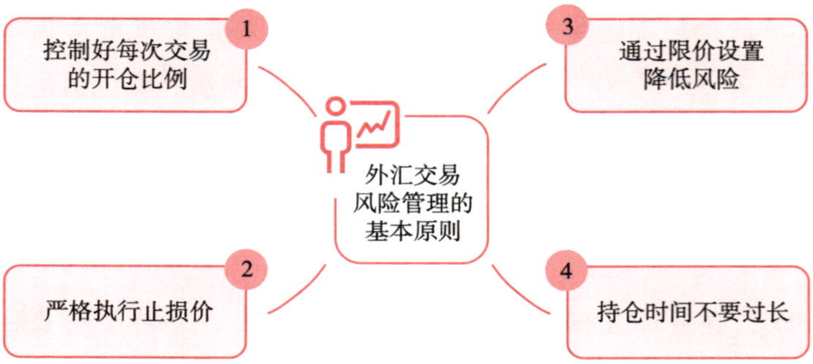

图 7－4　外汇交易风险管理原则

（一）控制好每次交易的开仓比例

对于外汇交易新手来说，初期交易的开仓比例不宜过大。在积累了充分的投资经验并拥有良好的投资记录后，才可以考虑扩大开仓比例。

视频：外汇交易风险管理

（二）严格执行止损价

不设置止损的交易，还不如不进行。投资者只有设置好了止损才能有效控制可能面临的交易风险，在亏损时不至于损失惨重。

投资者每次交易都应该设置止损价并严格执行。当汇价向有利于自己的方向运行时，可以不断缩小止损；当汇价向不利于自己的方向运行时，就扩大止损，否则止损设置就形同虚设，不能有效控制风险。

一般来说，比较小的止损可控制的风险也比较小。短线操作时可以设置较小的止损范围，中长线操作时可以设置较大的止损范围。另外，止损点距离强制平仓点不宜太近，不然还没有止损可能就被强制平仓，止损价也就不起作用了。

拓展阅读：外汇市场如何稳定盈利？

（三）通过限价设置降低风险

投资者未平仓头寸产生的浮动盈利不算真正的盈利，只有获利了结之后的利润才是真正赚到手的钱。对于短线操作来说，一般限价可以设置得相对小一些，操作的限价可以设置得相对大一些。另外，限价空间最好设置为止损空间甚至更高，因为只有潜在收益比风险高时才能去投资。

（四）持仓时间不要过长

投资者持仓时间越长，期间可能发生的不确定事件就越多，给持仓头寸带来的风险就越大，所以短线交易的潜在风险要小于长线交易的潜在风险。

二、外汇交易风险管理策略

外汇市场与其他投资市场一样存在着风险。对于投资者来说，不应因为可能存在的风险而放弃获取高额利润的机会，只要掌握正确管控风险的原则，投资者就可以做到将风险最小化，同时实现盈利最大化。

在讲述外汇交易风险管理之前，先来明晰两个基础概念。什么是外汇交易？什么是外汇投资？这两者有何不同？

广义上来说，两者是相近的。但若要进一步详细区分的话，外汇投资更关注长期的财富增长，手段是买入并持有，而外汇交易则是通过频繁买入卖出的方式获得财富增长。

在了解交易和投资的细微差别之后，再来梳理外汇交易风险管理的策略会更有针对性。

（一）了解投资需求及风险承受能力

投资者在进行外汇交易之前，应该了解自己的投资需求及风险承受能力。不同的外汇交易者有不同的投资需求及风险承受能力，可以分为三类，具体如下。

1. 投资升值型。这类投资者购买外汇主要用于投资升值，其风险承受能力相对较强。

2. 保本投资型。这类投资者虽然也进行外汇交易，但极度厌恶风险，将保本作为投资底线。

3. 使用型。这类投资者持有外汇是为将来使用，可能用于留学、境外旅游、境外考试等。所以他们的风险承受能力有限，投资期限也有一定限制。

在外汇市场中，其实可以用不同的时间框架定义不同的交易者类型。

想一想　练一练

试根据不同的时间框架给外汇交易者分类。

（二）正确制定投资计划

投资计划是一个应变计划，不是一个预测计划。制定好应变计划，只要投资者认可这个计划，就表明非常清楚这个计划的风险和收益。因此，只要计划中的情况在市场上出现，投资者就要坚决执行，即使执行之后发现是错误的。为什么要制定投资计划呢？如果投资者在投资之前没有制定严格的投资计划，只在脑海中有一个模糊的投资意向，那么投资者就难以确定自己准备付出多少，到底想从市场波动中获得多少，一切都是模糊的。

这样，必然就会出现该止损的时候没有止损，该持仓的时候没有坚持，该投资的时候没有买进，最后只剩下无尽的悔恨。投资计划的制定，可以使投资者保持正常的投资心态，有计划地投资，减轻投资者的恐慌心理，使投资者保持相对客观的心态，不会被市场短暂的不利波动左右。投资计划的制定可以使投资者最大程度地减少随意性交易，减少无谓的投资。有了投资计划的约束，投资者就可以非常明确地等待目标，不至于无目的地看盘和等待。

如何制定投资计划呢？制定投资计划最关键的是计划出场点，具体可以归纳为两点：第一，必须有一个接受损失的计划，一旦投资失利，就应坦然退出；第二，必须有一个盈利的计划，一旦达到盈利目标，就要满意而归。

拓展阅读 7－1

不制定投资计划的恶果

某投资者在 2019 年 4 月进入外汇市场，通过观察后，他选择了美元兑新加坡元的直盘交易。2019 年 4 月月末，移动平均线的空头排列摆脱交错出现多头排列，因此该投资者选择建立多单入市。和预期一样，后市果然出现了上涨。2019 年 5 月 29 日，价格以一根带长上影线的小阳线涨至高点（见图 7－5），虽然该投资者已预判此时可能出现反转，但他依然期望汇率会再创新高，于是他选择了持仓观望。可惜事与愿违，汇率 K 线连续出现阴线开始下跌。2019 年 7 月 18 日，出现了一根大阴线，该投资者认为汇率无法再次反弹，于是选择了平仓。

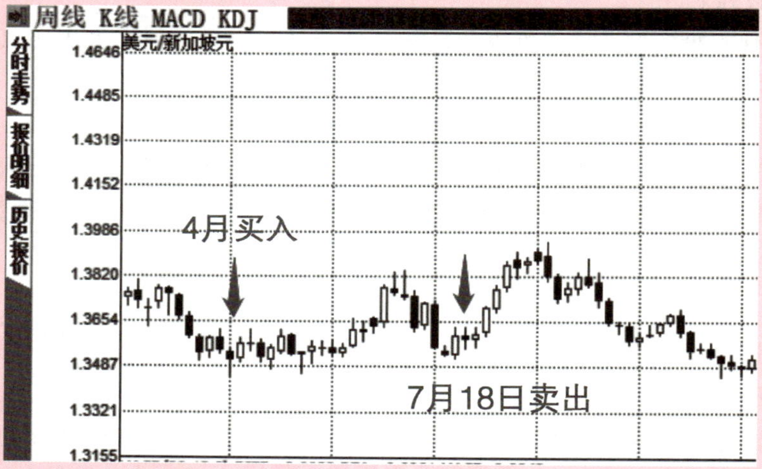

图 7－5　2018 年 11 月—2020 年 1 月美元兑新加坡元周线图

该投资者既没有制定盈利计划，又没有制定损失计划。结果在交易过程中，该投资者抵挡不了一时贪婪，错过最佳的获利机会，该平仓时不平仓。另外，虽然美元兑新加坡元的汇率在 7 月 18 日出现大跌，但当天收盘价其实并不比该投资者持仓期间的最低价低。事实说明，7 月 18 日之后汇率继续上涨，该投资者还是因为没有制定损失计划，错误地估计了形势，失去了继续获利的机会。

（三）做好资金管理

要想在外汇交易中保持稳定的交易心态，良好的资金管理至关重要。在外汇市场中，强烈的获利欲望经常使投资者不能正确地判断，看不清亏损陷阱，超出其承受能力而大量持仓。现实往往是残酷的，现实的外汇市场中处处存在亏损陷阱，外汇市场的剧烈波动常常导致投资者的大量持仓变成巨额亏损。投资者美好的获利愿望也顷刻间灰飞烟灭。资金管理不当不仅会使投资者心态恶化，而且将投资者暴露在巨大的风险之中。

因此，正确的资金管理是成功投资的重要组成部分。做好资金管理，须遵循以下六项原则。

1. 对任何一笔交易，投资者都须设置止损

把损失降到最低是长期获利的根本保证。为了做到这一点，每笔交易都应设置止损。

2. 风险与获利的比例至少应该小于 1

投资者在进行交易时，一定要想清楚获利和损失的可能性，尽量把风险与获利的比例控制在较小的范围内，最好小于 1。

3. 不要让账户的负荷过重

外汇交易，特别是外汇保证金交易，可以放大资金控制量进行杠杆交易。例如，杠杆比例是 100∶1，表示 1 000 美元的本金可以进行 100 000 美元的合约交易。这种资金放大的功能是一把双刃剑，高额的回报伴随着巨大的风险。因为收益和亏损都是按照放大后的合约金额计算的，所以投资者一定要事先根据自己的风险承受能力控制好每次的最大损失比例，这样才能获得稳定而长期的利润。

4. 接受失败，尽快把注意力转移到下一次交易中

外汇市场上没有常胜将军，没有人能保证投资者的每一笔交易都是赚钱的，所以投资者在某次交易亏损后，要尽快忘掉它，把注意力转移到下一次交易中，否则会影响投资者的交易心态，使其亏得越来越多而无法自拔。

5. 守住利润

当投资者盈利时，要尽量保住获得的利润。这是投资者获得稳定长期利润的重要因素。当投资者获利时，提高止损点相对比较重要。投资者为获得利润而延长该仓位的持有时间，尽管持仓风险增加了，但由于提高了止损点，至少可以保证目前的最小盈利。

6. 控制交易的规模

投资者应该把交易规模控制在能够承受的损失范围之内。尽管每位投资者都知道交易金额超过所能承受的范围是一件愚蠢的事情，但这种愚蠢的事情却在实际操作中经常发生。

外汇交易的最终目的是让我们的生活质量有所提高，所以投资者最好不要动用那些不该动用的钱（例如，每月的生活费、养老金），更不应借钱进行外汇交易。

（四）正确设置止损

投资本身没有风险，失控的投资才有风险。而要控制投资风险，止损至关重要。止损远比盈利重要，因为任何时候保本都是第一位的，盈利只是第二位的，建立合理的止损原则相当重要。谨慎的止损原则的核心在于不让亏损持续

扩大。投资者要控制投资风险，只需盯住止损，只要价格不到止损点，投资者就可一直持有，不用太关注具体波动。太关注波动就会使心态波动。止损是相对静态的，具有可控性，止损的可控性质能够使投资者保持良好的心态。

投资者有时设置的止损可能是错误的。面对错误的止损投资者也应坦然接受。止损是一种成本，是寻找获利机会的成本，是交易获利必须付出的代价，这种代价只有大小之分，难有对错之分。投资者要获利，就必须付出代价，包括错误止损造成的代价。坦然面对错误的止损，不要回避，更不必恐惧。只有这样，才能正常地交易下去，并且最终获利。

所有的止损必须在交易之前设定，在亏损出现时再考虑使用什么标准的止损常常为时已晚。设置止损具体有以下三种方法。

1. 定额止损法

定额止损法，是指将亏损额设置为一个固定的比例，一旦亏损达到该比例，无论是何价位都立即止损平仓。定额止损具有明显的强制性。定额止损的关键是止损比例的设定。这一比例因投资者心态、经济承受能力、盈利预期、不同交易品种以及不同的操作时间而不同。目前，许多优秀操盘手都采用这种止损方法。

2. 技术止损法

这是实战中最常采用的操作模式。这种方法是将止损设置与技术分析相结合，在剔除了市场的随机波动之后，在关键的技术位设定止损单，以避免亏损的进一步扩大。投资者通过对汇价运行形态的分析，一旦发现汇价出现破位，即重要支撑位或者阻力位被突破，则坚决止损。投资者在设置技术止损时，要注意以下几点：

（1）确定市场特征是属于趋势市场还是区间市场。

（2）好的止损价格以好的建仓价格为前提。

（3）上升趋势操作中顺势而为地操作，止损可以适度放宽。

（4）对于上升概率比较大的仓位止损幅度可以适当放宽。

（5）区间市场中的仓位，止损幅度可以放宽。

（6）下跌过程中抢反弹的逆势操作止损幅度不宜过宽。

3. 自我忍耐限度达到后止损

在短线操作中使用这种止损方式对提高收益率有帮助。一些优秀的操盘手也经常使用这类方式。具体方法是：当投资者的头寸部位出现亏损时，只要投资者还能承受得住，就可以守住其部位，否则即使是刚刚建立的头寸也须立刻止损出场。这种方法适合即日短线交易，也适合对市场有丰富经验的操盘手，而交易新手在使用这种方法时经常在高低位被震荡出局。

想一想　练一练

在模拟外汇交易平台中用以上三种方法设置止损。

（五）正确处理保证金与开仓的关系

保证金交易的风险主要体现在投资者保证金账户内的资金数量与其开仓数量之间的关系不同带来的风险。

首先，开仓数量与保证金交易风险的关系。例如，某外汇交易商提供迷你账户和标准账户两种保证金账户。迷你账户的最小开仓数量为10k（即10 000美元）。在开10k的仓数时，汇率每波动1个点，账户承担1美元的风险；标准账户的最小开仓数量为100k（即100 000美元）。在开100k的仓数时，汇率每波动1个点，账户承担10美元的风险。同样是100倍的杠杆，为什么迷你账户的风险比标准账户的风险小？原因就在于开仓数量。开仓数量越大，账户承担的风险就越大。因此，外汇保证金交易的投资者应该根据其保证金账户的余额确定其开仓数量的多寡。

其次，开仓数量与外汇账户中除保证金以外的资金的关系对保证金交易风险的影响。例如，若开仓数量为1万美元，账户杠杆是20∶1，外汇账户资金总额是2 000美元，那么除保证金外投资者还剩下1 500美元可用资金。假设1万美元的交易量，由于每波动1个点盈亏1美元，投资者拥有的1 500美元可用资金，最多可亏损1 500点，而一般货币对的每天波动为20—300个点。因此，即使发生最大亏损（即300点），对于该账户的影响也不大。可见这个交易量相对来说是比较安全的。若投资者的开仓数量是2万美元，账户杠杆是20∶1，账户资金总额是2 000美元，那么除保证金以外投资者还剩下1 000美元可用资金。2万美元交易量表示每个点盈亏为2美元。对于拥有1 000美元可用资金的投资者来说交易最多可亏损500点（1 000÷2），若当日发生最大亏损（300点），那么只剩下200点可以亏损，这样对外汇账户影响比较大，这种情况就属于资金管理不合理。因此，投资者应重点关注开仓量和除保证金之外的外汇账户资金数量之间的关系，以便在降低保证金交易风险的同时，灵活运用高杠杆投资，提高资金的使用效益。

目前，市场上的外汇交易平台，投资者可以使用高至200倍的杠杆买卖，且采用自动化的程序，确保投资者损失不会超过投放于账户内的资金。账户的保证金比率全部记录在系统内，交易平台可依照各个账户的情况，实时计算出持仓所需的资金（占用保证金）和可供建立新仓的资金（可用保证金），连同余额、净值和实时计算的盈亏信息，一同显示于账户窗口内。当账户超出最高可允许杠杆比例时，经纪商、银行交易部有权清算账户内部分或者全部的持仓。投资者必须注意监控账户内的保证金情况，特别是市场出现较大波动时，确保可在自主的情况下止损。

微课：外汇交易风险规避的方法

三、外汇交易风险规避方法

（一）设置止损位

投资者在建立交易时，须考虑交易过程中可能出现的最坏情况。如果价格突破，投资者可以及时通过止损执行关闭仓位，避免更大的损失。过后投资者还可以择机重新进入交易，而不至于在行情大起大落中慌了手脚。

课件：外汇交易风险规避的方法

（二）至少设置1:1的风险回报率

投资者可以通过制定1:1的最低风险回报率，抵消判断不足时的错误开仓。假设投资者需冒100美元的风险，那么须确保交易能够赚取至少100美元，这样这笔交易才算值得。

（三）不要过度杠杆化

过度杠杆化是一种盈利快，但亏损也快的危险交易方式。

高杠杆交易好比在高速公路上驾驶一样，即使是小错误也会带来严重后果。在连胜中，它可能是投资者最好的朋友，但当事与愿违时，它就成了投资者最大的敌人。

投资有风险，建议合理杠杆化，切忌以赌徒心态进行外汇交易。否则容易满盘皆输。

（四）多元化配置交易资产

都说最好的投资策略是将鸡蛋放在不同的篮子里。外汇交易是由市场的波动产生回报。如果市场波动小，盈利就难。避免市场停滞的最好方式，就是多元化配置交易资产。

（五）巧用双账户操作

如今，有越来越多的外汇投资者喜欢用双账户交易，一个做多一个做空，以此对比保证盈利，但是这个方法也不是绝对能实现盈利的。

1. 双账户操作的保证金与开仓数量配比

很多人认为保证金交易风险极大。其实，这是对保证金交易的一种错误认识。保证金交易的最大好处是对冲，可用对冲或者双账户操作防范风险。这种操作盈利未必最大，但可以保证不亏损。投资者必须牢记，只有在方向性很明确时才能冒险单边操作，而这种行情在一年中没有几次。所以，坚持要求双账户，按不同风险情况确定不同比例，在同样货币对上同时建仓。

在保证金交易中，一般选择200倍的资金杠杆，收益风险比不大不小。由于双账户操作可使开仓数量适当放大，等于增加了资金量，相同的资金量可以获取更大的效益。只要投资者的风险控制点恰当——主要表现在何时拆仓（止损），建仓时机和拆仓时机选择准确，这种双账户操作，风险几乎等于零。

2. 必须在汇价跌至重要支撑位或者可能突破重要阻力位时同时建仓

投资者需要确定支撑位或者阻力位的强度。如果严格按照到达支撑位或者突破阻力位时再买入，容易错失良机；如果提前买入，往往价格偏高，使得收益风险比失调，止损价位难设。所以，投资者必须首先判断该支撑位的强度。如果支撑位强度较高，投资者可提前入场，基于双账户操作，有效突破确认后将方向买错的一方拆仓——平掉；如果该支撑位强度适中，则在震荡区域提前入场，双方向设立严格的止损，或者在价格从支撑位附近反弹时拆仓；如果支撑位强度较弱，则用1/2仓位建仓，即在可能性最大的方向和可能性较小的方向按不同比例建仓。

3. 价格升破重要阻力位时的建仓技巧

首先，研究该阻力位的强度和升破的概率。如果升破重要阻力位的概率较高，则可考虑提前入场，以 1/2 的仓位建仓；在汇价上升过程中设置止损拆仓，并按照金字塔原则对盈利的仓位按倍数加码。如果升破重要阻力位的概率较低，可选择双账户 1∶1 资金同时建仓，等待突破阻力位后拆仓。牢记不追涨杀跌，盈利仓位见好就收。

4. 双账户的止损设置技巧

必须明确市场特征属于大趋势运行还是区间震荡。好的止损价格以好的建仓价格为前提。在上升或者下跌趋势明显时的操作坚持顺势而为，止损可以适度放宽。例如，对于上升概率比较大的仓位止损幅度可以适当放宽；对明显的区间震荡行情止损幅度也可以放宽。但是，在下跌过程中抢反弹的逆势操作止损幅度不宜过宽。这是原则！

视频：设置止损

想一想　练一练

在模拟外汇交易平台练习双账户的止损。

操作要点

√　在直接标价法下，外汇保证金交易综合盈亏 =（卖出价 − 买入价）× 合约单位 × 手数（合约数量）÷ 平仓价 − 手续费 ± 利息

√　在间接标价法下，外汇保证金交易综合盈亏 =（卖出价 − 买入价）× 合约单位 × 手数（合约数量）− 手续费 ± 利息

√　顺势而为：对交易新手而言，推荐的分析工具为移动平均线。

√　抓大放小：风险收益比小、成功率高的交易。

√　限损：限制损失，保住本金，在此前提下尽量长时间的持有有获利潜力的头寸，让利润增长。

√　正确设置止损的三种方法为定额止损法、技术止损法、自我忍耐限度达到后止损。

知识要点

√　胜率 = 盈利的所有次数 ÷ 交易总场次 × 100%

√　盈亏比 = 盈利的平均金额 ÷ 亏损的平均金额

√　总盈亏 = 盈利的所有次数 × 盈利的平均金额 − 亏损的所有次数 × 亏损的平均金额

√　外汇保证金交易的盈亏主要受三个因素影响，即汇率变化、利息收支以及手续费。

√　外汇交易风险包括保证金风险、政治和经济风险、汇率风险、利率

风险、信用风险、操作风险、经纪商风险、欺诈风险等。

√ 外汇交易风险规避的原则包括控制好每次交易的开仓比例，严格执行止损价，通过限价设置降低风险，持仓时间不要过长。

问题讨论

如何处理风险与收益之间的关系？

推荐阅读

1. FX110https：//www. fx110. so/。
2. 外汇 TV 网 https：//www. jieliu. com. cn/xwzx/whzx/。
3. 外汇邦 http：//www. waihuibang. com/。

思考与练习

请根据下面的内容分析胜率与风险回报率。

胜率与风险回报率

如果你的交易记录显示，你完成的交易能够达到赚 3 赔 1，那么即便胜率只有 30%，也能够获得不错的收益。请计算：将 10 次交易作为一个周期，假设每次盈利为 3 元，亏损为 1 元，那么常见结果如下：

10 次全亏，亏损 10 元。

9 次亏，1 次赚，亏损 6 元。

8 次亏，2 次赚，亏损 2 元。

7 次亏，3 次赚，盈利 2 元（这就是 30% 胜率，赔率一赔三的情况）。

6 次亏，4 次赚，盈利 6 元。

5 次亏，5 次赚，盈利 10 元。

4 次亏，6 次赚，盈利 14 元。

3 次亏，7 次赚，盈利 18 元。

2 次亏，8 次赚，盈利 22 元。

1 次亏，9 次赚，盈利 26 元。

10 次全赚，盈利 30 元。

你是不是发现了为什么有些交易者经常亏损，但最后却赚钱了呢。但要实现这样的收益，除了具备这样一套盈利模式之外，还须做好资金管理，否则一旦亏损严重或者爆仓，再美好的交易计划都将成为一句空话。

课后练习